日本経済はどのように歩んできたか
現代日本経済史入門

板垣 暁

日本経済評論社

はしがき

　「歴史は好きですか？」読者の皆さんはこのように聞かれたらどう答えるであろうか？　もちろん，好き，嫌い，どちらでもない，など様々な回答が考えられる．

　嫌いと答える方は，歴史を暗記科目ととらえ，それに苦痛を感じた経験を持つ人が多いのではないだろうか．また，どちらでもないと答える方には，特に興味がない，歴史の成績は良かったし暗記は苦手ではなかったが別に面白いとも思わなかったという人もいよう．

　一方で，歴史が好きな人というのも多く存在するだろう．NHKの大河ドラマは毎年話題になるし，2015年度下半期のNHK朝の連続テレビ小説「あさが来た」が高視聴率を記録しているのは，もちろん脚本やキャストの魅力もあろうが，歴史というものに興味を抱いている人が多いことを表しているように思われる．

　本書が主たる読者層として想定している若い人についていえば，近年歴史離れが指摘される（世間の話題を信じると近年若者が離れていないものを探す方が難しくなっているようにも感じるが）．その一方で「歴女」という言葉が話題になったように，歴史が好きな若者は一定程度存在する．

　では，「歴史は役に立つと思いますか？」と聞かれればどうであろうか？これも様々な答えが予想されるし，好き＝役に立つ，嫌い＝役に立たないという回答の組み合わせに必ずしもなるわけではないであろう（興味がない人＝役に立たないと思う人についてはそれなりに一致すると思われるが）．

　この問いは「なぜ歴史を学ぶのか？」，特に「経済学でなぜ歴史（経済史）を学ぶのか？」という問いにつながる話である．この問いは多くの経済史の教科書で本書と同じようにはしがきで書かれ，それぞれ説得的な回答が載せ

られている（そもそも経済学自体が，なぜそれを学ぶのかと問われ続け，学者なりの答えを著した本がたくさん出版されている学問である）．本書の姉妹書である市川大祐著『歴史はくり返すか』（日本経済評論社，2015年）でも説得的な回答がされており，読者からすると今更の印象を持つかもしれないが，ある種の「様式美」（「お約束」ともいう）として，筆者なりの考えを述べてみたい．

「なぜ経済史を学ぶのか？」という問いに対する私なりの答えは，経済史を学ぶことで，①現在の経済に対する理解を深め，②将来の指針を得ることができるため，である．順に説明しよう．

①については，自己紹介あるいは履歴書を想定してもらえばわかりやすいのではないだろうか．誰しも自己紹介の際，自身の経歴を話題にしたことがあろう．また，就職先あるいはバイト先に提出する履歴書には応募者の経歴を書く欄が必ず存在する．ここから，対象を知る方法として過去の経歴を知ることが有効であることが理解できよう．経済もこれと同じであり，現在の経済状況や制度，そしてそれを構成する要素がどのような経緯で成立していったのかを理解することが，現在の経済や制度を理解する1つの有効な手段なのである．

次に②について考えてみよう．現在の経済状況を踏まえ，今後どのように行動すればよいのか，あるいはどのようにして問題の解決を図ればよいのか，それを考える際にやはりその歴史を検討することが有効である．これについては，内科医療行為を想定していただきたい．医療行為を行う場合，現在の状況だけでなく，なぜそのような状態になったのか，患者のこれまでの生活習慣，病歴，投薬経験などから判断し，さらにその情報を基にこれまでの症例から最適な治療方法，投薬などを決定するであろう．すなわち，ここでも対象の成り立ちを検討する作業が行われているのである．

もちろん，歴史的なアプローチではなく，経済理論を駆使したアプローチで同様のことを行うこともできる．むしろ，数学などを駆使した方がより客観的な分析が可能なのではないかと考える読者も多いであろう．しかし，経

済理論を有効に利用するためには，その仮定や条件を正確に設定しなくてはならない．それを誤ると理論がミスリードする可能性が生じる．実際の経済の動きが必ずしも理論による分析や予測の通りにいかないのは，理論そのものに問題があるというより，有効な仮定を設定することが非常に困難であることにその要因がある．現実の多くの人の意思決定や行動全てを想定することは難しく，またその人々が必ずしも合理的な行動をとるとは限らない．また，仮定の設定段階においてどうしても分析者の恣意が入らざるを得ない．

もちろん，ここでアプローチの優劣を問題にしたいわけではない．歴史的アプローチも有効に機能させるためには困難が伴う．なぜなら，歴史というのは繰り返さないからである．歴史事象というのは，時代や政治，経済，社会など様々な条件によって生じたものであり，のちに似たような事象が出現したとしても1つの条件が変化することで全く違う結果になることはよくあることである．それゆえ，歴史的アプローチを行う場合は，時代や様々な条件と分析対象の本質を見極めた上で分析を行う必要がある．これを誤るとやはりミスリードされた結論が出てしまうのである（時代や様々な条件を無視して，過去の事例をそのまま現代に当てはめて的外れな結論に達するケースを目にしたことがあるであろう）．

理論的アプローチと歴史的アプローチはそれぞれに長所・短所を抱えている．しかし，それゆえ両アプローチは，それぞれを相対化させその特長をいかすことで，ともに有効なアプローチとなり得るものなのである．

社会科学分析の価値の1つにその多様性がある．すなわち，様々な観点から導き出された様々な意見を提示し，議論を喚起することに意味がある．そのため，理論的アプローチとは異なる歴史的アプローチの存在が重要になるのである．

さて，以上を踏まえ，本書は日本経済が戦後どのような経緯を経て成長していったのかを描いている．本書は前掲『歴史はくり返すか』の続編的位置づけという関係から，対象期間を主に日本が太平洋戦争で敗戦した1945年からバブルが崩壊する1980年代末から90年代初頭とした．読者の中には現

在の経済状況に興味を持っており，90年代以降の日本経済を対象としていないことに不満を持つ方もいるだろう．本書が90年代を主たる対象としていないのは，その時代についての歴史的評価が定まっていないためである．もちろん歴史学者によるこの時期に対する優れた研究は存在する．しかし，様々な評価がある中でその全てを紹介することは紙幅の関係で困難であり，また1つの説だけを紹介するのは本書が与えられている「教科書」という役割からは適当でないと判断した．

ただし，事実を列挙すること自体は現時点でも可能であるため，終章に1990年代から現在までの流れを簡単に載せてある．

以上を前提にし，本書の構成を示せば以下の通りである．

本書は，1945～90年初頭までの時期を，復興期，高度成長期，70年代，80年代の4つの章にわけ，さらに各章を政治，経済，産業構造及び代表的な製造業，消費動向及び消費生活に身近な産業の4節にわけている．

第1章（復興期）では，日本が太平洋戦争で敗北した1945年から高度成長期直前の50年代前半までの時期について，政治状況，経済状況，紡績業，食品産業について概観する．

第2章（高度成長期）では，高度成長期が始まったとされる1955年前後からそれが終わる70年代初頭までの時期について，政治状況，経済状況，鉄鋼業，スーパーマーケットについて概観する．

第3章（1970年代）では，高度成長期が終わった70年代について，政治状況，経済状況，テレビ製造業，コンビニエンスストアについて概観する．

第4章（1980年代）では，安定成長期といわれた80年代前半とバブル景気にゆれた80年代後半について，政治状況，経済状況，自動車産業，テレビゲーム機及びVTRについて概観する．

終章では，1990年以降の日本経済の大きな流れを概観する．

戦後日本経済史・経営史については，既に多くの優れた教科書が存在している．それゆえ，本書はそれらの教科書を含め先行研究の一部を選び集めたものとなっている．特に，橋本寿朗・長谷川信・宮島英昭・齊藤直『現代日

本経済』初版～第3版（有斐閣，1998，2006，2011年）は，戦後の重要なトピックスを高いレベルで網羅しており，本書は同書の構成・歴史観に大きく影響を受けている．また，紡績業については渡辺純子氏，テレビ製造業については平本厚氏の研究など，産業史についてもそれぞれの先行研究に依拠するところが多い．ただし，それらの専門書・教科書はレベルが高いがゆえに高校までの日本史教科書との情報量の差が大きく，ましてや高校時代に日本史を履修していなかった学生には敷居が高い．本書はそれらをつなぐ意味で先行する教科書・専門書をまとめ直すつもりで作成した．

なお，「教科書」という特性上，基本的に注釈は設けず，引用文献，参考文献の本文中の記載も数値の根拠を示すときなど，最低限にとどめた．それらについては巻末に一覧として載せているので，そちらをご参照いただきたい．

また，本文中の企業名については，「株式会社」，「製作所」などを省略し一般的に使用されている名称を用いるケース（日産自動車株式会社→日産など），時代によっては企業名が異なるが現在の名称を使用するケース（早川電機→シャープなど），正式名称ではなく一般的に使用されている名称を用いるケース（本田技研工業→ホンダなど）がある．これらは，歴史学の観点から本来避けるべきであるが，「入門書」という特性から読者の混乱を避けるためこのような措置をとった．

最後に，本書では歴史のストーリー性を重視しており，制度やサブシステムなどについては歴史の流れの中で必要な際に記述する形をとっている．それゆえ，日本的雇用慣行やメインバンクシステム，産業政策など，重要でありながら本書では十分に説明がされていないトピックスが多数存在する．それらに興味を抱いた方も含め，是非本書の後に日本経済史・日本経営史の優れたテキストを手にとってほしい．その上で歴史の面白さと奥深さに触れてもらいたい．

目次

  はしがき iii

第1章 戦後復興 1

  はじめに：敗戦，占領，復興 1
  1. 復興期の改革と政治 2
   (1) 武装解除と賠償問題／(2)「自由の指令」と東久邇宮内閣の退陣／(3) 憲法改正と「五大改革指令」／(4) 財閥解体／(5) 農地改革／(6) 政党の復活／(7) 普通選挙の実施と吉田内閣誕生／(8) 中道政権の誕生／(9) 吉田政権の復活／(10) GHQ の政策転換／(11) 朝鮮戦争と日本の再軍備／(12) 講和・独立
  2. 終戦後の経済状況 18
   (1) 戦争の傷跡と復興までの時間／(2) インフレーションの進展／(3) 通貨収縮策と戦後統制／(4) 供給対策／(5) 傾斜生産方式の採用／(6) 中間安定計画／(7) ドッジ・ラインとその影響
  3. 復興期の産業 30
   (1) 復興期の産業構造／(2) 綿紡績業の停滞と大紡績の戦略／(3) 綿紡績業の復活
  4. 復興期の消費と産業 38
   (1) 終戦直後の消費状況／(2) 戦後の食糧危機／(3) 食糧危機の克服／(4) 水産業の戦争被害／(5) GHQ による非軍事化・民主化措置と水産業への影響／(6) マッカーサー・ラインと漁場制約／(7) 以西漁業と南氷洋捕鯨の再開／(8) 講和条約発効と北洋漁業の再開／(9) 漁場をめぐる問題／(10) 水産業の多角化

第2章　高度成長期の日本経済　　51

はじめに：高度経済成長の時代　　51

1. 高度成長期の政治　　52
   (1) 55年体制の成立／(2) 鳩山内閣と日ソ交渉／(3) 石橋内閣から岸内閣へ／(4) 政治の季節から経済の季節へ／(5) 貿易の自由化と資本の自由化／(6) 東京オリンピック開催と池田の退陣／(7) 佐藤長期政権と外交／(8) 公害問題とその対応

2. 高度成長期の経済　　61
   (1) 経済成長率の推移／(2) 高度成長期以前／(3) 高度成長の入り口／(4) 神武景気／(5) なべ底不況／(6) 岩戸景気／(7) オリンピック景気と1965年不況／(8) いざなぎ景気／(9) 国際収支の天井とその克服／(10) 高度成長期の成長要因

3. 高度成長期の産業　　79
   (1) 高度成長期の産業構造／(2) 終戦直後の鉄鋼業／(3) 原料コスト問題と合理化計画／(4) 高炉法と電炉法／(5) 銑鋼一貫製鉄所の建設とその背景／(6) 千葉製鉄所の意義

4. 消費の変化と流通　　89
   (1) 消費革命／(2) 食生活の洋風化／(3) 加工食品の増加と関連事業の拡大／(4) スーパーマーケットの成長／(5) ダイエーの事例／(6) セルフサービス方式の意味／(7) チェーンストア方式の意味／(8) 「流通革命」／(9) 問屋＝卸売の役割

第3章　「列島改造」と2つのショック　　101

はじめに：高度成長の終焉　　101

1. 1970年代の政治状況　　101
   (1) 佐藤政権の終焉／(2) 今太閤の外交と「列島改造」／(3) 「クリーン三木」／(4) 「福田ドクトリン」／(5) 大平正芳と一般消費税の

挫折

  2．1970年代の日本経済 …………………………………………… 108
    (1) 経済成長率の推移／(2) 高度成長期末期の日本経済／(3) ニクソン・ショック／(4) ニクソン・ショックへの対応と「列島改造」／(5) 第一次石油危機と「狂乱物価」／(6) 福田の蔵相就任と政策の転換／(7) 景気後退／(8) 物価の安定と景気の回復／(9) 1970年代後半の経済成長／(10) 「減量経営」の進展／(11) 石油危機後の変化

  3．1970年代の産業 ………………………………………………… 126
    (1) 産業構造の変化／(2) 白黒テレビの展開／(3) カラーテレビの展開／(4) 販売網の形成／(5) テレビの海外展開／(6) 1970年代の変化

  4．1970年代の消費と流通 ………………………………………… 144
    (1) 消費動向と国民意識の変化／(2) 流通の変化／(3) コンビニの誕生／(4) セブン-イレブンの事例

第4章　安定からバブルへ …………………………………………… 155

  はじめに：安定成長からバブルへ ………………………………… 155

  1．1980年代の政治状況 …………………………………………… 156
    (1) 「増税なき財政再建」／(2) 竹下内閣と昭和の終わり／(3) 55年体制の終焉

  2．1980年代の日本経済 …………………………………………… 160
    (1) 経済成長率の推移／(2) 1980年代前半の成長要因／(3) 機械輸出の増加要因／(4) 貿易摩擦の深刻化／(5) 赤字国債と財政改革／(6) 設備投資の低迷／(7) プラザ合意／(8) 円高不況と平成景気／(9) バブル発生と崩壊

  3．1980年代の産業 ………………………………………………… 179
    (1) 産業構造の変化／(2) 戦前から高度成長期初期の自動車産業／

(3) 高度成長期の自動車産業／(4) 1970年代の自動車産業／
　　　(5) 1980年代の自動車産業
　4. 1980年代の消費と産業　　　　　　　　　　　　　　　　198
　　　(1) 1980年代の消費／(2) テレビゲーム機の興隆／(3) 家庭用
　　　VTRの登場と競争

終　章　「失われた10年」をこえて………………………………… 211
　1. 1990年代から2010年代半ばまでの日本経済　　　　　　　211
　　　(1) 1990年代前半の停滞要因／(2) 短期の経済回復／(3) 1997年
　　　の危機／(4) ITバブルと短い景気回復／(5) 小泉政権の誕生と景
　　　気回復／(6) 世界同時不況と景気の低迷／(7) アベノミクス

引用・参考文献　221
あとがき　233
索引　235

第1章
戦後復興

はじめに：敗戦，占領，復興

　1945年8月14日，日本政府は中立国を通じてポツダム宣言の受諾を連合国に通告した．さらに，翌8月15日に昭和天皇による終戦の詔書が日本国民向けにラジオで放送された．これにより，日本は対外的にも対内的にも敗戦の受諾を表明することになった．太平洋戦争がいつ終結したかについては，ポツダム宣言の受諾を通告した8月14日，国民向けに終戦の詔書が放送された8月15日，アメリカの戦艦ミズーリ号で降伏文書に調印した9月2日，GHQによる日本本土の占領が終わった52年4月など，様々な見解があるが，日本国民の感情としては8月15日で1つの区切りがついたという感覚が強かったと予想される．そこで，この本では45年8月15日以降を「戦後」として話を進めていこう．

　敗戦により，日本はポツダム宣言に基づいて連合国の占領下に置かれたが，実質的に日本の占領政策を担ったのはアメリカであり，ダグラス・マッカーサーを最高司令官とする連合国軍最高司令官総司令部（GHQ/SCAP）であった．また，占領政策は日本政府を通して統治を行う間接統治の方法がとられた．ただし，それはあくまでも間接統治が効果を発揮している場合に限られ，マッカーサーには，必要な場合直接的な行動をとる権限がアメリカ政府によって与えられていた．

　一方，この時期は，戦争によって打撃を受けた経済が戦後の様々な混乱を

経ながら徐々に回復し，やがて高度成長期へ至る時期でもある．それゆえこの時期は占領期であると同時に復興期とも位置づけられているのである．

以下，本章では GHQ による改革，そして敗戦から高度成長期に至るまでの政治・経済について概観してみよう．

1. 復興期の改革と政治

(1) 武装解除と賠償問題

占領にあたり GHQ は日本の「非軍事化」と「民主化」を進めていった．これにより，日本が再びアメリカや東アジアの脅威となることを防ぐことが対日占領目標の1つであったためである．

まず，「非軍事化」では，軍隊の武装解除が進められた．日本国軍隊の武装解除はポツダム宣言に規定されていたが，1945年9月に改めて GHQ による指令として発せられた．また，軍工廠に残る兵器や艦艇が破壊され，設備も GHQ に接収されるとともに，新たな兵器，弾薬などの軍需生産が禁止された．さらに，大本営や軍関連の各種学校などの陸海軍機関も45年中に次々と廃止された．

「非軍事化」施策の1つに日本の賠償があった．アメリカ政府は，東アジアの経済的安定のためには日本の非軍事化と経済的支配能力の剥奪が必要である，と考えていた．そのため，日本の産業設備を東アジアへ移転させる形での賠償を要求したのである．また，現金賠償ではなく，実物賠償が選択された背景には，第一次世界大戦後のドイツに課した非現実的な賠償に対しての反省もあった．

日本の賠償について，アメリカ国内では，すでに1943年頃から検討が進められていた．しかし，その内容は必ずしも一致したものではなく，寛大なものから厳格なものまでさまざまであった．そのような中，ポツダム宣言の第11項で日本の賠償問題について触れられ，「日本に，その経済を支持し，かつ，公正な実物賠償の取り立てを可能ならしむる産業の維持を許し，戦争

のための再軍備を可能ならしむる産業を許容しない旨」が表明された．以後，日本の占領政策はこの考えを基本線として実行されることとなった（三和[2002]）．

　1945年11月には連合国軍最高司令官に対し，アメリカ統合参謀本部より基本的指令が出され，賠償の実行方法として，日本の対外資産の没収と国内設備の移転が示された．この基本方針を実行に移すため対日賠償問題を担当したエドウィン・W・ポーレーは，45年12月に中間賠償計画案を発表した．その主な内容は，①工作機械製造能力の半分，②陸海軍工廠・航空機工場・ベアリング工場の全部，③20造船所の全設備，④年産250万トンを超える鋼鉄生産能力，⑤火力発電所の半分，⑥接触法硫酸工場全部，ソルベー法ソーダ灰4大工場のうちの最新式の1工場，苛性ソーダ41大工場のうちの20工場，⑦マグネシウム・アルミニウム製造工場の全部を賠償の対象とするというものであり，日本の26～30年の生活水準・生産水準を基準として作成されたものであった（三和[2002]）．

　さらに，ポーレーは，1946年3月，日本の賠償指定についての最終報告を完成させた．最終報告は中間報告と比べさらに過酷なものとなり，鉄鋼・工作機械・ソーダ灰・造船の撤去量が増加され，さらに，鉄鋼精錬・ニッケル・銅・刃物・工具・重電機・鉄道車輛・通信機・紡織機・火薬・硝酸・セルロイド・タール・石油精製・石油貯蔵・人造石油・アルコール・合成ゴムの設備，商船などが新たに対象となった．このようにポーレー案は極めて厳しいものとなり，実際に多くの日本人は同案を極めて過酷なものと認識していた（北岡[2000]）．

　ポーレー案に対しては，発表後ただちにこれを修正する動きが現れたが，その一方で，部分的実施も進められた．1947年4月，アメリカ政府によってマッカーサーに対日中間賠償三割即時取立権限が付与され，48年1月から50年5月にかけて三次にわたり，中国，フィリピン，オランダ（蘭領東インド），イギリス（ビルマ，マライ，極東イギリス植民地）に対し，時価総額162億円分が移設された（北岡[2000]）．

軍隊・軍需生産設備の解体に加えて，戦争及び戦争犯罪にかかわったとされる軍人及び政府首脳などが逮捕され，そのうち「平和に対する罪」を犯したとして28名がA級戦犯として極東国際軍事裁判所に起訴された．また，戦争犯罪人，職業軍人や憲兵隊員，極端な国家主義団体の有力メンバー，主要な財界人，言論報道機関の役員，地方政界人など広範な人々が公職から追放された．

(2) 「自由の指令」と東久邇宮内閣の退陣

次に「民主化」では，まず1945年10月にGHQによって出された「政治的，公民的及び宗教的自由に対する制限の除去の件（覚書）」があげられる．「自由の指令」あるいは「人権指令」といわれるこの指令により，治安維持法をはじめとした思想や言論の自由を統制していた法規の廃止，特別高等警察の全廃，政治犯の釈放，内務大臣及び内務省・警察関係者4,000人の罷免が要求された．

この指令に衝撃を受けたのが，10日ほど前にマッカーサーに内閣の信任を得ていた東久邇宮稔彦首相であった．

玉音放送とともに総辞職した鈴木貫太郎内閣の後を継いで誕生した東久邇宮内閣は，連合国軍の無血進駐，占領軍による直接軍政を宣言した三布告の中止，降伏文書の調印などを実現し，戦争を無事終結させることに成功した．また，内閣成立早々の閣議で言論の自由と政治犯の釈放を指示するなど，天皇・日本政府主導での民主化を進めようとした．しかし，GHQによる「自由の指令」によって先を越されたことに加え，山崎巌内相の罷免を内閣への不信任ととらえたことで東久邇宮内閣は総辞職することとなった．

(3) 憲法改正と「五大改革指令」

続いて成立した幣原喜重郎内閣に対し，GHQは，憲法の自主的改革を要請するとともに，婦人参政権の付与，労働改革，学校教育改革，秘密審問の乱用により国民に恐怖を与える組織の撤廃，経済改革の5つを内容とする

「五大改革」を指令した．これに対し，幣原はその実施を約束するとともに，その自主的な実行をマッカーサーに納得させた．

　幣原喜重郎は外相として戦前の加藤高明，若槻礼次郎，浜口雄幸内閣において英米協調型の外交（いわゆる「幣原外交」）を展開した名うての外交家であった．その後しばらく政界の第一線から身をひいていたが，国際的な信用の回復とGHQとの交渉の重要性という2点から首相としての復帰を乞われたのである．幣原内閣は，その期待通り日本政府主導の改革を進めていった．

　GHQによる民主化の，そして幣原内閣が取り組むべき大きな課題の1つが憲法改正であった．憲法の改正を求められた幣原首相は，松本烝治国務相を委員長とする憲法問題調査委員会を発足させた．当初，松本は必要最小限の修正を行うことで対応しようとした．しかし，マッカーサーはGHQ民政局に1週間以内に憲法改正草案を作成するよう指示した．そして，いわゆる「マッカーサー草案」が日本政府に提示された．結局，日本政府はこの憲法草案を受諾し，やや手を加えた上で和訳し政府原案として発表した．この改正案は衆議院，貴族院で部分的に追加・修正された上で可決され，46年11月3日に公布，47年5月3日に施行された．新しい憲法の精神に基づき，民法，刑事訴訟法，刑法などが改正され，地方自治法，警察法などが新たに成立した．

　また，45年12月，選挙法が改正され婦人参政権が認められた．これにより有権者が約3倍に増加し，また46年4月に実施された総選挙により，39名の女性議員が誕生した．

　憲法改正に加え，日本政府はGHQの指示を受けながら次々と改革を実行に移していった．

　労働改革については，1945年12月に団結権・団体交渉権・争議権を認めた労働組合法が成立した．続く46年9月の労働関係調整法，47年4月の労働基準法の制定により，労働者の基本的な権利が制度的に整えられていった．

　また，学校教育改革については教育内容の大幅な改革が1947年の教育基

本法によって進められていった．

　国民に恐怖を与えていた諸制度についても，既に「自由の指令」で指示されていた治安維持法の廃止（1945年10月），治安警察法の廃止（同年11月）が実現した．

(4) 財閥解体

　経済の民主化は財閥の解体と農地改革を主な柱とするものであった．財閥が解体の対象となったのは，財閥を戦争推進勢力の1つととらえる意見がアメリカ政府の一部にあったためである．彼らは，財閥の存在が軍事的な侵略の手段になったと同時に軍閥の対抗勢力になり得る労働組合や中産階級の発達を妨げ，また，財閥への富・利潤の集中が狭隘な国内市場を生み出してそれが日本の対外進出につながった，と判断し，財閥の解体を日本の軍国主義化を防ぐ有効な手段としたのである．もちろん，このような考え方に対してアメリカ政府内でも反対意見があり，国務省の知日派は財閥がむしろ戦争の反対勢力であり，その解体は日本の戦後復興の妨げになると批判した．当然財閥自身もその考えに強く反発した．三菱の岩崎小弥太は，三菱は国民の義務として国策に従っただけである，と主張し，財閥の解体に反対した．

　その一方，財閥の解体の背景に，巨大企業による市場の独占を反民主主義的ととらえ，その排除を目指す反独占的な考えがあったことも事実である．すなわち，財閥の解体は軍国主義の担い手としての財閥の解体という非軍事化の側面と民主主義的な経済制度を妨げる独占的な存在としての財閥の解体という民主化の側面をもった改革であったといえる．

　結局，財閥の解体を主張する軍の発言力が増すとともに，国務省内での知日（日本）派の勢力が後退したことにより，財閥の解体が決定的となった．1945年9月の「初期対日方針」にて財閥解体が明らかになるとともに，同年11月にGHQより財閥解体の基本指令が出された．以後，GHQによる財閥及び大企業の解体が進められていった．

　財閥解体は大きく4つの段階を経て進められた（武田晴人［1995b］）．財

閥は基本的に持株会社が株式の所有や役員の派遣によって子会社を支配する形態をとっていた．そのため，まず①持株会社の解体が必要となる．また，財閥同族が持株会社を通じて子会社に対する影響力を発揮していたことから，②彼らの経済力を弱める措置がとられた．

①についてはまず，1945 年 11 月に日本政府が会社解散制限令を出し，会社の解散・処分を大蔵省の許可制とした．これにより財閥及び大企業が独自に解散をして資産を処分することを防止した上で，46 年 4 月，持株会社整理委員会を設置した．持株会社整理委員会は 46 年 9 月から 47 年 9 月までに 83 社を解体の対象として指定し，それらの企業や財閥家族個人が所有する有価証券を没収し，順次，従業員や一般個人などに売却した．これに加え，46 年 11 月には会社証券保有制限令を発して，指定会社以外の企業についても子会社，関係会社の株式所有を禁止した．

②については上記の株式の没収に加え，前述した公職追放による財閥・大企業の役員追放が行われるとともに，1948 年 1 月の財閥同族支配力排除法によって 10 大財閥同籍者の役員就任が禁じられた．

①，②に加え，③大企業の解体が進められた．財閥以外にも大企業は存在しており，これらの解体を進めない限り，財閥解体の目的の 1 つである反独占的な市場の創出が実現できないためである．このため，1947 年 12 月に過度経済力集中排除法（集排法）が公布され，これに伴い 325 社が分割対象企業に指定された．

さらに，反独占的な市場構造を維持するため④法的に独占を禁止する措置がとられた．1947 年 4 月，「私的独占の禁止および公正取引の確保に関する法律」，いわゆる「独占禁止法」が公布された．これにより，カルテル，持株会社，事業会社による他社の株式保有，複数企業の役員兼任などが禁止され，競争制限行為及び企業結合が制限された．それまで容認されていたカルテルの結成が原則的に禁止されることは産業規制立法の点で大きな転換点となった．

(5) 農地改革

一方，農地改革では地主層の解体と自作農の増加が図られた．この背景には，発言力のある多数の農民を生み出すことで，日本を戦争へと駆り立てた専制的なあるいは独占的な組織に対抗する勢力を作り上げる必要がある，という考え方があった．また，農業苦境の救済者，あるいは救済策として軍部や海外への侵略が肯定された，というアメリカ側の判断もあった．

一方，日本政府も大正期以来，自作農創設と地主・小作関係の調整という課題に取り組んでいた．また，寄生地主制については1920年代には後退を始めており，特に戦時中に食糧増産政策の一環として推進された小作権の保護，小作料の引き上げ規制，米穀の政府管理などは地主の権利を狭める働きをした．このような食糧増産の流れから農林省ではGHQの指令より早く独自の農業改革を進めていた．その流れを受け，45年11月，不在地主の全貸付地及び在村地主の5町歩を超える貸付地を耕作者に強制譲渡し，小作料を金納固定化するという内容を持つ第一次農地改革案が農林省によって立案され，これを実行するため農地調整法改正案が議会に提出された．地主の利害を代表する勢力の反発により審議は難航したものの，同年12月にGHQによって出された「農民解放」指令によって同法はようやく可決された．

しかし，GHQ及び対日理事会はこの改革を不十分として，再検討を求めた．第一次改革による解放予定農地面積は全小作地の38％にとどまり，かつ地主にとっての抜け道（地主が将来自作する農地は譲渡の対象としない，債権者の承諾があれば金納以外の支払いが可能）が用意されていたためである．

1946年10月，GHQが主導した第二次農地改革案に関連した法案が成立した．第二次改革案では，不在地主の全貸付地と在村地主の1町歩を超える貸付地（北海道は4町歩）を国家が強制的に買取し，2年以内に耕作者に売却すること，小作料の支払いも金納化することが定められた．

(6) 政党の復活

以下では，この時期の政治状況に目を移してみよう．

1940 年の立憲民政党の解党により事実上日本の政党は消滅した．しかし，戦後になると様々な政党が結成されていった．45 年 11 月，同年 9 月に解散した大日本政治会所属議員の大半によって日本進歩党が結成された．また，同じく 45 年 11 月に，43 年に翼賛体制から離脱していた鳩山一郎を中心として日本自由党が結成された．これら保守政党に加え，中道政党の日本協同党（45 年 12 月）や左派政党の日本社会党（45 年 11 月）が結成されるとともに，日本共産党も 45 年 12 月に再建された．

(7) 普通選挙の実施と吉田内閣誕生

1946 年 4 月，戦後初の総選挙が行われた．そこで第一党となったのは自由党である．結成時に 273 名と圧倒的な議席数を誇った進歩党は約 95％の議員が公職追放に該当したこともあり，第二党に転落した．社会党は躍進し 92 議席を得たが，2 議席差で第三党となった．

この結果に対し，中道政権の誕生を期待していた GHQ 民政局は進歩党と社会党の連立を模索した．そのため，民政局は幣原首相に対し，後継が見つかるまで辞職しないよう求め，幣原もそれに応じようとした．しかし，進歩党を除く各政党がこれに反発し，閣内でも芦田均厚相が辞表を提出したため，結局幣原内閣は総辞職した．

さて，1946 年 4 月の段階では日本国憲法が施行されておらず，そのため後継首班の指名権は幣原にあった．幣原は当初第一党の鳩山自由党総裁に政権樹立工作を要請した．しかし，鳩山の首相就任を嫌った民政局は鳩山を公職追放したのである．

これを受け，社会党を中心とした連立内閣構想が生じ，幣原も了承した．しかし，結局連立内閣は実現せず，社会党単独内閣については幣原が首を縦に振らなかった．その動きと並行して自由党内では吉田茂政権の樹立を目指す動きが生じていた．当初は就任に難色を示していた吉田であったが最終的

に了承，1946年5月，第一次吉田内閣が誕生した．

　第一次吉田内閣の最大の課題が幣原内閣から引き継がれた憲法改正問題であった．吉田自身は必ずしも大日本帝国憲法の改正に肯定的であったわけではないが（幣原内閣の外相時は幣原首相とともに憲法改正に反対している），憲法改正案を政府原案として議会に提出した．日本国憲法案は1946年6月より帝国議会で審議が開始され，同年10月に成立，11月に施行された．

　最大の課題をクリアした第一次吉田内閣は，続いて経済問題とそれに伴う労働運動・大衆運動の盛り上がりに苦労することとなる．後述するように，戦後のインフレと生産の落ち込みは日本経済及び国民生活に打撃を与えた．その中で，日本労働組合総同盟，全日本産業別労働組合会議は吉田内閣打倒をとなえ国民大会を開催するなど倒閣運動を展開した．一方，民間企業と比較して賃金の上昇が抑えられた官公庁で労働運動が展開されており，民間企業の労働組合がこれを支援する形で結託し，1946年1月，全国労働組合共同闘争委員会が結成された．折しも，同年元日のNHKラジオ放送で吉田が，労働運動者を経済建設を破壊する「不逞の輩」と表現したことも影響し，反政府運動は盛り上がり，2月1日のゼネラル・ストライキ（二・一ゼネスト）が決定された．結局，マッカーサーの命令により二・一ゼネストは中止となったが，その一方でマッカーサーの要請により吉田内閣も解散・総選挙を余儀なくされた．

(8) 中道政権の誕生

　1947年4月の総選挙で第一党となったのは社会党である．この結果を受け，社会党，自由党，民主党（大日本政治会の後身という保守的なイメージを払拭するため，進歩党の若手は芦田均を含む自由党や国民協同党からの参加者を合わせて47年3月に民主党を結成した），国民協同党による代表者会談が行われ，4党連立内閣の結成が確認された．その後，片山哲社会党委員長を首班とすることで意見が一致し，同年5月に片山哲首相が誕生した．

　自由党の連立離脱などもあり組閣に苦労した片山内閣であったが，6月に

は社会党，民主党，国民協同党による連立内閣が成立した．中道政権の誕生はGHQにも評価され，マッカーサーはこれを評価する声明を出した．また，国民の評価も高く，組閣翌月には7割近い支持率を得ていた（五百旗頭［2001］）．

このような背景もあり，当初片山内閣は順調な滑り出しを見せた．しかし，炭鉱国家管理問題や平野力三農相と和田博雄経済安定本部長官の対立，補正予算をめぐる党内対立など，政治的な混乱により，結局この中道政権は9カ月半程度の短命に終わった．最終的な片山内閣の支持率は23.7%であった（五百旗頭［2001］）．

片山の後継候補としてまず名前があがったのは，社会党と連立を組んでいた民主党の首班である芦田均であった．それに対し，吉田茂を中心に激しい反対が生じた．片山内閣が挫折した以上，野党である「自由党」に政権を任せるのが「政権の常道」である，というのが吉田の主張であった．新聞や国民世論はこの吉田の見解に同調した．一方，GHQ，特に民政局は中道政権となる芦田内閣の成立を支持する姿勢を示した．

結局，首班指名は国会での投票に委ねられ，その結果，芦田が首相に就任した．一方，破れた吉田は，首班指名の多数派工作で連携した諸会派や民主党を離脱した幣原派を糾合し，民主自由党（民自党）を結成して第一党の座を確保した．

芦田内閣はGHQ民政局の後ろ盾を得てはいたが，「政権たらい回し」の評価もあり，国民の評価は芳しくなかった．30%という政権発足時としては非常に低い支持率がそれを表している（増田［1995］）．

後述するように芦田内閣の発足前後からアメリカの対日戦略の転換が生じていた．芦田内閣は対日援助としての外資導入を基にした生産設備の近代化とそれによる重工業の再生及び輸出の重工業化を企図した「経済復興計画」を策定した．また，GHQによるインフレ抑制を目的とした賃金統制実施の示唆に対し，それを盛り込んだ「中間的経済安定計画（試案）」を作成するなど，援助増加による「中間安定」，外資導入による「経済復興」に取り組

んでいった．

　しかし，公務員の団体交渉権・争議権をめぐる問題や昭和電工疑獄事件が芦田内閣を危機に陥れた．後者は昭和電工との収賄疑惑により，福田赳夫大蔵省主計局長，栗栖赳夫経済安定本部長官，西尾末広元副総理が逮捕された事件である．これにより，既に政界に嫌気が差していた芦田は道義的責任を理由に内閣総辞職を決断した．

(9) 吉田政権の復活

　芦田の後継総理の座に最も近かったのが第一党である民自党の吉田茂であった．しかし，吉田を嫌うGHQ民政局は，山崎猛民自党幹事長を首班として，芦田政権を支えた3党を加えた連立内閣の成立を画策した．それに対し，吉田は，胆嚢炎で臥す中で，首相就任への決意を民自党緊急役員会で語り，その後マッカーサーに直談判し支持を取り付けた．この結果，衆議院本会議の首班指名では，213票の白票があったものの，吉田茂が指名され，第二次内閣を組織することとなった．組閣した吉田は早期の総選挙実現を目指していた．第一党とはいえ単独少数内閣であり，パージと高齢化により人材が不足していたためである．しかし，GHQ民政局は内閣が憲法第7条に則って議会を自由に解散することを問題視する憲法解釈を提示し，憲法第69条による内閣不信任決議なくしては解散が許されないと告げたのである．

　結局，吉田内閣は内閣不信任案の可決を受け解散した．選挙の結果，民自党は過半数の議席を得て，戦後初の単独過半数を得た政党となった．これを受け，吉田は，経済復興と講和を政策の要に掲げ，蔵相に初当選した池田勇人を，外相にはみずからをあてた内閣を組織した．

(10) GHQの政策転換

　第二次吉田内閣が誕生した頃にはアメリカで対日戦略の転換議論が行われていた．1946年3月におけるウィンストン・チャーチル前英首相の「鉄のカーテン演説」で示された東西対立は47年3月のハリー・S・トルーマン

の反共演説からアメリカの外交政策に反映され，マーシャル・プランの発表へとつながっていった．さらに，47年5月のディーン・アチソン国務次官の演説ではドイツとともに日本の経済復興がうたわれた．

対日政策転換の必要性は，アメリカ陸軍省からまず主張されるようになった．これは，冷戦への軍事的対応と経済復興の問題に直面していたGHQからの要請によるものであった．

賠償問題が未確定であることが日本経済の隘路の1つと考えていたGHQはアメリカ政府に対し，賠償問題の決着を要請した．先述したように日本の賠償問題についてはポーレー案が示され，一部が実施されていた．しかし，このポーレー案は日本国内では過酷な内容と判断されており，また連合国内でも発表段階から反対意見が出されていた．さらに，アメリカ国内でも，日本への過大な制裁は，日本国民の感情を害し占領政策の実行の妨げになるとともに，日本の経済復興の遅れによりアメリカ政府の財政負担を増大させるとして，その見直しを求める意見が出ていた．

その中，1947年1月，アメリカ陸軍省はクリフォード・ストライクを団長とする対日賠償特別委員会を日本に派遣し，賠償計画の見直しを図った．ストライク調査団は，1947年2月に第一次報告書を提出し，現在の賠償計画の中止と新たな賠償計画の策定及び日本の工業許容水準の引き上げを勧告した．賠償計画の部分的実施を進めていたアメリカ政府は，ポーレー案と第一次ストライク勧告についての検討を行った．アメリカ政府内ではこの2つの案をめぐり意見の対立が生じたが，結局ポーレー案に沿ってまとめられた極東委員会の中間賠償計画とほぼ同内容の新案を決定し，極東委員会に提出した．

その一方で，冷戦の進行により，占領政策は新たな展開を迎えていた．日本経済の復興をより重視した政策へと転換したのである．アメリカ陸軍省は，ストライク調査団を再び日本に派遣した．第二次ストライク調査団は調査の結果，賠償計画をさらに大幅に縮小した案を提示した．

第二次ストライク調査団による報告書が提出されたのち，アメリカ政府は

ジョンストン調査団を派遣した．1948年4月，ジョンストン調査団は報告書を提出したが，その内容は第二次ストライク調査団による報告書をさらに緩和した内容であった．

さらに，1949年5月，極東委員会はフランク・マッコイ アメリカ代表による声明を発表した．この声明は中間賠償取り立ての停止と従来の賠償政策の破棄を表明したものであった．これにより，連合国による対日賠償は終止符が打たれ，残りのアジア諸国との賠償問題は個別的な交渉に委ねられることとなった．

賠償問題に続いて，経済力集中排除政策についても転換が図られたが，それに大きな影響を与えたのが，前述の第二次ストライク調査団の派遣であった．同調査団に同行したジェームズ・カウフマン弁護士が経済力集中排除政策を中心にGHQの政策を批判したのである．カウフマンは報告書（「カウフマン報告」）において，日本で「民主的日本経済」という定義不明のものをつくりだす危険極まりない実験がアメリカ納税者の負担で行われていると主張し，政策変更の必要性を訴えた．これに関するアメリカ陸軍省の問い合わせに対しGHQは反論したが，来日中のウィリアム・ドレーパー陸軍次官はカウフマンの意見を支持した．陸軍省はドレーパーの報告を検討し，マッカーサーに対し集排法の立法延期が望ましいと伝えたが，マッカーサーはこれに反対し，陸軍省とGHQの意見対立が生じた．結局，集排法は成立したが，陸軍省はこの過程で政策転換の姿勢を明確化し，マッコイも対日占領政策の力点を経済復興に置くべきと主張する声明を発表した．

また，アメリカ国務省においても「カウフマン報告」を重視したジョージ・ケナン政策企画室長が1948年2月に来日し，マッカーサーに対し経済復興の重点化とこれ以上の改革中止を勧告した．さらに，国務省はケナンの勧告にドレーパーの見解を加えた対日政策文書原案を作成し，同年5月に国家安全保障会議（NSC）に提出した．同年10月，NSCが国務省の政策文書原案を部分修正した「アメリカの対日政策に関する勧告」を採択し，これにより対日政策の転換がアメリカの政策として確定した．

これを受け，集排法で指定を受けた325社のうち，最終的に再編成を余儀なくされたのは18社と大幅に減少した．

(11) 朝鮮戦争と日本の再軍備

1950年6月，北朝鮮が韓国側に侵攻したことをきっかけとして朝鮮戦争が勃発した．朝鮮戦争は日本の経済と政治に大きな影響を与えた．

朝鮮戦争勃発に伴い在日米軍が朝鮮半島へと動員されたことを受け，マッカーサーは7万5千人の警察予備隊創設を日本政府に命じた．占領改革による日本の警察力の低下を憂慮していた吉田首相はこれを歓迎したが，一方，日本の再軍備については軍国主義の再発と経済への負担から難色を示した．しかし，最終的に吉田は5万人の保安隊を警察予備隊とは別に創設することをみずから申し出，秘密裏にアメリカ大統領特使であるジョン・フォスター・ダレスと合意した．

また，吉田は独立後の日本におけるアメリカ軍基地の維持について，朝鮮戦争が始まる前からアメリカに対し提案をしている．この吉田の姿勢は，講和後の在日米軍の扱いについて生じていたアメリカ国務省（講和後日本本土からの撤退），米軍部（駐留継続），マッカーサー（日本本土の非武装化と沖縄のアメリカ領有化及び永久基地化）の三すくみを解消する働きを持った．

吉田にとって問題であったのは戦前の対米協調を阻害するような軍部であり，自衛のための軍備を否定するものではなかった．日本の身の丈に合った軍備をし，不足する分をアメリカに補ってもらうというのが吉田の基本的な考えだったのである．

(12) 講和・独立

吉田にとってより重要だったのが，早期の日本の独立であった．しかし，早期講和はなかなか実現しなかった．

講和問題が最初に動き始めたのは，1947年のことである．ヒュー・ボートン　アメリカ国務省日本課長が早期講和案を携えて来日したことを受け，

同年3月にマッカーサーが早期講和に言及した．これと関連し，アメリカ政府内も早期講和に向けて動き始めた．しかし，ボートンらの講和案が旧敵国の処断という側面を強く持っていたことを嫌ったケナン政策企画室長が反対したことや，ソ連が各国が代表権を持つ外相会議で先議することを主張して米英側と対立したことなどにより，この講和の動きはひとまずは流れた．

また，1949年には，米英両国間で講和実現方針が確認されたことで，講和問題が再度本格的に動き出す可能性が生じた．しかし，この際も日本との政治的な関係を重視し，かつ占領の長期化による日本国内の反米感情の悪化を懸念して早期の講和を求める国務省と日本の基地の自由使用を重視する軍部との対立により，実現に至らなかった．

それが変化したのが上記の朝鮮戦争である．朝鮮戦争において日本が後方支援基地としての役割を果たしたことで，東アジアにおける日本の戦略拠点としての有効性が実証された．また，中華人民共和国がソ連と組んでアメリカと敵対したことも，パートナーとしての日本の重要性をアメリカに認識させることとなった．このため，アメリカ政府内ではそれまで存在していた処断の側面を持つ「峻厳な講和論」から「寛大な講和」論が支配的となった．

ただし，講和に向けた課題は残っていた．まず，アメリカ以外の国の対応である．寛大な講和を基本とするアメリカと異なり，いくつかの国は日本に対し強硬な姿勢を示していた．1950年9月にアメリカは賠償請求権の放棄を含む7項目のメモを作成し，各連合国の了解を求めた．しかし，これについてオランダ，フランスの賛同を得たものの，フィリピン，中国，インドネシア，オーストラリア，ニュージーランドが反対した．特に強硬だったのがフィリピンであり，その後アメリカ政府の修正案を何度も退けた．結局，51年8月にフィリピンの了解を得ることとなったが，その交渉の過程で，日本の賠償義務を認めつつ，それを支払う能力の欠如から生産・沈没船引揚げその他の役務による賠償と在外資産の没収だけが認められるという考えが規定され，サンフランシスコ講和条約第14条でも同様に規定された．

なお，条約には支払うべき金額と対象国が記されていなかったため，条約

締結後も日本は賠償権利を放棄しなかった国々と個別の賠償協議を行っていった．その結果，日本は1950年代から60年代にかけて，フィリピン，インドネシア，ビルマ，南ヴェトナムと賠償協定を，タイ，韓国といった非交戦国を含む数カ国と賠償に準じる金額の供与を約束する協定を結んでいった．

アジア諸国との賠償問題だけでなく，イギリスへの対応も難航した．1951年3月にアメリカが提案した条約案に対しイギリスは，政治犯の刑期遵守の講和条約への明記や日本の造船能力の削減を要求するなど留保をつけた．それだけでなくイギリスによる平和条約案では沖縄に対する日本の主権放棄が明記され，また，イギリスは中華人民共和国の条約への参加を要求した．既に同国を承認していたイギリスに対し，同国を承認していないどころか朝鮮戦争で交戦中であったアメリカにとってそれは承認できる要求ではなかった．

結局，講和条約の内容についてはアメリカの要求する寛大な内容で両国が合意したものの，「中国」の取り扱いについては難航した．最終的にこの問題は，中華民国，中華人民共和国双方を参加させず，講和後に日本に委ねるという形で決着した．

また，講和会議にはインド・ビルマがアメリカ主導の条約案への不満から参加せず，ソ連も突然の表明により会議に参加したが条約には調印しなかった．ポーランドとチェコスロバキアもソ連に追随した．

このように，紆余曲折を経た講和条約交渉・会議であったが，国内でもその取り扱いをめぐって議論が噴出した．社会党や，岩波書店の斡旋により結成された平和問題談話会に参加した知識人などがソ連や中国を含めた「全面講和」を主張し，アメリカを中心とした「単独講和」を批判したのである．この対立はのちに日米安保か非武装中立かという対立に発展し，国論を二分することになった．

また，寛大な内容とはいえ，領土については朝鮮の独立，台湾・南樺太・千島列島の放棄が規定され，小笠原諸島・沖縄がアメリカの施政権下に置かれた．

以上のような経緯を経て，1951年9月4日に日本を含めた49カ国がサン

フランシスコ講和条約に調印した．52年4月28日，同条約が発効し，ここに日本は再び独立し，国際社会への復帰を果たすこととなった．

2. 終戦後の経済状況

(1) 戦争の傷跡と復興までの時間

以下では復興期の経済状況を語るため，再び終戦直後の状況に時計の針を戻そう．

1945年8月15日に戦争が終わったものの，日本経済，日本国民が戦争で受けた傷を癒やすにはまだまだ長い時間が必要であった．戦後の主要経済指標が，戦前基準の1934〜36年平均（経済史では本格的な統制が始まった日中戦争の開始年である37年を「戦時」の始まりとし，その直前のこの時期を「戦前」ととるケースが多く見られる）にいつ達したのかを見ると，実質民間設備投資と実質個人消費支出が51年，実質国民総生産（実質GNP）と鉱工業生産指数が52年となる（表1-1）．また，貿易関係の指標である，実質輸入等支払が57年に，実質輸出等受取が58年に戦前の水準に回復した．

このように，日本経済の主要指標が戦前の水準に戻るまで6〜13年の月日を必要としたのであり，日本経済はそれだけの時間をかけて復興を果たしたのである．

表1-1 主要経済指標が戦前水準を超えた年

実質国民総生産	1952年
実質民間設備投資	1951年
実質個人消費支出	1951年
実質輸出等受取	1958年
実質輸入等支払	1957年
鉱工業生産指数	1952年
1人当たり国民総生産	1955年

出典：橋本寿朗「一九五五年」安場保吉・猪木武徳編集『日本経済史8 高度成長』岩波書店，1989年，59頁（原資料は経済企画庁『現代日本経済の展開』経済企画庁，1976年）．
注：戦前基準は1934〜36年平均．

(2) インフレーションの進展

復興期の日本経済を苦しめたのが，インフレーションの進展である．終戦直後から実施された軍需関連企業に対する軍需補償支払いを契機に物価は急上昇した（図1-1）．

これに加え，企業の運転資金調達や国

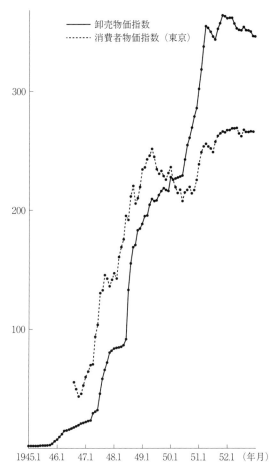

出典:三和良一・原朗編『近現代日本経済史要覧』補訂版,東京大学出版会,2010年,145頁.
注:1934〜36年平均を1.0とする.

図 1-1　戦後インフレーションの推移

民による預貯金の払い戻しなどからマネーサプライが増大し,その結果,インフレはますます進行した.1945年から49年にかけての小売物価指数で79倍,卸売物価指数で60倍に上る激しい物価上昇は,日本経済に様々な悪影響を与えた(橋本・長谷川・宮島・齊藤［2011］).

激しいインフレは家計の悪化を招き，国民生活はますます窮乏化した．また，それへの対応として企業が実施した賃金の引き上げは結果的に通貨の膨張を招き，さらなるインフレの要因となった．また，インフレは原材料価格の増加や将来見通しの不安などを通じ，生産の停滞を招いた．

(3) 通貨収縮策と戦後統制

インフレ対策として政府は，①通貨の収縮，②物価統制，③供給力の強化の3点を進めていった．

まず，①通貨の収縮は1946年2月に公布・施行された金融緊急措置令と日本銀行券預入令によって進められた．これは，(1) 旧日銀券は46年3月2日で貨幣としての価値を失う，(2) 金融機関は3月7日まで旧日銀券による預貯金を受け入れる，その後の払戻は一定額に限る，(3) 2月25日から3月7日までの間に1人100円を限度として，旧日銀券を新日銀券と引き替えるという措置であった．すなわち，旧円の流通禁止及び新円への切り換えと同時に預金を封鎖し，かつ新円の引き出しを制限することで通貨供給量を制限することを意図したのである（原朗 [2002]）．

一方，インフレ対策の1つとして議論となったのが，戦時補償の支払いをどうするかという問題であった．戦時中に政府は企業や個人に対し，戦時保険支払いの政府補償や工場・設備・船舶・仕掛品などの戦時動員に伴う損失補償といった戦時補償の支払いを約束していた．この額は当時の予算（1945年度一般会計歳出当初予算）の2.6倍に当たる565億円にのぼっていた（三和 [1993]）．それだけの支払いが行われた場合，財政上の負担となるだけでなく，インフレを悪化させることは明らかであった．また，GHQは戦争は経済的に利益のないものであるということを全ての日本国民にわからせるという政治的な理由で，戦時補償の支払い凍結と戦時利得税及び財産税の新設を指示した．

当初日本政府は戦時利得税と財産税を新設しつつも戦時補償の支払いを行う方針であった．しかし，GHQがこれを拒否したため，戦時補償を支払う

ものの全額に税率100％の戦時補償特別税を課すことで実質的に補償を打ち切る措置がとられた．また，財産税の新設により財閥家族をはじめとする富裕層の資産や皇室財産が削減された．

とはいえ，当時の蔵相石橋湛山が懸念したように，戦時補償の支払い打ち切りは企業に打撃を与える蓋然性が高かった．そこで，政府は会社経理応急措置法・金融機関経理応急措置法（1946年8月公布）を制定し，その救済を図った．これは，戦時補償打ち切りや在外資産の喪失などによって損害を受けた企業や，債権の回収が困難な金融機関に46年8月11日時点での特別損失を計上させ，その上で特別損失を旧勘定として，それとは別の新勘定で事業を継続させるものであった．いわば特別損失を棚上げする形で当座の事業を行わせたのである．そして，企業再建整備法・金融機関債権整備法（46年10月公布）による，資産再評価・減資・積立金処分・債務切り捨てなどの特別損失を処理する企業再建整備計画を立てさせた上で新旧勘定の統合を行わせた．なお，この再建整備は賠償問題や大企業の解体の影響により，金融機関は48年に，事業会社は49年になってようやく完了することとなった．

これに加え，②物価の統制も試みられた．1946年3月には価格等統制令を廃止して，新たに物価統制令を公布することで新たな価格統制が実施された．これは，標準世帯の1カ月の生計費を500円とする基準で公定価格を定めることで物価の安定を図るものであった．その際問題となったのは，統制の範囲をどこまで広げるかという点である．当初，日本政府は，戦時のような広範な統制を廃止して，必要最低限の基礎物資のみを対象とすることを想定していた．しかし，GHQが統制の緩和に否定的な姿勢を示したため，生鮮食料品を含む広い範囲で生産・流通・価格の統制が再編成された．46年8月には，企画機関として経済安定本部が，実施機関として物価庁が設立され，戦後の統制体制が整えられた．

物価を統制するためには物資の需給統制も必要になる．当初，日本政府は政府の直接統制と民間の自治的統制による二本立ての統制方式を構想していた．しかし，民間の独占的な運営を危惧したGHQは政府全額出資の公団に

よる統制を提案した．その意向に従い，47年に，石炭・石油・肥料・食糧・食料品・飼料・油糧・酒類の8配給公団，鉱工業・繊維・食糧・原材料の4貿易公団，価格調整公団などの公団が設立された．

これらの政策は一定の効果を現し，手持ちの原材料を消費する形で実現した生産の回復とあいまって，一時的にインフレは沈静化の動きを見せた．しかし，それは一時的なものにとどまり，インフレは再び深刻化した．

(4) 供給対策

インフレ対策として，第3に③供給力の強化が図られた．敗戦直後に生産が停滞した理由として考えられるのが戦争による被害であろう．中学・高校の歴史教科書でよく見られるような焼け野原の図は日本全体が焦土となり，まさしく「国破れて山河あり」の漢詩を想起させるものである．そこで，日本経済の戦争被害について概観してみよう．

戦争の被害は大きく，1935年時点の国富の25%が戦争で失われた（山崎志郎［2003］）．表1-2は戦前の35年と敗戦時の国富を比較した表である．これを細かく見てみると，空襲の影響などにより，建築物や所蔵財貨（家財家具）が戦前と比較して減少している．また，相手国からの攻撃による沈没・破壊によって，船舶が大きく減少し，諸車も減少している．また，工業用機械器具も大きな被害を受け，その戦災被害総額は日本全体の被害総額の12.2%にあたる79億9,400万円に上った．

とはいえ，戦前からの増減という観点から見ると様相が変わってくる．戦時中に機械工業を中心とする重化学工業が拡充した結果，繊維製品など一部を除き，生産設備能力はむしろ戦前より増加していたのである．また，港湾運河，橋梁，鉄道及び軌道，電気及びガス供給施設，電信電話及び放送施設などのインフラも増加している．これらは戦時中に重化学工業の生産が強化された結果もたらされたものである．このため，戦争による被害を差し引いても，生産設備は戦前以上の能力が残存していた．そして，国富全体は，トータルでわずかながら戦前より増加していた．

このように，終戦直後の日本は戦争による多くの打撃を受けた状態でありながらも，経済が復興する基礎的な条件を確保していた．

それではなぜ，復興の基礎的な条件を持ちながら，生産がなかなか回復しなかったのであろうか．

第1に，残存した設備が実際の使用に適した状態になかったためである．残存設備が老朽化する一方，それを補修するための資材が不足していた．例えば，戦前における日本の重要な原料供給地であった植民地を敗戦によって失った結果，鉄鉱石・原料炭が不足したことでほぼ全ての高炉は停止しており，このため補修用鋼材のストックは底をついていた．これに加え，戦時中に設備・施設の補修を怠った結果，原料や資材を運ぶべき鉄道・自動車の輸送力が大幅に低下していた．さらに，インフレが資材価格の高騰を通じてその調達を困難にしていた．

また，残存設備と生産に必要な設備との質的なギャップも問題であった．戦争中に産業設備の多くが軍需用に転換されたが，強引な重化学工業化は「不要不急産業」に指定された産業の生産能力を大幅に低下させた．戦後になり，多くの企業は軍需産業の民需転換を図った．しかし，「不要不急産業」の生産能力低下は諸資材供給の停滞を招いていた．そのため，手持ちの資材を利用して鍋釜などの日用品の生産を行うことがせいぜいであり，民需への転換と国民が必要とする消費財の供給増は容易に実現しなかった．

第2に貿易の制限などにより，原材料やエネルギーが十分に確保できなかったことがあげられる．日本の貿易を最小限度にとどめようというアメリカの方針から，終戦直後の日本では国による管理貿易のみが行われていた．このため，輸出入とも小規模なものにとどまり，緊要物質の輸入もなかなか許可されなかった．また，旧植民地資源の供給が途絶したことも原材料・エネルギー不足の大きな要因となった．

第3に賠償問題と大企業の解体も生産拡大の足かせとなった．先述したように，日本がどのような賠償を負担すべきかについては，既に1943年頃からアメリカ国内で検討されていた．ただし，その内容は寛大なものから厳格

表1-2　国富被害状況

	被害総額 (a)	直接被害	間接被害	終戦時残存 国富(b)	総計 (c)=(a)+(b)
建築物	22,220	17,016	5,204	68,215	90,435
港湾運河	132	17	115	1,632	1,764
橋梁	101	55	46	2,773	2,874
工業用機械器具	7,994	4,684	3,310	15,352	23,346
鉄道及び軌道	884	104	780	11,618	12,502
諸車	639	364	275	2,274	2,913
船舶	7,359	6,564	795	1,766	9,125
電気及びガス供給施設	1,618	898	720	13,313	14,931
電信電話及び放送施設	293	243	50	1,683	1,976
水道施設	366	271	95	1,812	2,180
所蔵財貨	17,493	17,446	47	63,448	80,941
家財家具	9,558	9,558	—	36,869	46,427
生産品	7,864	7,864	—	25,089	32,953
雑	1,243	987	256	4,964	6,207
分類不能	3,936	—	3,936	—	3,936
資産的一般国富計	64,278	48,649	15,629	188,852	253,130
その他国富	1,024	1,024	不明	不明	不明
総　額	65,302	49,673	*15,629	*188,852	*253,130

出典：山崎志郎『新訂日本経済史』放送大学教育振興会，2003年，209頁（原資料は中村隆英・宮崎正
　　　大学出版会，1995年）．
注1：＊は不明部分が合計されていないことを示す．
注2：数値に関する明らかな誤りについては適宜改めた．

なものまで様々であり，中には戦後5～10年の間は日本人が生活できる最低限度を超える生産物全てを日本の近隣諸国に割り当てるという厳しい考えもあった．このため企業は新たな計画を立てることが困難であった．また，賠償指定を恐れ，設備投資を控える企業も存在した．大企業の解体についても，対象となった企業は戦略の見通しを立てることが困難であった．投資を控える企業もみられた．

　以上のような制約を持ちつつも，1946年に入ると生産活動は回復の傾向を見せるようになった．ただし，これは手持ちの資材ストックを食いつぶしてのものであり，そのままでは再度停滞に転じることが容易に予想できた．

1935年国富の終戦時換算額	被害率(%)(a)/(c)	対戦前増減率(%)
(単位：百万円)		
76,275	24.6	−10.6
1,323	7.5	23.4
2,288	3.5	21.2
8,501	34.2	80.6
10,903	7.1	6.6
2,461	21.9	−7.6
3,111	80.6	−43.2
8,987	10.8	48.1
1,531	14.8	9.9
1,698	16.8	6.7
67,065	21.6	−5.4
39,354	20.6	−6.3
23,541	23.9	6.6
2,608	20.0	90.3
—		
186,751	18.2	1.1
不明		
*186,751		

康編『史料・太平洋戦争被害調査報告』東京

(5) 傾斜生産方式の採用

第一次吉田内閣で蔵相に就任した石橋は生産拡大によるインフレの克服を試みた．石橋はケインズ的な拡張政策を肯定する思想を持っており，そのため，予算拡張的な積極財政を展開した（三和 [2002]）．しかし，それによって通貨面からインフレ圧力が強まったことに加え，原材料ストックの枯渇によって生産が停滞したことで，一時的に沈静化していた物価は1946年11月より再び上昇に転じた．

生産の停滞と物価の上昇を受け，日本政府は生産の回復を急いだ．その手段として計画されたのが，有澤廣巳らによって考案された傾斜生産方式である．これは，輸入重油を鉄鋼生産に割り当て，そこで生産された鋼材を石炭生産に割り当て，それを利用して増産した石炭を鉄鋼生産に割り当てる，というものである．この構想の背景には石炭在庫の急激な減少があり，政策当局はそれを供給不足の最大の原因と認識していた．

傾斜生産方式は，1946年12月にGHQが製鋼用重油輸入を承認したことで採用が閣議決定され，46年度第4四半期から物資需給計画にそって開始された．しかし，当初期待されていた重油の輸入が遅れたため，他の産業に割り当てられる予定であった国内炭を鉄鋼業に配分することで実行された．

上記のような計画の変更があったものの，結果的に鉄鋼生産は1947年2月以降増産傾向となり，石炭生産も同年9月から急激に増加した．石炭及び鉄鋼生産の回復により，機械産業など重化学工業を中心とした中間財の生産が回復した．これにより，資本財生産用の基礎資材の不足という問題はある

程度解消されたのである．

その一方で，傾斜生産方式はいくつかの問題を抱えていた．まず，公定価格の引き上げや補給金の増額による赤字の補填が期待されたことで経営者の生産性上昇や労働組合と対抗するインセンティブが失われた．一方，労働者側も，倒産の危険性がないため大幅な賃上げを要求し続けた．これらはインフレの一要因となった．

また，傾斜生産方式の資金は1947年1月に開業した復興金融金庫（復金）によってその多くが供給されていた．その資金も含め復金の財源は日本銀行引受の復金債によって捻出されていたが，その融資総額は全国銀行貸出総額の23%にのぼるほど膨大であった（山崎志郎 [2003]）．このため，市中通貨の量は急増し，この結果，「復金インフレ」と呼ばれるインフレが日本経済を苦しめることとなった．

(6) 中間安定計画

傾斜生産方式の採用後生産は回復に向かったものの，その政策自体がインフレ要因を内包していたこともあり，1947年後半からインフレは再び激しくなった．このため，同年に成立した片山内閣はその対応に追われることとなった．

1947年7月には新価格体系が実施され，公定価格が大幅に切り上げられた．この結果，一時的に闇価格の上昇速度は鈍化した．しかし，インフレ要因が解消されたわけではなく，物価は再び上昇した．

また，生産者価格が公定価格を上回った場合に生じるであろう生産意欲の低下を解消するため，石炭・鉄鋼・非鉄金属・化学肥料・ソーダに対しては価格差補給金や賃金補給金などの政府補助金が支出された．この補助金はインフレ抑制の新たな手段として導入されたものであったが，政府支出の増大とそれによる通貨の膨張を招き，結果的にインフレの一要因となった．

インフレが続く中，経済安定本部はデノミネーションを伴う新円封鎖によってインフレを一挙に解決する構想を企画した．しかし，片山内閣が退陣し

たことにより，この構想は実現しなかった．

　片山内閣の後を継いだ芦田均内閣の下で，経済安定本部は中間安定計画を作成した．これは物資・労務・資金・財政面で総合政策を実施してインフレを緩慢化させることを意図したものであり，GHQ もこれに近いスタンスを示した．しかし，中間安定計画は芦田内閣の政権基盤の弱さや閣内の社会党左派大臣の存在，経済安定本部労働局の反対などにより試案のまま終わった．

(7) ドッジ・ラインとその影響

　日本政府の選択した「中間安定」路線は，ドッジ・ラインに代表されるアメリカ政府主導の「一挙安定」的な安定化政策に取って代わられることとなった．

　アメリカ政府が強力な安定化政策を実施したのは，東西冷戦の進展により日本経済の早急な復興と自立が必要とされたためである．先述した 1948 年 4 月のジョンストン報告書は日本の経済復興に関する総合的な政策を初めて提示したものであり，賠償規模の縮小，集中排除政策の緩和，均衡財政の確立，補助金の縮減，徴税の強化，為替レートの確定，貿易の民営還元などの措置が勧告されていた．続いて 48 年 5 月に来日したヤング使節団は，単一為替レートの設定が経済復興のために不可欠としてその早期設定を勧告した．

　先述の通り，戦後の貿易は GHQ の管理下で国営貿易として行われており，為替レートも品目ごとに異なる複数のレートが存在した．この複数のレートは基本的に輸入品は円高に，輸出品は円安に設定されていたため，実質的な貿易補助金が政府から民間に供給される状況を生み出していた．さらに，輸入経費，保管費用などを含む貿易資金特別会計が民間への支払超過となり，これがインフレの一要因となっていた．また，円安に設定された輸出レートは輸出企業の生産性上昇意欲を鈍らせ，これもインフレ抑制とは逆の動きを生み出していた．それゆえ，ヤング使節団は早期の単一為替レート設定を勧告したわけであるが，この考えは経済安定後の単一為替レート設定を目指していたマッカーサーとその設定時期をめぐって対立した．両者の意見を検討

した国際通貨金融問題に関する国家諮問委員会（NAC）は，ヤング勧告の意見を採用したが，GHQ は意見を変えなかった．

1948 年 10 月，アメリカ国家安全保障会議において，対日占領政策の転換が正式に決定したが，単一為替レートの実施時期や賠償規模については明示されなかった．

アメリカ陸軍省は対日援助を強化するため，（陸軍省の予算に組まれている占領地統治の円滑化と疫病や社会不安の防止を目的とした）ガリオア資金とは別枠の援助による日本・朝鮮復興計画を提案した．結局，日本経済の安定のための有効な措置をとることを条件に，ガリオア資金の一部から経済を復興するために必要な工業原料を輸入するためのエロア援助が支出されることとなった．これを受け，陸軍省は，日本政府に指示すべき 9 項目と 3 カ月以内の単一為替レートの設定を内容とする「中間指令」をマッカーサーに伝達した．

9 項目は①総合予算の均衡，②徴税の強化，③融資の制限，④賃金安定計画の確立，⑤価格統制の強化，⑥貿易・外国為替管理の日本政府移管，⑦輸出拡大のための割当配給制度の改善，⑧生産の増強，⑨食糧供出の効率化からなるものである（三和 [2002]）．9 項目の内容自体は GHQ が既に日本政府に提示していた「経済安定 10 原則」と大きな違いはなかった．しかし，「中間指令」で 3 カ月以内の単一為替レートの設定が示されたことで，その実施時期をめぐる対立に終止符が打たれたのである．マッカーサーはいわゆる「経済安定 9 原則」として吉田首相に対しその実施を指示した．

この「経済安定 9 原則」を独自の解釈を交えながら実施したのがいわゆる「ドッジ・ライン」である．

ジョセフ・M・ドッジはデトロイト銀行頭取を務め，西ドイツの通貨改革や単一為替レートの設定などに参画した人物であった．それらの施策が西ドイツのインフレ抑制と生産・貿易の急回復につながったことでその手腕が高く評価されていた．

来日したドッジは，予算の均衡化，単一為替レートの設定，復興金融金庫

の新規融資停止，政府補助金の削減・廃止などの施策を行っていった．

　それまで大幅な歳出超過であった予算の均衡化は，ドッジの基本構想の1つである国内総需要を抑制して過剰購買力を削減し，輸出を拡大させる，という方針に沿ったものであった．

　実際に，1947年度に1,039億円，48年度に1,419億円とそれぞれ歳出超過であった予算は，49年度には1,567億円の歳入超過となった．これは，歳入面では徴税強化，旅客運賃及び郵便料金の値上げを，歳出面では公共事業，失業対策費，鉄道・通信事業費の縮減，復金新規融資の停止，補助金の削減・廃止などによって実現したものであった（三和［1993］）．

　単一為替レートの設定は，国際面での市場メカニズムへの復帰を図るものであり，1ドル＝360円のレートが設定された．このレート基準については，割高とする説と割安とする説がある．設定当初，海外では日本政府の円切下げを予想していたという話もあるが，日本政府は1970年代までこのレートを維持していくこととなる．

　復金の新規融資停止，補助金の削減・廃止は，総需要の抑制，予算の均衡化を図ることに加え，国内における市場メカニズムの回復とそれによる合理化の促進を意図するものであった．特に価格差補給金を中心とする政府補助金は，企業の損失を補填することで企業の経営努力を削ぐ副作用を生じさせていた．その廃止と単一為替レートの設定による「隠れた貿易補助金」の廃止は企業の予算制約を再び厳格化し，企業の経営努力を促す働きをしたのである．

　ドッジ・ラインの実施により，日本経済のインフレは収束に向かった．実は，ドッジ・ラインが実施される以前の1948年後半期からインフレは収束に向かっていた．その意味でドッジ・ラインのインフレ抑制効果を過度に強調することは誤りである．とはいえ，先述の通り，日本政府が実施していた復金融資や政府補助金などの政策はインフレ要因を内包するものであった．そうした政策を廃止したことで，ドッジ・ラインはインフレの収束を決定的なものにする役割を果たしたのである．

一方で，ドッジ・ラインは日本に深刻な不況（ドッジ不況）をもたらした．1949年の超均衡予算により資金需給は逼迫し，中小企業の倒産及び失業者が増加した．これに対し，日本政府はGHQの許可を得て，日銀による買いオペレーション，貸出高率適用制度の緩和，融資斡旋など金融緩和政策を実施し，デフレの影響を緩和しようと試みた．一方，ドッジにより50年度も超均衡予算が組まれ，また，先の金融政策の結果生じたオーバーローンを懸念したGHQの警告により，50年5月に政府・日銀は金融政策を引き締めの方向へ転換した．これにより，日本経済の不況は深刻化した．

　この状況を好転させたのが，1950年6月に勃発した朝鮮戦争である．国連軍による需要（特需）は，52年の輸入額の40%，53年の輸入額の33%を占めた（橋本・長谷川・宮島・齊藤［2011］）．また，世界的な軍備拡張と物資買付により日本の輸出は増大した．これにより外貨を得た日本経済は，ネックであった原材料などの輸入拡大を実現したのである．

　需要拡大により，繊維，金属，機械，化学などを中心に，鉱工業生産は戦前水準（1934～36年＝100）を約9%上回るほどに拡大し，ほぼ全産業で雇用が拡大した（三和［1989］）．朝鮮戦争を経て，日本経済はようやく復興から新たな段階へと進み始めたのである．

3. 復興期の産業

(1) 復興期の産業構造

　戦争遂行を目的として，戦時中は航空機に代表される軍需向け重化学工業に資源が集中した結果，それらが急激に成長する一方，繊維・食料品等の民需産業が著しく衰退した．しかし，戦後になると軍需関連製品の製造が禁止され，各企業の民需への転換が進められた（ただし，前述の通り，資材などの制約によりそれがなかなか進展しなかった）．それでは，そのような民需転換の結果，日本の産業構造はどのように変化したのであろうか．

　表1-3は終戦前年の1944年，終戦から5年後の50年，同10年後の55年

表1-3 産業別純国内生産構成比

(単位：%)

年	農林水産業	鉱工業	建設業	電気・ガス・水道・運輸通信	商業・金融・サービス
1944	17.8	36.5	4.0	9.0	32.7
1950	26.0	27.7	4.0	7.4	34.9
1955	23.1	24.4	4.2	8.9	39.4

出典：武田晴人「需要構造」武田晴人編『日本経済の戦後復興――未完の構造転換』有斐閣，2007年，38頁。

における産業別の構成比を比較したものである．

　終戦直前と戦後を比較した場合，まず目につくのが，農林水産業及び商業・金融・サービス部門の拡大であろう．農林水産業の上昇については，戦後の食糧不足，農産物価格の相対的な上昇への対応，帰農者の増大による農業人口の増加などを理由とした生産の拡大が背景にあったと考えられる．また，商業・金融・サービス部門の拡大については，供給不足とそれに関連した闇市場の発達により，同部門で超過利潤が発生した可能性が指摘されている（武田晴人［2007］）．

　一方，その比率を大幅に落としたのが鉱工業部門であった．戦時期の統制経済は，軍需産業を中心に製造業の成長をもたらした．1944年時点での鉱工業部門の構成比の高さはそれを表している．しかし，戦後，軍需産業に偏重した統制が解除されたこと，これまで述べてきたような制約により生産が停滞したことなどから同部門の構成比は低下した．

　とはいえ，当然ながら，鉱工業部門の産業全ての生産が停滞したわけではない．表1-4から明らかなように，戦前，終戦直後の1945年，40年代後半，50年代前半と比較していくと各産業ごとに浮き沈みがあったことがわかる．まず，目立つのが機械器具の変化であろう．戦時期の経営資源の集中によって拡大した同産業は，民需転換と原材料不足によって復興期にその構成比を大幅に低下させた．

　一方，戦時期に落ち込みながら，戦後に生産を回復させたのが，食料品，紡織，化学である．そのうち，食料品，化学は戦後の食糧不足による需要の

表1-4 戦前基準製造工業分類生産額構成

(単位：％)

年	食料品	紡織	製材木製品	印刷製本	化学	窯業	金属	機械器具	その他
1934-36平均	10.7	31.3	2.3	2.0	16.6	2.7	17.2	13.4	3.8
1945	5.3	5.9	5.0	1.0	9.2	2.4	18.8	51.3	1.0
1947	10.1	12.3	9.8	2.1	18.8	4.6	14.8	27.3	0.3
1950	12.6	22.0	4.4	2.6	22.8	3.6	16.8	13.7	1.5
1955	18.2	16.1	4.8	2.8	20.2	3.6	17.3	15.1	2.0

出典：武田晴人［2007］「需要構造」42，43頁（原資料は日本銀行『本邦経済統計』，通商産業省大臣官房調査統計部編『工業統計50年史』）．
注：合計が100にならない年がある．

増加とそれへの対応として説明可能であろう（この頃の化学製品の中心は肥料であった）．

　他方，紡織は機械器具と逆のパターンでの浮き沈みが見られる．すなわち，戦前の構成比の高さと戦時中の落ち込み，そして戦後の復活である．戦前に不急産業として停滞した紡織＝繊維産業は，戦後民需転換が進められる過程で復活を果たした．とはいえ，その復活は，農林水産業や食料品のように，国内の生活必需品の需要が拡大したためだけではない（もちろん，その側面も否定はできないが）．戦前の段階で既に国際競争力を持ち，軍需と直接関係のない繊維産業は，平和産業として，日本国民への衣料供給だけでなく，外貨獲得産業としても期待されたのである．以下では，復興期の繊維産業，特に綿紡績業について概観してみよう．

(2) 綿紡績業の停滞と大紡績の戦略

　繊維業は戦前日本を代表する産業であった．高校日本史の教科書でも指摘されているように，1930年代になると日本で重化学工業化が進展し，38年には工業生産額に占める重化学工業の割合が50％を超えた（石井進・五味・笹山・高埜他［2013］）．しかし，産業ごとに比較すると，繊維産業は依然として製造業の中心であり，生産額で27％，輸出額で40％を占めていた（高村［1994］）．

日中戦争が開戦した後も，繊維産業は「外貨獲得産業」として期待された．しかし，対外関係が悪化し，植民地圏以外の貿易が途絶した後は，その存在意義が問われ，縮小・整理の対象となっていった．これは，綿紡績業も同様であり，輸出の減少に伴って紡績各社の設備は遊休化した．これを受け，日本政府は綿紡績業の遊休工場・設備を軍需工場へと転換することを決定し，遊休工場の軍需関連企業への譲渡，紡織機のスクラップ化＝屑鉄化などを進めていった．この結果，綿紡績業の生産額は急激に減少していったのである．
　このように，綿紡績業全体がこの時期に後退したことは間違いない．ただし，企業ごとの動きに着目すると様子が変わってくる．錘数上位の大紡績企業は，政府による企業整備の方針に沿う形で企業合併・統合を進めていった．特に戦前の大企業が力を入れていなかった軍用品などの内需向け生産に注力するにあたり，それらを専業としていた中小企業を取り込んでいったのである．
　このような企業合併を通じた繊維分野における多角化を進めていくことにより，大紡績企業は戦時期に経営規模を拡大していった．一方，当初企業整備に難色を示していた中小企業も1943年頃になると同事業から退出するようになった．その結果，戦前には78社存在した綿紡績企業は，戦時を通じて10社にまで統合されたのである（渡辺［2010］）．
　大紡績企業は，このような企業合併を通じた繊維分野における多角化だけでなく，非繊維部門の多角化も進めていった．繊維事業が縮小していく中，大紡績企業が選択したのは，軍需関連の非繊維事業への参入であった．参入先は，主として化学工業，ゴム工業，機械工業，鉱業，商業などであった．このうち，レーヨン，スフなどの原料である化学工業や燃料である鉱業への進出は，原料部門の不確実性を解消する目的での進出であった．一方，化学工業の一部やそれ以外への多角化については，戦時期の中心産業であった軍需に関連した分野であり，特に太平洋戦争期に入ってからは，航空機，船舶，兵器関連といった事業へ積極的に参入していった．
　これらの進出は，大紡績企業の所有する生産設備に着目した軍の要請であ

ると同時に，ビジネスチャンスをねらっての当時急成長していた分野への進出であり，自社の遊休設備が政府・軍によって転用されることを防ぐための手段であった．

(3) 綿紡績業の復活

戦前，急速に縮小した綿紡績業は，戦後再び脚光を浴びることとなる．先述したように，GHQによって軍需関連製品の生産が禁止される中，平和産業であり，戦前に日本の製造業の中心であった綿紡績業は復興の牽引役とし期待された．また，戦後，世界的に繊維が不足する中，その供給の担い手として期待されるという国際的な事情も味方した．

とはいえ，戦後の綿紡績業が何の障害もなく復興を果たしたわけでない．1945年9月には早くもGHQによって生産の許可が下りたものの，原料綿花の在庫，工場や設備などの事情もあり生産はわずかであった．

さらに，戦時期に引き続き，戦後も綿紡績業は統制下に置かれた（統制を行う側に新たにGHQが加わった）．綿紡績業は統制下で上記の問題の解決を図る必要があった．

原料綿花の輸入は，まずアメリカ商品金融会社（CCC）の手持ち原綿を提供される形で実現した．この背景には先に見た世界的な繊維製品不足に加え，CCCが原綿の在庫処分に悩んでいたという事情があった．

1946年2月，対日棉花供給協定が結ばれた．そこでは，CCCからの原綿供給とともに，原綿代金及びその供給・販売にかかった費用を，供給された棉花によって製造された綿製品の輸出代金によって償還することが規定された．また，同協定により，綿製品生産の6割を輸出することも義務づけられた．販売先が制約されるこの規定は，一方で深刻な外貨不足に悩んでおり，かつ貿易が統制下にあった占領初期において，綿紡績業の復興に貢献する側面も有していた．

次に，工場や設備の復旧について見てみよう．既に述べたように，この時期の綿紡績業はGHQと日本政府の統制下に置かれていた．特に，占領する

側，すなわち GHQ 側が主導権を握っており，紡機の復元も GHQ の認可の下で進められていった．それゆえ，日本政府や業界がそれを独自に決定することはできず，賠償問題にからんだアメリカと，国際綿業会談でのイギリスの意向がそれぞれ強く反映され，かつどれくらいの規模の生産が許可されるかの見通しもなかなか示されなかった．結局，復興に向けた暫定的な目標として紡機 400 万錘が許可されたのは，1947 年 2 月頃になってからであった．

以上の制約に加え，紡績業は GHQ の占領政策の影響を受けた．1946 年 6 月に紡績各社は制限会社の指定を受け，資金調達が困難となった．この問題は，業界の陳情により，47 年初めには解決されたものの，一時的に復興に遅れが生じた．

また，大紡績会社の多くが，持株会社及び集排法の指定を受けた．これらは先述した企業再建整備と関連して進められており，大紡績会社は会社の分離，合併を伴いながら，その再編及び戦時中の財務整理を進めていった．その際に問題となったのは，どこまでを「本業」と認め，分割の対象外とするかであった．すなわち，戦時中の非繊維業や繊維業内での多角化のうち，どこまでを残すことができるかが焦点となったのである．まず，非繊維業については，繊維業界からも特に異論が出ず，分割されていった．戦争が終わり，紡績会社が本業への回帰を進めていたことがその背景にあったと推測されている．この結果，例えば，鐘淵紡績から，石鹸，搾油，マーガリン，イースト，農薬，家庭用殺虫剤，化粧品，チューインガム，カラメル，洋紙，和紙，医薬品など 30 に及ぶ雑多な部門が寄せ集められ，鐘淵化学（現株式会社カネカ）として分社化された．なお，鐘淵化学はその後化学メーカーとして成長していくが，そのスタートは，不採算事業と余剰人員を抱え込む前途多難なものであった．

問題となったのは，繊維部門における多角化部分であった．当初，GHQ が示した案では，紡績・織布・加工の一貫経営も分割の対象となっており，場合によっては 1 社＝1 工場への分割という可能性まで存在した．これに対して，日本の紡績会社は強く反対の意向を示し，GHQ と何度も交渉を行っ

た．最終的にこの問題は紡績企業の希望に沿う形で決着した．東西冷戦の進展により対日政策が転換した結果，集中排除政策も大幅に緩和された．大紡績企業10社のうち，企業分割されたのは，呉羽紡績（後に東洋紡績と合併），伊藤忠商事，丸紅，尼崎製釘所（現アマテイ株式会社）の4社に分割された大建産業のみであった．しかも同社は自身が分割を希望していたのである．

これらの影響もありながら，綿紡績業は徐々に生産と輸出を回復させていった．1949年末から50年初めにかけてはドッジ・ラインの影響を受けて製品価格が暴落した．しかし，その一方で1ドル360円の単一為替レートの設定により，綿糸布は円安となり，しかもこの頃から綿紡績貿易が自由化したこともあり，輸出が急増した．

1950年6月に朝鮮戦争が勃発すると日本の紡績業はさらに飛躍することとなった．朝鮮戦争は世界的な軍備拡張と各国の備蓄の増加を生み出し，世界的に需要が拡大した．東南アジアを中心に綿布輸出が急増した結果，綿織物は51年に輸出世界第1位に復帰した．また，輸出価格も急増し，例えば綿糸の輸出価格は国内の公定価格の3倍強となった．このため，51年上期の法人所得上位10社は全て繊維メーカーで占められ，特に綿と毛に加え原料を国産で賄える化繊部門を有する東洋紡績は圧倒的首位となった（大島隆雄［1994a］）．

このような復興の動きに合わせるように繊維産業では新規参入が相次いだ．先述したように1947年2月に400万錘を上限に生産設備が許可された．そのうち約367万錘は既存の10大紡績会社に割り当てられ，残りは新規業者に割り当てられた．政府は公募・勧誘を行い，申請のあった業者のうち，25社が政府によって認定され参入を許可された（これらは後に「新紡」と呼ばれた）．さらに，朝鮮戦争勃発直後，GHQにより400万錘の制限枠が撤廃された．これにより，既存各社が新規設備投資を行うとともに，「新々紡」と称された100社近くの業者が新規参入した．「新紡」，「新々紡」は新規参入とはいえ，戦時期に転廃業した業者や他業との兼業者がほとんどであり，全くの新規業者は20社程度であった．これらの業者の参入とそれに伴う活

表 1-5　戦後綿紡績業の推移

年	会社数(年末)	工場数(年末)	運転可能錘数(年末)	純綿糸(1,000梱)	純綿織物(1,000m²)	綿糸輸出量(トン)	綿織物輸出量(1,000m²)
1934-36平均	74	212	12,131,488	3,546	3,513,446	16,447	2,233,087
1945	10	—	2,064,034	110	45,978	19	13,998
1946	10	60	2,539,696	319	202,093	1,524	821
1947	13	71	2,899,306	665	553,747	10,832	316,062
1948	19	81	3,376,372	683	769,736	5,698	352,893
1949	34	99	3,700,964	864	820,817	10,736	654,868
1950	51	119	4,341,196	1,294	1,269,129	11,128	922,623
1951	91	173	6,366,501	1,776	1,737,422	12,753	913,302
1952	122	214	7,451,957	1,871	1,804,368	13,403	637,153
1953	131	221	7,663,487	2,153	2,265,240	9,617	764,230
1954	130	221	7,903,918	2,329	2,541,054	13,402	1,068,637
1955	130	219	8,167,754	2,067	2,353,149	11,896	952,209

出典：渡辺純子「綿紡績業の復活と再成長」経営史学会編『日本経営史の基礎知識』有斐閣，2004年，277頁（原資料は日本紡績協会『日本綿業統計』，大蔵省関税局の統計等）．

発な企業間競争の結果，綿紡績業は戦後急速に生産・輸出を拡大していった（表1-5）．

　さて，以上のように復活を遂げた繊維産業であるが，現在ではその時の面影を見ることは難しい．以後の動きについて簡単にまとめてみよう．

　朝鮮戦争の停戦とともに需要が停滞したものの，繊維製品は相変わらず日本の輸出の中心であり，1950年代後半において輸出総額の3割を占めた（大島栄子・大東［2004］）．しかし，需要は伸び悩みその一方で企業退出が少なかったため，「過当競争」と呼ばれる状況が生まれ，通商産業省（通産省）による産業調整が行われるようになった．60年代になると，内需が拡大する中でそれを中心とする新紡，新々紡業者が台頭し競争優位を獲得し始める．これに対し，大手紡績会社は合成繊維や非繊維部門へ進出することで対抗していった．しかし，70年代の石油危機以後は繊維産業は構造不況業種となり，特にプラザ合意以降の外国製品との競合やバブル崩壊以後の需要停滞の中で，産業としては大きく衰退していくこととなる．

4. 復興期の消費と産業

(1) 終戦直後の消費状況

　長く続いた戦争により国民生活は大きな影響を受けた．そして，終戦を迎えたのちも，国民は長らく厳しい生活を余儀なくされた．

　1934～36年を基準とする実質分配国民所得は34～36年平均の144億円から，46年には83億円にまで低下した．同指標は47年に88億円，48年に103億円へと徐々に回復していったが，戦前水準を超えるのは終戦から6年後の51年になってからであった（通商産業省大臣官房調査課編［1954］）．また，先述した供給不足とインフレも国民の生活に深刻な影響を与えた．生活必需品だけでなく食糧も不足する状況下での激しいインフレは家計を著しく逼迫させた．このため，戦時期に低下し続けた実質個人消費は終戦後も容易に回復しなかった（図1-2）．

　特に深刻な影響を受けたのは都市労働者であった．統計の精度に留保をつける必要があるものの，1946年7月のエンゲル係数は71.7％にまで達していた．31年6月～34年8月における労働者のエンゲル係数は約35％であり，戦前と比較しても当時の労働者が日々の食事をとるのに精一杯であったことがわかる（原朗［2002］）．生活の苦しくなった労働者は賃上げを要求し，生活保障型の生活給の普及により企業側もインフレに対応する形で賃上げを行ったが，このことがさらなるインフレを生じさせた．都市住民は手持ちの被服と食糧を近郊農村や知縁農家で物々交換して日々の生活をなんとかやりくりする，いわゆる「タケノコ生活」を余儀なくされた．

　また，終戦の翌月から立ち並んだ闇市も当時の人々にとって重要な供給先であった．闇価格は公定価格と比較して非常に高く，1945年から46年半ばまでの段階で30～40倍の開きがあった（内野［1976］）．それでも人々は闇市に頼らざるを得ず，勤労収入の75％分を闇市での購入に費やした．もちろん，闇市での売買は違法行為であった．しかし，山口良忠東京地裁判事が

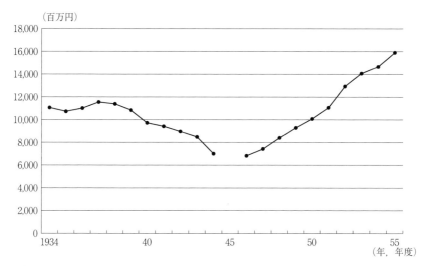

出典：経済企画庁『国民所得白書』昭和40年版，大蔵省印刷局，1966年，66頁より作成．
注：1944年までは年，1945年以降は年度．

図1-2　実質個人消費支出の推移（1934～36年価格）

法を遵守して餓死したエピソードは，当時の人々が法を破らなければ生きていけなかったことを表している．

　そのような状況も，1947年頃から物価の上昇が緩やかになるにつれ少しずつ改善されていった．物価の安定と賃金の上昇が重なったことから，48年頃から実質賃金は上昇し，都市勤労者の生活水準も向上していった．

　ドッジ・ラインの実施によるインフレの収束はこの状況をさらに改善した．ドッジ不況によって失業者が増加し，賃金の伸びもそれまでと比較して抑えられた一方，物価の下落により実質賃金は1949年度に前年比で28%上昇した（通商産業省大臣官房調査課編［1954］）．この結果，前掲図1-2に見られるように実質個人消費支出も順調に回復していったのである．

　朝鮮戦争による物価上昇は，一時的に国民生活に負の影響を与えた．当初，卸売物価に比べ上昇が緩慢であった消費者物価は，1951年の秋以降上昇に転じ，52年4月には戦争直前と比較して32%高となった．このため，イン

フレの収束とともに順調に回復していた都市生活者の消費水準は，一時的に停滞した（通商産業省大臣官房調査課編［1954］）．

しかし，1952年に入り賃金水準が上昇し始めると都市を中心に消費水準は上昇し，戦前水準の8割にまで回復した．「消費景気」ともいわれたこの景気と消費ブームは翌53年も続き，この年，国民1人当たりの消費水準は戦前水準を初めて上回ることとなった．

(2) 戦後の食糧危機

前項で見たように，戦後復興期の都市労働者の生活は，生活必需品の確保すらままならない状況からスタートし，ようやく戦前並みの消費水準に戻ったのは終戦から8年が過ぎた1953年に入ってからであった．

それでは，この時期の生活必需品の生産はどのような状況にあったのであろうか．ここでは食について確認してみよう．

先述の通り，この時期の日本ではエンゲル係数の急激な上昇がみられたが，家計のほとんどを費やしても十分な食糧を確保することは困難であった．

例えば，1946年度の国民1人当たり熱量供給量は1,449キロカロリーにとどまった．現在の成人日本人（18～49歳）の1日当たりの必要エネルギー量は，身長，体重，活動内容によって異なるが，男性でおよそ2,250～3,050キロカロリー，女性で1,700～2,300キロカロリーと推定されている．また，47年時点での基準でも日本人1人の正常摂取必要量は1日当たり2,150キロカロリーとされており，そこから考えても終戦直後の日本人が食糧不足に苦しんでいたことがわかる（清水［2007］，厚生労働省［2010］）．

GHQも食糧をはじめとした生活必需品の不足を懸念し，1945年9月に生産促進を指令するとともに，46年2月には小麦粉200万ポンド（1ポンド＝約453.6g）の食糧放出を開始した（原朗［2002］）．

それにもかかわらず，食糧不足が深刻化した理由の1つに都市部への米の供給が不足していたことがあげられる．実際に食糧不足が深刻化していたのは都市部が中心であり，農村では1人1日当たりの熱量摂取量は2,000キロ

カロリーを維持していた（清水 [2007]）．すなわち，農村での自家消費量が比較的十分に確保される一方，都市部への供給量が不足していたのである．このため，いかに都市部への食糧供給を確保するかが政府の課題となった．

都市部への食糧供給を確保するため，政府は戦前に実施されていた流通・配給統制を戦後も継続して行った．しかし，それは順調に進まなかった．

その理由として，第1に農民が米麦の生産量を正直に申告することを拒否したり，査定された生産量に反発したためである．戦時期には戦争への協力意識が高く，また部落供出責任制によってある農家が減収した場合に他の農家にしわ寄せがくる仕組みがあったため，農家が牽制し合う構図が生まれていた．しかし，戦後は GHQ の民主化理念に基づき部落供出責任制が否定されて個別農家ごとの算定になったことや，供出割当量を達成できなかった場合の罰則が有効に機能しなかったことなどから，状況は大きく変化した．強制性が減じただけでなく，生産高を過少に申告することが一般的となり，さらには供出義務の早期達成が翌年の供出割当量の増加につながるとして，むしろそれが農家間で非難の対象となったのである．また，農家が供出を渋る背景の1つには闇市場の存在があった．米の闇価格はピーク時（1945年10月）には公定価格の49倍にも高騰したため，保有米の一部や過少に申告した分の米を闇市場に回したのである（清水 [2007]）．

理由の第2は官庁間の連携が不十分であり，各省の政策が互いに齟齬を来していた点である．経済安定本部や物価庁が決定した政府買入米価が物価体系を考慮して決定されたため，生産コストを無視したものであったことや，商工省が供出に対するリンク物資を管轄していたため，農林省と農家との間の約束がしばしば反故にされたこと，農林省による各種奨励金が大蔵省の課税方針によって効果を減じられたことなど様々な弊害が生じていた．

この結果，主要食糧の配給は遅配・欠配を余儀なくされた．1946年1〜10月における全国の累積遅配日数平均は12.6日に及んだ．特に深刻だったのが北海道であり，同時期における道内の累積遅配日数平均は80.6日であった（清水 [2007]）．

食糧不足を解消する手段として期待された食糧輸入も，終戦直後は順調に進展しなかった．その理由は世界的な食糧不足がこの時期生じており，国際緊急食糧委員会によって国際的な割り当て統制が行われていたためである．この結果，1946年におけるGHQの食糧輸入計画がようやく6月になってから立てられ，実際に日本に輸入されるのは7月にまでずれこんだ．また，食糧輸入に必要な外貨が不足していたこともその停滞につながった．戦後しばらくの間，貿易はGHQの管理下に置かれ，また貿易収支は一貫して赤字が続いていた．さらに，48年まで食糧輸入額が輸出総額を上回っていた．この貿易赤字を補塡したのがガリオア資金及びエロア資金であり，特に食糧輸入についてはそのすべてがガリオア資金の食糧購入費によって賄われていた．そのため，食糧輸入についてもGHQの意向や方針に強く左右されたのである．

(3) 食糧危機の克服

この状況が改善されたのは1948年度に入ってからであった．その背景には第1に国内の食糧生産の回復がある．農業が戦地からの引揚者の受け皿として機能したことから農業人口が急速に拡大したことに加え，農業肥料も49年までには戦前の水準に回復した（清水 [1994]）．1933～35年を基準とする農業生産指数は，45年に60.2まで低落していたが，この結果，48年には86.0まで回復した（通商産業省大臣官房調査課編 [1954]）．また，世界的な食糧生産の好転による食糧輸入の拡大も食糧危機解消の一要因となった．50年代前半になると農業生産は戦前の水準に回復し，これに伴い食糧危機も緩和・解消されていくこととなった．

以上の動向を踏まえ，以下では，食品産業の事例として水産業を取り上げてみよう．当時の日本にとって，水産物は人々の重要なタンパク源であり，政府，GHQともにその再興を図るほど食品産業として重要だった．その水産業が終戦後どのような状態であり，どのようにして復興していったのか，主に日本水産を事例として概観してみたい．

（4） 水産業の戦争被害

　太平洋戦争は日本の漁業にも深い爪痕を残した．水産業の受けた被害は漁船及び燃料の喪失と漁場の喪失であった．戦局の悪化により，日本の船舶は建造量を大幅に上回る被害を受けた．そのため，残存する船腹の多くが，陸・海軍の兵員や軍需物資輸送を目的に徴用された．漁船もその対象となり，大型船は軍需，兵員輸送用として，トロール底曳船は掃海艇としてそれぞれ徴用された．1944年10月までに，徴用船数は1,700隻33万トンに上り，その他直接被害によって破損・沈没した漁船を含めると，総隻数で20％，総トン数で50％の漁船が失われた．また，漁船の燃料となる重油，漁業用綿糸，漁業用マニラ麻などの供給能力は，戦前の実績を100とした場合，1944年には，それぞれ，6.26，1.56，13.3にまで減少した．さらに，日本の水産業は戦前に発展させた国際漁場の多くを喪失した．喪失漁場の面積は78万947平方マイルと推計されており，総生産量は38万4,326トンに上った（田中［1959］）．

　日本水産（ニッスイ）も戦争で多くの被害を受けた．船舶徴用や直接被害により，1941年時点と比較して隻数で65％，トン数で83％もの船舶が失われた．また，残存した船舶のほとんどが老朽船であった．漁船77隻をはじめ，営業所や子会社など93カ所，機械器具232個，石炭，漁具，消耗品等，当時の簿価で3,000万円の在外資産を失った（宇田川・上原［2011］）．

　さらに，戦争末期の政府の統制政策が日本水産に打撃を与えていた．戦争末期に日本水産は，日本海洋漁業統制株式会社などに再編され，かつ，冷凍，冷蔵，加工，販売部門の全てを帝国水産統制株式会社に分譲させられていた．特に，帝国水産統制株式会社は，戦後，日本冷蔵株式会社として独立したため，日本水産は，冷凍，冷蔵，加工，販売部門をそのまま手放すこととなった．

（5） GHQによる非軍事化・民主化措置と水産業への影響

　GHQによる非軍事化・民主化措置は水産業や各企業の復興に影響を与え

た．第1に賠償問題による影響があげられる．先述の通り，終戦直後にアメリカ政府及びGHQは日本の非軍事化と経済支配力の剥奪を目的として厳しい現物賠償案を提示しており，その現物賠償の対象として船舶が没収される可能性があった．

第2に制限会社令の影響である．1945年11月に発せられた制限会社令で制限会社に指定された場合，動産，不動産，有価証券，その他の売却や贈与などの権利の移転が生じる行為や資金借入，預金払い戻しなどの行為が制限された．

これら2つの措置は企業の現状と将来見通しを悲観的にさせ，企業の投資行動を消極化させた．実際，日本水産はこれらを理由に新船の建造に慎重な姿勢をとった．

これに加えて，財閥解体や公職追放による経営組織の混乱も企業の復興に大きなマイナスとなった．例えば，1948年2月に集排法の適用を受けた日本水産は，会社を3社に分割するよう要求された．日本水産は3社分割による再編成計画を策定しその準備を進めたが，結局，GHQの対日方針の転換により，処置が緩和される見通しとなったため，従来の3社存続案から方針を転換し，新たに1社存続案による再編計画案を提出した．

(6) マッカーサー・ラインと漁場制約

終戦直後，日本水産は，トロール船の一部を北海道に出漁させ，カレイ，ほっけ漁業を行うとともに，函館を根拠地として，定置網漁業やイカ釣り漁業を行った．さらに，稼働率を高めるため，漁船をニシン漁期にはニシン積取船として，漁期外には各種の運搬船としてそれぞれ使用した．遠洋漁業を基本とする日本水産が沿岸漁業を行ったのは長い歴史において終戦直後の2～3年のみであり，ここからも当時の厳しい状況がうかがえる．

これに表されるように，船舶が不足していただけでなく，戦後しばらくの間日本の漁業は漁場が制限されていた．1945年9月，ミズーリ号において，降伏文書が調印された．これを機に船舶による航行が全面的に禁止され，日

本のあらゆる漁船は出漁が不可能となった．このような極端な規制はあくまでも軍事上の一時的な措置で，すぐに 12 海里以内の航行に許可が下りた．しかし，12 海里以内であっても自由な航行は許されず，GHQ の許可が必要であった．

　このような制約は 1945 年 9 月のマッカーサー・ラインの設定によりある程度緩和された．マッカーサー・ラインは日本の漁業生産を高めるため実施された方策で，これにより，操業許可範囲内であれば個別の許可なしで出漁が可能になった．マッカーサー・ラインの設定により，漁場の制約は大幅に緩和されたが，依然として制約自体が存在したことから，次第に漁業者は漁場の狭さを痛感するようになった．このため，漁業関係者は日本政府とともに，ラインの拡大を要求した．一方，対日水産政策を決定していたアメリカ国務省陸海運連合委員会は，日本の食糧不足を解決する手段として，ラインの拡大を進めた．この結果，45 年 11 月の小笠原捕鯨許可など合計 4 回にわたってラインが拡大された．しかし，マッカーサー・ラインの撤廃は 52 年のサンフランシスコ講和条約の締結まで待たなければならなかった．日本の漁業界は，独立を果たすまでのおよそ 7 年間にわたり，漁場の制約を受けなければならなかったのである．

(7) 以西漁業と南氷洋捕鯨の再開

　この時期の日本水産の漁業には，主に黄海，東シナ海，南シナ海などの特定地域でトロール船と底曳網漁船で行われる以西漁業，南極海で行われる南氷洋捕鯨，ベーリング海，オホーツク海などで行われる北洋漁業があった．

　戦後の以西漁業は，マッカーサー・ラインの緩和と政府による新船建造資金の斡旋により急激にその体制が整えられていった．1947 年にはトロール船数，底曳網漁船数がともに戦前水準を上回ったが，船を動かすための資材が不足していたため当初の操業率は 50％ 強にとどまった（宇田川・上原 [2011]）．この事情は日本水産も同様であり，他社より操業率は上回っていたが，それでも手持ちの船全てを活用することはできなかった．

日本経済の復興とともに重油・資材不足が緩和されると各船の操業率は徐々に向上していったが，この急激な回復は別の問題を引き起こした．各社が一斉に以西漁場に進出した結果，同漁場での資源枯渇が問題となったのである．そこで日本政府は1950年に減船整理に乗り出した．これにドッジ不況の影響が加わり，少なからぬ企業が同事業から撤退した．

　以西漁業と並んでこの時期の日本水産の柱となっていたのが南氷洋の捕鯨事業であった．捕鯨事業自体は，小笠原諸島での捕鯨が1945年よりGHQによって許可されていた．その後，業界及び日本政府が南氷洋での捕鯨再開を要望した結果，タンパク質の確保及び鯨油輸出による外貨の獲得という観点からGHQの許可が下り，46年から南氷洋捕鯨が再開された．

(8)　講和条約発効と北洋漁業の再開

　北洋漁業は1952年のサンフランシスコ講和条約の発効を契機に再開された．

　講和条約の発効によりマッカーサー・ラインが撤廃され，他国による漁場制限は撤廃された．一方，それは日本と他国との漁業交渉の開始も意味した．水産資源への意識が各国で高まる中，日本が他国海域近辺あるいは大陸棚付近で漁業を行うには当該国との交渉を妥結する必要があった．

　まず，日本，アメリカ，カナダの3国間で，非公式の会議を含め50回に及ぶ会議が行われた結果，1953年に日米加漁業条約が発効した．また，戦前出漁していた工船カニ漁業の出漁も確認された．これにより，西経175度以西のサケ・マス漁業やアラスカ近海（ブリストル湾）の母船式カニ漁業が可能となった．この時期は，終戦直後の水産業を支えたマグロ漁業や南氷洋捕鯨事業の採算性が悪化していた時期でもあり，水産各社は北洋漁業の再開に希望を託し，こぞって漁業許可の申請を行った．52年，大洋漁業，日魯漁業，日本水産の3社に北洋サケ・マス漁業出漁の許可が下りた．同事業は試験操業の第一次出漁から好成績を残し，その後第四次まで各社とも順調に規模を拡大していった．

一方，北洋カニ漁業は1953年より大洋漁業，日魯漁業，日本水産の3社共同で開始された．54，55年の第二次・第三次出漁も3社共同で実施され，良好な成績を収めた．カニは缶詰となり，アメリカへ輸出され貴重な外貨獲得手段となった．

(9) 漁場をめぐる問題

また，日本と韓国，日本と中国の間でも漁場をめぐる交渉が行われた．特に韓国とは李承晩ラインをめぐり紛糾した．1952年1月に李承晩韓国大統領は，「海洋主権宣言」を発し，朝鮮半島周辺の広大な海域における鉱物，水産資源の主権を主張するとともに，それを管理下に置くことを宣言した．このいわゆる李承晩ラインの設置に対し，日本政府は，公海自由の原則及び公海の海洋資源の開発・保護の原則に反するとして抗議を行った．日韓間で交渉が行われたが合意に至らず，52年4月のマッカーサー・ラインの撤廃を機に韓国は李承晩ライン内の日本船の拿捕を強化した．さらに，52年9月より，国連軍が朝鮮戦争の作戦の遂行上，朝鮮半島周辺の公海上に防衛水域（クラーク・ライン）を設定すると，韓国側は日本漁船の取り締まりをさらに強化した．53年7月の朝鮮戦争停戦に伴い，クラーク・ラインの撤廃が決定した．しかし，韓国側は独自で李承晩ラインの警備を進めることを決め，サバの盛漁期で出漁していた日本漁船に全面退去を要求し，その後，臨検，拿捕，退去警告などの実力行使を行った．日本政府はこれに対し，韓国側に抗議を行うとともに，以後の韓国との漁業委員会で李承晩ラインの撤廃を訴え続けた．しかし，日韓両国の主張は平行線をたどり，問題の解決に至らなかった．

1950年12月より中国による日本漁船の拿捕も始まった．1952年に日中貿易協定が締結されると，この問題解決の足がかりが生まれた．53年には中国に拿捕されていた日本船船員が帰還し，中国漁区の侵犯や中国漁船への妨害など日本漁船側の問題も明らかとなった．さらに，54年10月に訪中した文化使節団の要求に周恩来中国首相が応える形で交渉の場の設置が現実化し

た．55年1月より，日本側代表団と中国側の中華人民共和国中国漁業協会との間で3カ月にわたって，日中漁業会談が設けられた．当初は，両者の主張が対立したものの，最終的に双方が譲歩し，日中漁業協定が締結された．

（10） 水産業の多角化

大手水産会社は，漁撈事業のほか様々な事業を展開し多角化を進めていった．水産業が加工部門に本格的に力を入れるのは，各国の漁業規制が厳しくなっていく高度成長期以降であるが，漁撈事業が不安定だったこともあり，この時期も様々な事業への展開が見られた．以下では主として日本水産を例に水産会社の多角化について見てみよう．

日本水産の多角化事例として第1に海運事業があげられる．日本水産は戦前からタンカー事業を中心に海運事業に注力していた．しかし，戦時期にそれらの船が徴用され，橋立丸を残し全て沈没してしまった．さらに，その橋立丸も被爆していたため，終戦直後はすぐに稼働できる船舶が存在しなかった．しかし，1948年，日本タンカーのペルシャ湾での重油積み取りが戦後初めて許可されると，橋立丸がその第1船として選ばれた．以降，日本水産は海運事業を再開した．その後，日本水産はオフシーズンに捕鯨母船やカニ漁業母船をタンカーや運搬船などに利用して海運事業を進めていった．海運事業の高収益は，漁撈部門の利潤率が低かった当時の日本水産の再建に大きな役割を果たした．実際，54年度の総販売額に占める海運事業の割合は12％を占めており，当時の日本水産にとって重要な収益部門となった（宇田川・上原［2011］）．

次に第2の事例として，缶詰事業を見てみよう．

先述の通り，日本水産は，帝国水産統制株式会社に冷凍，冷蔵，加工，販売という陸上部門を従業員ごと譲渡することを余儀なくされていた．戦後もそれらが返還されることはなく，帝国水産統制株式会社の後継会社である日本冷蔵（現株式会社ニチレイ）から譲渡された福岡県北九州市戸畑の冷凍工場のみによるスタートとなった．

日本水産の缶詰生産が再開されたのは1949年6月の函館缶詰工場の設立によってである．同工場では近海及び南氷洋で捕獲された鯨肉を加工した鯨缶詰が生産された．

 1953年には宮城県石巻市の缶詰工場を貸借し，缶詰の生産を開始した．同工場では，鯨の他に，同地方に水揚げされたサンマ，カツオ，サバなどの缶詰生産を行った．

 さらに，北洋漁業が再開されると，鮭・鱒，カニの各母船内で缶詰生産が再開された．このうち，カニ漁は日本水産，大洋，日魯の3社共営という形をとっていたが，販売についても，海外市場向けの場合，共同販売組織を通じて，輸出商社によって販売された．

 また，フィッシュソーセージ（魚肉ソーセージ）事業も開始された．同事業はコストの面で問題のあったちくわに代わる新たな製品を模索する過程で選ばれたものである．フィッシュソーセージはアメリカの『タイム』に掲載された翻訳記事をヒントに開発がスタートし，さらに，防湿性，収縮性に優れたチューブ状フィルムが登場したことで，販売が決定した．原料にマグロを使用していることから，製品名は「ツナソーセージ」と名付けられた．ツナソーセージは魚肉と畜肉を混合して生産していたが，当初，魚市場では畜肉が入っているため，肉市場では逆に魚肉が入っているため，なかなか受け入れられず赤字となった．しかし，徐々に評判となり，1951年には1日に2～3万本の生産を実現したため，52年より本格的な販売に踏み切ることとなった．フィッシュソーセージは発売後順調に売上を伸ばした．このため，戸畑工場に次いで55年3月には函館工場でも生産が開始された．さらに，55年7月には女川工場にもソーセージ工場が新設された．

 このように生産体制が整えられる一方で，販売組織の整備拡充も進められた．当初は九州地区を中心に乾物屋のルートを通じて販売していたが，その後，全国の荷受機関を通じて，魚屋，乾物屋の店頭で販売した．さらに，55年に缶詰の普及・販促のために日水ヒノマル会が各地に設置されるとフィッシュソーセージもこのルートで販売され，販路は急速に拡大した．

このような生産・販売体制の確立により，日本水産のフィッシュソーセージは順調に拡大した．その販売額（ハムを含む）は，1954年の4億6,781万円から，58年には21億8,727万円へと大幅に増加したのである（宇田川・上原［2011］）．

　以上のように戦争で大きな被害を受けた日本の水産業は復興期を経て徐々に生産体制を整えていった．一方，水産資源をめぐる国際規制や各国との交渉はこれ以降徐々に深刻化し，水産業者は新たな対応を迫られていくのである．

第2章
高度成長期の日本経済

はじめに：高度経済成長の時代

　敗戦，そしてそこからの復興を越えて日本は高度成長期と呼ばれる時代に入った．ところで，高度成長期とはいつからいつを指すのだろうか．まず，始期については1950年代前半の「特需景気」を含む見解と50年代半ばの「神武景気」をスタートとする見解がある．一方，終期については概ね70年代前半とする見解が多いように思われる．この他，始期を55年としたり，終期を石油危機の生じた73年とするなど厳密に規定する見解も見られる．このように細かい時期区分に関しては様々な見解があるものの，概ね50年代半ばから70年代初めの時期を高度成長期とする見解が多く見られる．本書でもその時期区分を前提として話を進めていきたい．

　さて，後に詳しく述べるように高度成長期に日本経済は平均10%を超す経済成長を成し遂げた．それは別の見方をすればそれだけの成長の余地があったということであり，その意味で，今後日本がこれほどの経済成長を遂げることはおそらくないであろう（よほど経済が壊滅的な状態になることがあれば別だろうが）．

　この時代は，経済が大きく成長しただけでなく，日本の政治や社会がそれ以前の時期とは大きく変わった時代でもあった．政治は自民党政権が続く形で安定した．また，経済成長が続き人々が豊かになってゆく中で社会に希望と活力が満ちていた時代であったと回顧されている．2005年に公開された

映画『ALWAYS 三丁目の夕日』があれほどの人気を博したのは，その時代に生きた人々の懐古やその時代を知らない人々の憧れに加え，その時代の持つ活力をうまく表現したためであろう．

それでは，高度成長期とはどのような時代であったのか．以下で見てみよう．

1. 高度成長期の政治

(1) 55年体制の成立

前章で述べたように，サンフランシスコ講和条約の調印により，日本は再び独立を果たした．一方，講和条約調印が近くなると公職追放が解除され，石橋湛山，鳩山一郎，河野一郎などの元自由党幹部が次々に復帰した．また講和条約発効に伴いA級戦犯とされた重光葵，岸信介などの追放も解除された．自由党に復帰した鳩山や河野などが反吉田の姿勢をとったため，自由党は党内で分裂した．また，国民民主党を中心に新たに結成された改進党は重光を党首としてアジア主義を訴え，親米派の吉田と対立した．

党内での反吉田の動きを警戒した吉田は1952年8月，解散・総選挙に打って出た．この選挙は吉田派と鳩山派の分裂選挙となり，石橋や河野が除名された．結果，自由党は，議席を減らし過半数ぎりぎりとなった．選挙後も党内対立は続き，53年2月に吉田が議会で「バカヤロー」と失言すると鳩山派は内閣不信任に回り，結果不信任案は可決された．吉田は議会を解散し，鳩山らは党を割った．選挙結果は，両者ともに議席をわずかに減らす程度であったが，自由党は過半数を割り，かろうじて首相となった吉田は少数政権を率いることを余儀なくされた．これを受け，佐藤栄作幹事長を中心に多数派工作が進められ，鳩山が復党した．しかし，そこに造船業界をめぐる汚職事件が生じた（造船疑獄事件）．政官財の間で多くの逮捕者が生じ，やがて佐藤幹事長も対象となった．結局佐藤の逮捕は犬養健法相の指揮権発動によって阻止されたものの，吉田政権にとっては大きな打撃となった．

この造船疑獄の最中に保守新党結成の動きが生じた．「バカヤロー解散」後の選挙で自由党から出馬し当選していた岸や，石橋，芦田が中心となって，1954年4月に結成した新党結成促進協議会がその後反吉田を鮮明にした新党結成準備会となり，鳩山が代表委員長，岸，石橋，芦田が代表委員となった．これにより，岸は自由党から除名されるが，それを機に自由党内の岸派，鳩山派や改進党，日本自由党らの議員が集まり，日本民主党が結成された．衆議院議員120名，参議院議員18名を有する勢力となった日本民主党は130あまりの議席を持つ左右社会党ととともに内閣不信任案を提出，吉田は解散によって対抗しようとしたが，側近の反対によって総辞職した．

吉田に代わって首相となったのは鳩山一郎である．第一次鳩山内閣は反吉田で野党が結集して成立したものであり，あくまでも選挙管理内閣という位置づけであった．解散後に行われた総選挙で民主党は左右社会党とともに躍進した．

自由党は大幅に議席を減らした．一方で，議席を増やした民主党も単独過半数をとることができず，両党の間で合同の動きが生じた．さらに，左右社会党が合同し，民主党の185議席に迫る155議席を有する政党となると，保守合同の動きが促進された．そして，1955年11月，自由民主党が誕生した．衆院299名，参院118名という大勢力となった自民党とそれに次ぐ勢力となった社会党による「55年体制」が以後長期にわたって続くこととなる．

(2) 鳩山内閣と日ソ交渉

当初の自民党は総裁空席のまま誕生した．総裁は1956年4月の党大会で決定する予定であったが，有力候補の緒方竹虎が急死したこともあり，鳩山がその座についた．鳩山内閣の課題の1つが日本とソ連の国交回復であった．ソ連との国交回復は①抑留者の帰国，②ソ連近郊漁場（北洋漁業）の安定操業，③ソ連が反対していた日本の国連加盟，④安全保障の面で日本にメリットをもたらすことが予想されていた．

国交回復に意欲を見せる鳩山に対し，ソ連側も乗り気であり，交渉はスム

ーズに始まった．しかし，交渉そのものは北方領土及び北洋漁業を巡る対立から難航した．さらに，日本のソ連への接近を警戒するアメリカや自民党内でも吉田がこれに反発した．最終的に鳩山は，ソ連に乗り込み，領土問題を棚上げすることでソ連との国交回復を実現した．そして，それを花道に退陣したのである．

(3) 石橋内閣から岸内閣へ

鳩山内閣の後任決定は波乱含みであった．最有力候補は岸信介であったが，総裁選の最初の投票で2位となった石橋湛山と3位の石井光次郎が手を結んだ結果，石橋が総裁となり，首相の座についた．しかし，石橋は就任から1カ月後に老人性急性肺炎を患い，その1カ月後辞任を表明する．医師から2カ月の休養を言い渡され，国会に出席できなくなったことを理由とする潔い辞任であった．

石橋の後を継いだのは，石橋が病気で倒れた際に首相臨時代理を務めていた岸であった．岸は外交に積極的に取り組んだ．岸は首相在任中に三度外遊をしている．現在では珍しくない首相の外遊だが，飛行機が珍しかった当時としてはそれだけで人々の耳目を引くものであった．一度目の外遊はビルマ（現ミャンマー），インド，パキスタン，セイロン（現スリランカ），タイ，台湾といった賠償問題のない，あるいは親日的な国であった．三度目の訪問は東南アジアの国々とオーストラリア，ニュージーランドの計9カ国であり，インドネシアのように賠償問題が未解決の国やフィリピン，オーストラリアといった反日感情の強い国が中心であった．しかし，岸が率直に謝罪し，未来志向の協力を呼びかけたことはそれらの国々でも評価され，例えばインドネシアとの間では賠償問題が基本的に解決されることとなった．

岸のアジア訪問の背景には，対米自主外交の展開があったといわれる．岸は「日米新時代」をとなえ，鳩山内閣時代にやや悪化した対米関係を改善し，より友好かつ対等な関係を築こうとしたのである．その象徴ともいえるものが日米安保条約の改定であった．

サンフランシスコ講和条約とともに成立した日米安保条約は，アメリカによる日本防衛義務が明文化されていないにもかかわらず，アメリカは日本にある基地を自由に使用することが可能であり，かつアメリカの同意なしには第三国が駐留できないなど，片務的なアメリカの駐軍協定としての性格をもつものであった．岸はこの条約をより相互的・包括的なものに変えようとしたのである．

先に述べた岸の外遊のうち，2回目はアメリカへの訪問であった．そこで，アイゼンハワーと交渉した岸は，安保条約の見直しと沖縄・小笠原諸島の返還を要求した．これに対し，沖縄の返還は断られたものの安保改定については好意的に受け入れられた．

本来，片務的な条約の改正に国内で大きな反対が生じるとは考えがたい．また，アメリカにとっても日本の同盟国としての価値を考え，条約の改定に寛大であった．そのため，1960年1月には新安全保障条約が調印されている．

しかし，その国会批准を巡り日本国内は大混乱に陥ることとなった．岸は国内の治安・労働問題でタカ派的な姿勢をとった．その代表的なものが警察官職務執行法（警職法）の改正であった．占領期の治安悪化への反省と安保改定時の混乱を予測した警察による治安維持強化を図ったこの法律に対し，社会党は「デートもできない警職法」といった反対キャンペーンを展開した．これが功を奏し，社会党の思惑通り，国会外では警職法への反対運動が盛り上がりを見せた．岸は会期延長で対応したものの，与党内でも反対が強くなり，廃案を余儀なくされた．

さらに，岸は安保条約の国会批准をアイゼンハワー米大統領の来日日程に合わせるため衆議院の質疑応答を省略し，強行採決へと持ち込んだ．この強引な手法は議会制民主主義の危機ととらえられ，戦前の政策担当者かつA級戦犯として起訴された岸のイメージと相まって国会外で大きな反発を生んだ．また，それはアメリカへの反発という意味合いもあった．この反発は，アメリカによる占領，占領後の影響力の強さに対するナショナリズムの発現

という側面も有していたのである．

反対運動は，社会党，共産党，総評などの革新勢力，全日本学生自治会総連合（全学連）の学生，一般市民らが参加し，約1カ月間国会周辺を中心に展開された．国会も空転し，結局条約は参議院の議決を経ず，自動承認された．しかし，東大生死亡事件により学生運動も高まり，アイゼンハワーの訪日も中止となった．条約の発効を待ち，岸内閣は総辞職した．

(4) 政治の季節から経済の季節へ

岸の後を継いだのが池田勇人であった．首相となった池田がまず直面したのが，岸内閣末期の政治的混乱をどう収束させるかという問題であった．元々池田は，失言を繰り返すタイプの政治家であり，また，デモ隊の鎮圧に自衛隊の出動を主張するなど決して穏やかな性格とはいえない人物であった．しかし，首相に就任後は「低姿勢」を貫き，「寛容と忍耐」をキャッチフレーズに，池田自身のそうしたイメージの払拭と岸の強権的なイメージとの差別化を図った．

さらに，池田は岸内閣の末期に進められていた「所得倍増計画」を完成させ発表した．これが功を奏す．学界を含めた国民に強いインパクトを与えただけでなく，野党にも影響を与え，総選挙で社会党は経済を争点にして独自の構想を掲げこれに対抗せざるを得なかった．池田は「政治の季節」から「経済の季節」への転換に成功したのである．

(5) 貿易の自由化と資本の自由化

また，池田政権は外交分野においても経済協力開発機構（OECD）の加盟を実現している．OECD加盟は，海外市場確保のためのヨーロッパ諸国の対日経済差別の撤廃や，自由主義陣営における存在を確保することによる国際的地位の向上といったねらいがあったともいわれる．1964年4月に念願のOECD加盟を実現した日本は，先進国の一角として認められると同時に，加盟国に資本の自由化が義務づけられていたことから，その実現と対策を余

儀なくされた．

　すでに貿易の自由化については1950年代末から進められていた．この頃アメリカから貿易の自由化を求められていた日本政府は，60年6月に貿易・為替自由化計画大綱を閣議決定した．この結果，輸入品目は原則制限，例外自由から原則自由へと変更された．さらに，63年2月の関税及び貿易に関する一般協定（GATT）11条国移行及，64年4月の国際通貨基金（IMF）8条国移行によって，国際収支の擁護を理由とした貿易・為替制限は行えなくなった．日本政府は戦略産業の自由化をなるべく遅らせつつ，国際競争力を得た製品については順次自由化を進めていった．この結果，自由化前に40％台であった自由化率は71年に95％にまで上昇した（橋本［2000］）．

　一方，資本の自由化は「第二の黒船」にたとえられ，日本の政府，経営者，労働者（労働組合）に脅威として迎えられた．ヨーロッパで大企業がアメリカの多国籍企業に買収されたことなどから，日本企業，そして日本経済がアメリカに乗っ取られるという危機感が日本経済を覆ったのである．

　これに対し，日本政府は，貿易の自由化同様，資本の自由化も段階的・計画的に進めていった．また，企業は，合併や安定株主工作を進めた．安定株主とは，資産運用を目的とせず，現経営陣を支持し，友好的に株式を保有する株主のことを指す（橋本・長谷川・宮島・齊藤［2011］）．安定株主は基本的に経営に口を出すことはなく，また敵対的な第三者に株式を売却しない，株式を処分するときは発行企業に事前に通達するといった点を暗黙の了解とした．高度成長期には複数の企業が相互に安定株主となる株式相互持ち合いが進展した．典型的には6大都市銀行（三井，三菱，住友，富士，三和，第一）との関係を基に形成された6大企業集団内で見られた．株式相互持ち合いは高度成長期の前半から見られたが，高度成長期後半に特に進展した．その1つの要因が資本の自由化であった．株式相互持ち合いは敵対的買収を防ぐとともに，株式市場からの影響力を低下させ，長期的な投資行動を可能にしたと評価されている（通商産業省編［1992］）．

結局，資本の自由化が進展しても外資による日本進出はごく少数を除きほとんど行われなかった．

(6) 東京オリンピック開催と池田の退陣

池田内閣による最後の大イベントとなったのが1964年のオリンピック東京大会の開催であった．東京での夏季オリンピック開催が決定したのは59年のことである．戦前の40年に開催が予定されていたオリンピックが，日中戦争の開始による陸軍の選手不選出や資材不足によって返上されていたこともあり，東京都及び日本にとっては悲願の開催であった．

オリンピックの開催に向けて様々なインフラが整備されていった．東京オリンピックの費用は当時の国家予算とほぼ同額の1兆円規模であったといわれる（中村隆英 [1993]）．このインフラ整備は，人口集中やモータリゼーションの進展への対応など，当時課題となっていた社会資本整備の問題と結びついて積極的に進められた．オリンピックの開催にあわせて名神高速道路，東名高速道路，首都高速，地下鉄や東海道新幹線など，交通機関と交通網の整備が進められた．また，国立競技場の改修やホテルニューオータニの建設も行われた．

東京オリンピックは成功に終わり，日本選手団の獲得メダル数も金16個，銀5個，銅8個というすばらしい成績となった．東京オリンピックは，「戦後復興の象徴」として，対外的には名実ともに先進国への復帰を果たした日本をPRするものであり，対内的には全国の日本国民がテレビ中継などを通じて体験した国民的なイベントであった．

池田はオリンピック前から咽頭がんと診断され放射線治療を受けており，開会式も病院からの出席であった（本人には前がん状態と伝えられ，公式にも同様に発表されていた）．一時は続投も視野に入れていたが，結局閉会式の翌日辞意を表明した．池田が65年の生涯を終えたのは翌1965年8月である．

（7） 佐藤長期政権と外交

　池田の後を継いだのが佐藤栄作である．佐藤内閣時代は長期にわたったが，それゆえその時代は国内外の政治課題が大きく動いた時代であった．

　まず，外交面では戦後のいくつかの課題に一応の解決がみられた．佐藤内閣最大の問題が沖縄の施政権返還問題であった．佐藤は早くから沖縄問題を重視する姿勢を示していた．例えば，佐藤は1964年の総裁選の段階で沖縄問題に言及しており，首相就任後の65年1月の訪米でリンドン・ジョンソン大統領に沖縄返還を要求している．また，同年8月には首相として戦後初めて沖縄への訪問を実現している．67年11月の訪米ではジョンソン大統領と会談し，両3年以内に沖縄返還の時期について合意するという内容で合意した．また，この時に小笠原諸島の返還についても合意している．

　沖縄返還に向けて問題となったのは，どのような条件での返還を実現するかであった．1969年3月の参議院予算委員会において，佐藤は返還後の基地については「核抜き本土並み」（「本土並み」とは安保条約の事前協議が本土と同様に沖縄に適用されるということを表す）と受け取れる発言をした．これにより日本政府は「核抜き本土並み」での返還を前提に交渉を進めていくこととなる．一方，アメリカでもニクソン政権は「核抜き本土並み」を基本方針として決定していた．しかし，アメリカはそれを明らかにせず，日本からの譲歩条件を最大限引き出そうとした．結局日本は，極東の安全により大きな責任を持つというコミットメントとともに，有事の際の核兵器再導入と当時貿易摩擦を生じさせていた日本製繊維製品の対米輸出自主規制を認めることで「核抜き本土並み」での返還を実現した．69年11月の首脳会談における共同声明で，72年の沖縄返還が明示された．71年には沖縄返還協定が調印され，翌年日本への施政権返還が実現したのである．

　また，1965年には韓国との間に日韓基本条約が結ばれた．1910年以前の諸条約の失効確認や韓国政府を朝鮮唯一の合法的な政府と認めることなどを内容とするものであり，この条約締結により日韓の国交は回復した．

(8) 公害問題とその対応

　以上のような外交面だけでなく，国内政治の面においても，佐藤政権は戦後生じた様々な問題に取り組んでいった．その代表的なものが公害問題である．

　経済成長の影の部分として語られる公害は1950年代から既に問題視されており，水俣病やイタイイタイ病が公式確認されている．また，工場からのばい煙や自動車の排気ガスによる健康被害が明らかとなり，その対策が迫られていた．そのため，「水質保全法」，「工場排水規制法」といういわゆる「水質二法」が58年に制定された．また，大気汚染についても62年に「ばい煙の排出の規制等に関する法律」が制定されている．

　しかし，これらの法律や政府の対応が不十分だったこともあり，1960年代に入って公害問題はますます深刻化していった．工場からの汚染物質を原因とした環境汚染に加え，自動車の排気ガス等による大気汚染など様々な汚染源が明らかになるとともに，汚染範囲が拡大していった．60年代後半にはいわゆる四大公害病訴訟が次々と生じた．

　佐藤が公害に対する問題意識を持っていなかったわけではない．実際に内閣発足時には高度成長のひずみの解消を訴え，社会開発の理念を掲げている．しかし，公害への対応は，個別の公害に対する応急的・臨時的対策にとどまった．このため，公害の問題はますます深刻化したのである．

　公害対策への要望が強まる中，発生源の規制だけでなく，予防措置を中心とした，より計画的・総合的な対策が必要とされた．それを受け，1967年に成立したのが「公害対策基本法」である．同法は，対象とする公害の範囲，公害防止に関する関係者の責務，公害対策の手法や方策についての基本的指針，公害行政運営の総合化のための方策等を定めたものであり，公害対策に関する理念と施策の方向を明らかにした点で，公害行政の歴史の上で大きな意味を持った．しかし，その一方で，同法第1条第2項に明文化された「生活環境の保全については，経済の健全な発展との調和が図られるようにするものとする」という文言（いわゆる「経済発展との調和条項」）が，経済優

先の姿勢を容認するものとして批判の対象となった．

「公害対策基本法」の制定後，同法の目的を達成するため，各種法案の作成が進められた．しかし，汚染は悪化し，人々の公害に関する関心が深まると同時に政府への批判が高まった．これを受け，まず，それまで各省がそれぞれ行っていた公害行政を一元化するため，1970年7月に総理大臣を本部長として各省出向者によって構成された公害対策推進本部が，翌8月には関係閣僚による公害対策閣僚会議が，それぞれ発足した．そこでの討議を経て，70年11月の第64回臨時国会では「公害対策基本法」の改正案が審議・可決された．改正「公害対策基本法」では，公害の定義として，それまでの大気汚染，水質汚濁，騒音，振動，地盤沈下に加えて，悪臭，土壌汚染が追加された．また，経済優先の現れとして批判の対象となっていた「経済発展との調和条項」が，激しい議論の末，削除された．この第64回臨時国会では，改正「公害対策基本法」を含め合計14の公害関係法案が審議可決された．第64回臨時国会はそのほとんどが公害関係の審議に費やされたため，「公害国会」と呼ばれた．

一方，公害対策推進本部があくまでも閣議決定に基づく臨時組織であったことから，法的な恒久的組織の設置を要請する声が高まった．このような動きを受け，1970年12月末に環境庁の設置が決定し，翌71年7月に発足した．

しかし，このような対策を行ったにもかかわらず，公害問題は容易に解決しなかった．この問題の解決はのちの時代へと持ち越されたのである．

2. 高度成長期の経済

(1) 経済成長率の推移

先述したように，高度成長期の日本は年平均10%を上回る成長を遂げた．特に図2-1からわかる通り，1956年から70年において10%を超える成長を遂げた年が8年あった．なお，2000年代に入ってから，経済成長率が最

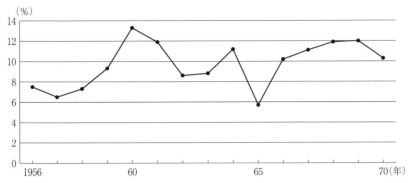

出典：橋本寿朗「日本企業システムと高度経済成長」石井寛治・原朗・武田晴人編『日本経済史 5 高度成長期』東京大学出版会，2010 年，273 頁より作成（原資料は経済企画庁『長期遡及主要系列・国民経済計算報告（1955-1994）』1996 年）．

図 2-1　実質 GDP（GDE）伸び率の推移

も高かったのは 10 年の 4.7％である（内閣府［2015］，しかもこれは，「世界同時不況」の影響を受けてのマイナス 5.5％ という前年の大幅な経済後退の反動である）．それと比較すれば，いかにこの間の日本経済が急成長を遂げたかがわかるだろう．

その一方で，同じ図から，一口に高度成長期といっても年によってその成長にバラツキがあったこともうかがえよう．以下では，高度成長期の前段階である朝鮮特需の時期から 1960 年代の終わりまでの期間を対象に，それぞれの経済成長及び後退の要因について簡単に述べてみたい．

(2)　高度成長期以前

前章で述べたように，1950 年 6 月に勃発した朝鮮戦争に伴う特需によって日本経済はドッジ不況から息を吹き返した．51 年 5 月頃になると，過熱的な戦争ブームは下火になり，海外需要も後退したが，電力・海運・鉄鋼・石炭などの投資が堅調だったこともあり，日本経済は安定して成長した．

1952 年に入ると，企業利益が賃金に反映されたことや所得税減税，農地改革などの効果によって個人所得が増加し，これが消費ブームを引き起こし

た．この消費ブームは53年になっても続き，消費水準は都市，農村ともに向上した．

　しかし，この消費の拡大は輸入の拡大をもたらした．自動車，時計，電気・ガス器具，電気冷蔵庫，楽器などの高級消費財が輸入されるとともに，生産の拡大によって原料輸入も拡大した．その一方で輸出は特需がありながらも伸び悩んだため輸入の増大を相殺することができず，国際収支が悪化した．ここで日本経済は後述する「国際収支の天井」にぶつかることとなったため，政府は景気引き締め策を実行した．53年9月に日銀が貸出抑制策を実行するとともに，54年度の予算はドッジ・ライン以来の緊縮予算となった．この結果，物価は低下し，企業生産は縮小，失業者も増加した．

　このように一旦後退した日本経済であったが，1954年度中に回復に転じる．企業が輸出志向を強めたことに加え，世界的な需要の回復，物価の低下による国際競争力の改善によって日本の輸出は増加した．この傾向は55年も続き，物価上昇を伴わない10%近い成長を記録した「数量景気」と呼ばれる好況を迎えることとなった．

(3) 高度成長の入り口

　以上のような経緯を経て日本経済は高度成長の時代へと足を踏み入れていくことになる．それでは高度成長期の入り口において，日本経済はどのような状況だったのか簡単に確認してみよう．

　1955年は1人当たりの実質国民総生産（実質GNP）が戦前水準（1934〜36年平均）を超えた年であった．既に，実質GNP，実質民間設備投資，実質個人消費支出，鉱工業生産指数は戦前水準を上回っていたが，ここで経済水準が回復したといってよいだろう（橋本［1989］，ただし，実質輸出等受取や実質輸入等支払などの貿易関係の指標の回復は50年代後半まで待たなければならなかった）．

　とはいえ，欧米諸国と比較して日本の経済水準は低いままであった．1955年時点での1人当たり国民所得を比較すると，日本はアメリカの10分の1

程度, オーストラリアの5分の1程度, ノルウェーの4分の1程度, 同じ敗戦国であり, かつ東西に分割された西ドイツの3分の1程度に過ぎなかった (橋本 [1989]). このように, この段階において, 日本は欧米の先進国にかなり遅れをとっていたことになる.

　1956年の『経済白書』では55年が回顧され,「もはや『戦後』ではない」という有名なフレーズが記されている (経済企画庁編 [1956]). この言葉は, 一部で誤解されているような, 日本経済の復活を宣言したものではない. 復興による反動的な成長が終わりを遂げ, これからは近代化を成し遂げなければ成長は止まり, 先進国との差は開き, 途上国に追いつかれる, そのような危機感を含意した言葉であった. この言葉に象徴されるように, 当時の日本は復興の完了と近代化への課題を抱えた状況にあった.

(4) 神武景気

　数量景気によって生じた企業利潤は積極的な設備投資の源泉となり, その投資が消費とともに景気の牽引役となった. 投資拡大の要因は, 先に述べた企業利潤の増加に加え, 近代化のための投資が活発化したことや金融の緩和によって中小企業も含めて幅広く資金調達が容易となったことなどがあげられる.

　1956年度は鉱工業生産及び国民所得の成長率が先進諸国で最も高く, 実質GDP成長率も年率7%を超える高成長となった. この景気は有史始まって以来の好景気という意味を込めて「神武景気」と呼ばれた. これは,『古事記』,『日本書紀』で初代天皇と記されている神武天皇の名からとっている (なお, 現在の建国記念日である2月11日は神武天皇が即位したとされている日である).

(5) なべ底不況

　しかし, 急速な経済の拡大は様々な問題を引き起こした. 急速な投資, 消費の増加に対し, 供給側が対応しきれず, 特に, 鉄鋼, 電力, 運輸, 石炭業

などが隘路となり，投資財価格が高騰した．また，輸入の急増は国際収支の悪化をもたらした．

　国際収支の悪化に対応するため，政府は1957年春に金融の引き締めを実施した．その結果，日本経済は57年6月を景気の山として後退期に入った．

　この景気後退の最も大きな要因は在庫投資の急減であった．金融引き締め前に過大な在庫投資が行われたこともあり，引き締め後の反動もまた大きかったのである．

　この景気後退については，神武景気時に行われた積極的な設備投資の反動からなべ底のように長期化するという見方があった（「なべ底不況」の名の由来はここからきている）．しかし，企業の設備投資は高い水準を維持し，消費も堅調であった．このため，完全失業者数や倒産件数などは，1954年の景気後退時に比べ軽微であった．

　国際収支も輸入の減少により急速に改善した．輸入減少の理由の第1は輸入量自体の減少である．これは，食糧輸入の低下や，生産の低下によって生じた原料輸入の減少によるものであった．

　輸入の減少にはスエズ動乱の動向も影響した．スエズ動乱とは地中海と紅海を結ぶスエズ運河をめぐるエジプトと英・仏・イスラエルとの紛争を指す．56年にエジプト政府は自国領のスエズ運河の国有化を宣言した．これに対し，スエズ運河の運営会社の株式を持つ英・仏が反発，イスラエルとともに武力介入を行った．これに対抗する形でエジプト政府はスエズ運河を閉鎖した．スエズ運河閉鎖の動きに対して世界的に在庫を確保する動きが生じたが，日本も同様に輸入を増加させた．スエズ運河が閉鎖されると，ヨーロッパからアジアへの航行距離の増加などに伴い海上輸送運賃が上昇した．しかし，57年までに英・仏・イスラエルの三国が撤退すると，在庫輸入の必要性がなくなったことや海上輸送運賃が下落したことなどから日本の輸入量・輸入額はともに減少した．輸入が減少した結果，国際収支は改善し，これを機に金融引き締め政策が緩和され，58年6月を谷として景気は回復に向かった．一部の予想に反して，なべ底不況は短期で収束したのである．

(6) 岩戸景気

なべ底不況を脱した日本経済は旺盛な設備投資と消費の拡大を主要因とする好景気となった．この好景気の期間は42カ月間に及び，神武景気を超える長期となったことから，神武天皇の時代より以前（といわれる時代）の天岩戸伝説から名をとり，「岩戸景気」と呼ばれた．

岩戸景気は技術革新を伴う活発な設備投資によって支えられていた．1960,61年度における民間設備投資の伸びは対前年度比でそれぞれ40.9％，36.8％と非常に高い値を示した（安場・猪木［1989］）．この時期の活発な設備投資の要因の1つが産業間の設備投資の密接な関連である．ある産業が近代化投資によって供給能力の拡大と価格の低下を実現すると，それが別の産業の投資を誘発し，さらにそれが別の産業への需要となってその産業の投資を生み出す，いわゆる「投資が投資を呼ぶ」現象が見られた．

さらに，他の先進諸国と比較して同一産業内に多数の企業が存在したこともこの現象を生み出す要因となった．それらの企業によって激しい競争が展開されたが，その競争が単なる価格競争ではなく，品質の向上とコストの低下を意図した設備投資を伴うものであったためである．

さらに，1960年に池田内閣によって閣議決定された「国民所得倍増計画」は，投資の促進にプラスの影響を与えた．

「国民所得倍増計画」の発表には，前任の岸内閣によって生じた政治的混乱から経済へと国民の目をそらす意図があったことは事実であろうが，経済計画自体は池田内閣によって始められたわけではない．1948年に経済安定本部が中心となって策定された「経済復興計画」，51年の自立経済審議会による「自立経済三カ年計画」を経て，55年には鳩山内閣で閣議による「経済自立五カ年計画」が策定されている．「経済自立五カ年計画」ははじめて閣議決定を経た政府の正式な経済計画であり，以後数年ごとに経済計画が閣議決定されていった．「国民所得倍増計画」もその一環であり，岸内閣によって閣議決定された「新長期経済計画」を見直したものであった（「新長期経済計画」は実質経済成長率を6.5％と見込んでいたが，この時期の日本経

済がそれを大幅に超えて成長したため見直しの必要があった）．

「国民所得倍増計画」は，10年間でGNPを2倍にすることを目標に平均7.2％の経済成長が設定された（武田晴人［2008］）．さらに，この目標を達成するため，①計画的な公共投資によるインフラの充実，②人的資源の開発による国民の創意・工夫の発揮と統制の減少による民間経済の自主的成長の促進，③農業人口の削減による非農林部門への労働力供給の増大とそれによる農工間・地域間・規模間などの格差解消などの必要性がうたわれた．

もちろん，当時も今も日本は計画経済ではなく資本主義経済の国である．「国民所得倍増計画」を含めた経済計画は，計画と表現されているが，あくまでも予測あるいは政策立案のための指針であった．それゆえ，確かに「国民所得倍増計画」策定後，日本は（その実現に否定的な多くの悲観論を覆し）計画を上回る成長を遂げたが，それは日本の経済活動が政府の計画通りに行われた結果というわけではない．予測はあくまでも予測であった．

ただし，それらの経済計画が全く経済に影響を与えなかったわけではない．高成長を前提とした政府の経済計画は，民間企業に対し，経済拡張的かつ産業発展的な政策を実施する宣言となった．このいわゆる計画の「アナウンスメント効果」が，民間企業経営者に投資リスクの低下を認識させる形で，設備投資の増加をもたらす一要素となったのである．

設備投資だけでなく個人による消費もこの時期は旺盛であった．白黒テレビ，電気冷蔵庫，電気洗濯機は「三種の神器」と呼ばれ，人々の消費意欲を刺激し，急速に普及していった（図2-2，ただし，このうち電気冷蔵庫の普及は他の2つと比べると若干遅く，普及率が50％を超えるのは1960年代半ばになってからである）．いわゆる大衆消費社会の到来によって活発化した個人消費もまた，岩戸景気の主要因となった．

(7) オリンピック景気と1965年不況

投資の拡大は経済の急成長だけでなく，消費者物価の上昇ももたらした．これに加えて国際収支も悪化したため，金融引き締めが行われ，1961年12

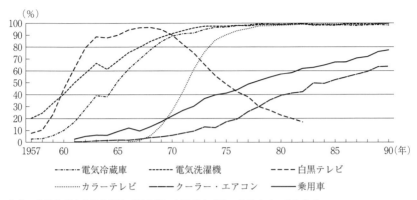

出典:内閣府「消費動向調査(四半期〈主要耐久財等の普及率〉)」より作成.

図 2-2 主要耐久消費財普及率の推移

月から日本経済は景気後退期に入った.ただし,この時期の景気後退は,アメリカなど海外の好景気や国内での需要が下支えしたこともあり,なべ底不況と比較して経済への打撃は小さかった.

1962 年夏頃には国際収支が改善したこともあり,同年 10 月より金融緩和措置がとられ,同月を底に景気は回復に向かった.この景気回復は,当初在庫投資が牽引したものであり,設備投資の伸びは鈍かった.さらに,輸入の増加により国際収支が赤字化したことから 63 年末から 64 年初頭にかけて,再度政府は金融引き締め策を実施した.ただし,63 年後半から設備投資が回復したこと,64 年の東京オリンピックに向けて公共投資を中心とした建設活動が活発だったことなどから,64 年前半までは日本経済は順調に成長した(「オリンピック景気」).

しかし,オリンピックが終了した 1964 年後半から景気は後退し始めた.この景気後退は高度成長期始まって以来の深刻な不況となった(「1965 年不況」).

「1965 年不況」の第 1 の特徴は,企業利益の低下に伴い,中小企業だけでなく山陽特殊製鋼などの大手企業の経営破綻が見られたことである.「岩戸

景気」時の投資ブームの調整過程が終了しないまま金融が引き締められたことで設備投資及び生産が減少したことに加え，不況下にもかかわらず労働力不足が進展したことで労賃が上昇したため，企業の利益が圧迫されたのである．

第2の特徴は，証券恐慌を伴っていた点である．1950年代後半の株式ブームとそれによる競争の過程で，証券会社は積極的な経営を行い，資金力以上に資金運用を展開して，経営規模を拡大していった．しかし，62年の不況あたりから生じた株価の低迷により，手数料収入の減少や手持ち株価の値下がり，運用預かりや投信の解約が増加した．この結果，証券会社の営業損失は，62年の15億円から64年には532億円へと急速に拡大した（山崎志郎［2003］）．さらに，65年5月に山一證券が事実上経営破綻したことで取り付け騒ぎが生じ，他の証券会社にも波及していった．この事態に対し，政府は山一證券に対する無制限・無期限の日銀特別融資を決定することで事態を収拾したものの，株価は下落し続け，65年7月にはピーク時である61年7月の半分近くまで落ち込んだ（土志田［2011］）．

この不況に対し，日本政府は，当初金融の緩和で対応したものの，景気は回復に向かわなかった．このため，戦後初の赤字国債発行を伴う，積極的な財政政策を実施した．これはドッジ・ライン以降続いた均衡財政方針の転換であり，福田赳夫蔵相はこれを称して「財政新時代」と呼んだ．

(8) いざなぎ景気

1965年不況は65年秋を底にして回復に向かった．以後日本は，途中で国際収支の悪化を理由とする景気調整策の実施や鉱工業生産の鈍化などがありつつもそれらの影響は軽微ですみ，70年7月まで57カ月に及ぶ好景気を経験することとなった．この好景気は，景気拡張期間が岩戸景気（42カ月）を超えたことから，神話において天岩戸伝説よりもさらに前の時代である伊弉諾尊から名を取り，「いざなぎ景気」と名付けられた．この57カ月間という期間は，2002年からの好景気に抜かれるまで，しばらく戦後最長であり

続けた．もちろん，成長率においては，2002年からの景気拡大期と比較にならぬほど高く，毎年10%以上の成長を果たした（前掲図2-1）．また，いざなぎ景気の最中に日本のGNPは西ドイツを抜いて西側諸国第2位となっている．

当初いざなぎ景気を牽引したのは輸出と財政支出であったが，1966年後半から設備投資，個人消費などが主役となった．設備投資が積極的に行われた背景として，①岩戸景気の投資ブームの調整がようやく終了したことや老朽設備の入れ替えが進んだこと，②労働力不足の進行により賃金が上昇したため，資本への代替が進んだこと，③個人消費の増加に伴い，耐久消費財関連の大型投資が進められたこと，④本格的な貿易・資本の自由化が進み企業間の競争投資が活発になったこと，⑤第三次産業の進展により非製造業の設備投資も安定して伸びたことなどがある．

一方，個人消費も順調であった．カラーテレビ，乗用車，クーラーのいわゆる「3C」が人々のあこがれを伴って消費の花形とされた（前掲図2-2，ただし，「新三種の神器」とも呼ばれたこれらの普及率が60%を超えるのは，カラーテレビが1970年代，乗用車，クーラー（エアコン）は80年代であり，ともに高度成長期が終わった後の時代である）．

いざなぎ景気のもう1つの特徴として，1968年後半から景気が拡大する中で国際収支の黒字基調が継続した点があげられる．これは，国際競争力の向上による輸出の増加と工業の高度化による輸入の減少を実現したためである．一方で，この頃から成長の継続による需給の逼迫とアメリカの卸売物価の上昇を理由とする物価上昇が顕著となった．このため，日本政府は，戦後初めて国際収支を理由としない金融の引き締め策を実施した．この結果，翌70年7月から日本の景気は下降局面へと入っていった．

(9) 国際収支の天井とその克服

以上で見てきたように，高成長を遂げた高度成長期の日本においても好不況の波が存在していた．そのうち，好況から不況への転換については，政策

的な判断によっていわば「人為的」に引き起こされた側面があった．1957,61, 63 年に国際収支の悪化を理由に景気引き締め政策が実施され，その後58, 62, 65 年に景気は後退局面に入った．

　政府・日銀が政策的に景気の過熱を抑えたのは，当時の日本が外貨制約という問題を抱えていたためである．好況が続くと物価が上昇するとともに，輸入が激増し貿易収支が悪化した．貿易収支が赤字化あるいは赤字幅が拡大すると，対外支払の必要が生じるため，円をドルに換える動きが活発となる．これは国内金利を上昇させるとともに，外貨準備高の減少をもたらす．当時は 1 ドル＝360 円という固定相場制を維持する義務があったため，外貨準備の減少を受け，日銀は公定歩合を引き上げ，政府は財政支出の繰り延べによる政府需要の抑制を行うなど，景気引き締め政策を行う必要が生じたのである．その後，景気が後退する中で貿易収支が改善すると再び景気刺激策が採用された．すなわち，日銀は金融緩和を進め，政府は財政支出の増大による有効需要の創出に努めたのである．

　国際収支が悪化した中でも日本政府ができる限り金融引き締め策の発動を遅らせようとしていた点が指摘されているが，高度成長期のほとんどの時期において，国際収支が経済成長の制約要因となっていたのである（「国際収支の天井」）．

　これらが変化したのが，1960 年代後半であった．この頃になると鉄鋼業や造船など重化学工業分野における国際競争力を日本企業が持ち始めた．この結果，国際収支の悪化→国際収支の改善という過程が，輸入減少による改善から輸出増加による改善へと変化したのである（表 2-1）．この時期の日本の輸入は原油，鉄鉱石などの工業原料と，食糧・穀物であったため，輸入の維持は生産活動の維持を可能にすることを意味した．

　また，国際競争力の向上は国際収支の黒字基調を定着させる役割も果たした．これは，高度成長期の日本経済を制約した「国際収支の天井」がこの時期取り払われたことを意味しており，それゆえいざなぎ景気のような長期にわたる好景気が実現したのである．

表 2-1 景気調整期における輸出入の変動

(単位：百万ドル)

	輸出	輸入	貿易収支
1957 年 4～ 6 月	239	320	−81
1958 年 7～ 9 月	224	195	29
増減	−15	−125	110
1961 年 7～ 9 月	331	444	−113
1962 年 10～12 月	411	381	30
増減	80	−63	143
1963 年 10～12 月	470	541	−71
1965 年 1～ 3 月	654	543	111
増減	184	2	182

出典：橋本寿朗・長谷川信・宮島英昭・齊藤直『現代日本経済』第 3 版，有斐閣，2011 年，56 頁（原資料は経済企画庁編『現代日本経済の展開――経済企画庁 30 年史』1976 年）.

(10) 高度成長期の成長要因

① 設備投資

日本が以上のような成長を実現した要因はどこにあるのだろうか．

表 2-2 は各時期における成長率の要因とその寄与率を見たものである．ここからわかる通り，高度成長の時期に寄与率が高かったのは，個人消費支出と民間固定資本形成（民間設備投資）であることがわかる．特に民間設備投資は年間の平均伸び率が個人消費の 2 倍以上という成長を見せた．

なお，この時期の成長要因を輸出に求める見解がある．原材料を輸入に求める日本にとって，そのための外貨を稼ぐ手段である輸出の重要性を否定することはできないが，構成比や伸び率という点を考えれば，個人消費支出や民間設備投資などの内需が日本の高度成長にとってより重要であったといえる．

さて，設備投資に話を戻そう．図 2-3 から民間設備投資の増加率と国内総支出増加率（名目経済成長率）がほぼリンクしていることがわかる．すなわち，民間設備投資が増加すれば経済成長率も増加し，減少すれば減少しているのである．ここから，日本経済の高度成長は民間設備投資が主導した

表 2-2　高度経済成長の要因（実質値ベース）

(単位：%)

項目	構成比 1955年 (a)	構成比 1970年 (b)	構成比の増減 (b)−(a)	1955～70年 年平均伸率	1955～70年 増加寄与率
個人消費支出	62.5	48.9	−13.6	8.5	44.8
民間設備投資	9.1	22.9	13.8	17.3	27.1
民間住宅建設	3.2	6.2	3.0	15.1	7.0
政府経常支出	14.0	7.0	−7.0	5.3	4.9
政府資本形成	5.7	8.5	2.8	13.5	9.3
在宅投資	4.0	5.1	1.1	12.1	5.4
輸出など	7.8	13.7	5.9	14.5	15.5
輸入など	6.3	12.2	5.9	15.3	13.8

出典：橘川武郎「経済成長のエンジンとしての設備投資競争――高度成長期の日本企業」『社会科学研究』第55巻第2号，東京大学社会科学研究所，2004年1月，160頁（原資料は日本興業銀行産業調査部編『日本産業読本』第4版，東洋経済新報社，1984年）．

（「エンジンの役割を果たした」，橘川 [2004a]）ことがわかる．

　この民間設備投資の主軸となったのは重化学工業であった．戦後発足した9電力体制を基に電力会社が設備投資競争を活発化させ，火力発電所の建設を相次いで行った．これにより，それまでの水力中心の電源構成から火力中心の電源構成が実現するとともに安定的かつ低廉な電力が供給されることとなった．この電力供給を前提として，鉄鋼業から自動車工業・電気機械工業，石油精製業から石油化学工業という2つの産業連関を基軸に重化学工業化が進展した．その過程で電力業，鉄鋼業，自動車工業，石油精製業，電子工業を含む電気機械工業，石油化学工業において1兆円を超える設備投資が行われたのである．

　これらの設備投資が活発に行われた背景に，世界的に好況が持続し市場が成長し続けたこと，技術革新と技術貿易が伸展したこと，エネルギー革命が進行するとともに原油価格が低位安定化していたこと，IMF体制の下で為替相場が安定したことなど，国際的要因があった．ただし，高度成長期における民間設備投資の伸びは他の西側先進国と比較しても顕著であり，上記の国際的要因だけではその伸びは説明できない．日本の設備投資がこの時期に伸びた理由として日本固有の要因があった．橘川武郎はその要因として以下

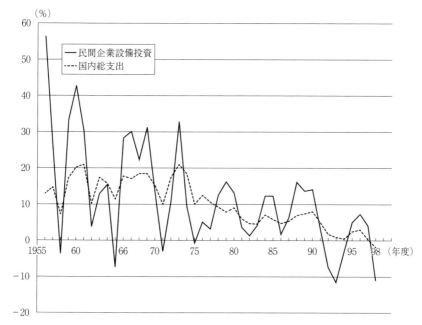

出典：橘川［2004］158 頁（原資料は総務省統計局『日本統計年鑑』）．

図 2-3　日本の民間設備投資及び国内総支出の対前年度増加率

の4つをあげている（橘川［2004a］）．

　第1に，協調的な労使関係が成立し，設備投資を肯定的に受け入れたことである．

　戦後，GHQ の指導によって進められた労働改革の結果，日本でも労働組合が次々と結成された．その際特徴的であったのが，日本では工員・職員を1つの組織とした企業別組合が支配的であった点である．これは，職種別組合，あるいは産業別組合が一般的なイギリスやアメリカと異なる傾向であった．もちろん，日本でも産業別組合は誕生し，現在でも春闘などで一定の影響力を発揮している．しかし，当初の産業別組合における共産党の強い影響を嫌った GHQ の支援によって非共産党系の日本労働組合総評議会（総評）が結成されたことや，ドッジ・ライン後の大量解雇に抵抗する形で生じた激

しい労働争議に敗北したことなどから産業別組合は影響力を失い，企業別組合が中心となっていった．

　企業別組合においては，企業の成長という点において労使間の合意が得られやすい．内需が拡大していく中で労使ともに企業成長が展望し得たこの時期にはその傾向が顕著であった．さらに，1960年代における貿易・資本の自由化への対応としての国際競争力の強化が課題となると，労使双方に対立をやめ外国企業に対抗する機運が生じた．この結果，日本の民間大企業において，生産設備の新増設や新技術の導入に対する抵抗はほとんど見られなくなったのである．これは，欧米先進諸国で労働組合がしばしば生産設備の新増設に反対し，その重大な制約要因となったことと対照的であった．

　日本固有の要因の第2は政府による産業政策である．日本政府，特に通産省は，財政投融資や日本開発銀行による政府資金の供給，特別償却制度などの租税特別措置，あるいは石油化学工業で見られたような国際競争力を確保する上で必要な投資目標を技術導入の認可基準として提示することなど，直接的・間接的な形で投資を促進させる役割を果たした．

　もちろん，政府の役割は限定的であり，投資の主役はあくまでも企業であった．政府が企業の投資行動に合致しない政策を実行しようと試みたこともあったが，そのような政策はほとんどのケースで失敗に終わった．とはいえ，政府による産業政策が全く意味を持たなかったわけでもない．産業政策は企業の投資行動をバックアップするという側面において一定の役割を果たしたのである．

　日本固有の要因の3番目が企業集団の果たした補完的な機能である．戦後の日本では三井系，三菱系，住友系，芙蓉（富士銀行）系，三和銀行系，第一勧銀系という銀行を中心とした6つの企業集団が存在した．これらは元々各企業の株主安定化を図るために結成されたものであったが，大株主として社長会を持ち，株主安定化のほか，取引コストの削減，情報交換，リスク・シェアリングなどの付加機能を持ち，これがメンバー企業の設備投資を促進する役割を果たしたのである．

なお，これは，企業集団自体が中心となって参加企業の投資行動を決定したことを意味するわけではない．主役はあくまでも企業であり，彼らの事業計画と実際の組織能力にギャップが生じた場合，企業集団の機能がそれを補完する役割を果たしたのである．

このように，以上にあげた3つ（労働組合，政府，企業集団）の機能はあくまでも企業の投資を後押しする役割を果たしたに過ぎない．その前提として，企業自身が積極的に設備投資を行う意志があったことが重要である．それでは，そもそも企業が積極的な投資を実施しようとした動機はどこにあったのであろうか．

高度成長期の日本では，成長部門において5，6社による激しい競争が展開されていた．このような横並び競争において，各企業は規模の経済性を実現することによる競争上の優位の獲得を目指していった．このようないわゆる「先手必勝のサイクル」というメカニズムが働く中，各企業は積極的な設備投資を行い，ライバル企業がそれに追随する形で設備投資競争が展開されたのである．このような積極的な企業の行動こそが，第4の，そして最も重要なこの時期の日本固有の要素であった．

② 個人消費

高成長の要因が設備投資の増加であったことは間違いないが，一方で既に述べたように，この時期は大衆消費社会の到来とともに旺盛な消費が行われ，その個人消費支出が常に成長要因の主役であったこともまた事実である．1955年の実質個人消費支出及び1人当たり実質個人消費支出と70年のそれを比較すると，前者が3.5倍，後者が3倍に増加している．80年から95年までの15年間で前者が1.6倍，後者が1.5倍にとどまったことと比較するとその伸びの高さがわかる（三和・原編［2010］）．

さらに消費の構成も変化した．1955年に消費支出の51.1%を占めていた飲食費は，70年には34.3%にまで低下した．また，被服費も食費ほどではないにしてもその構成比を13.5%から10.2%へと低下させたのである．加えてこれらの質的な変化も見逃せない．食費においては，60年代を通して，

米などの主食の割合が低下し，代わりに肉類などの割合が増加した．また，衣服の面でも，必需的衣料から奢侈的衣料への支出が見られるようになった．

この消費構成の変化は，生きるための消費から生活を豊かにするための消費への転換が生じたことを意味する．人々は食料品，日用品などの非耐久消費財だけでなく，耐久消費財需要も増加させていった．その象徴が「三種の神器」や「3C」であり，既に見たように高度成長期以降それらの普及率が上昇していったのである（前掲図2-2）．

それでは，なぜ高度成長期にそのような消費行動が見られたのであろうか．第1に所得の上昇と平等化があげられる．高度成長期を通じて国民の所得は急増していった．1955年と70年の平均賃金（1カ月）を比較すると1万8,343円から7万5,670円へと増加している（三和・原編 [2010]）．もちろん，この間消費者物価は年率5％を超えて伸びていたが，所得の上昇はそれを上回っており，35年を100とする実質賃金指数は，55年の119.4から70年には253.4にまで上昇している．賃金の上昇は一方で所得階層の上昇による限界所得税率や平均所得税率の上昇をもたらす（ブラケット・クリープ）可能性があったが，政府が所得税率が一定になるよう減税を実施したことで回避された．この結果，55年と70年の年間可処分所得額を比較すると，都市部で31万円から126万8,000円へ，農家で37万8,000円から144万8,000円へと大幅な増加が見られた（三和・原編 [2010]，中村隆英編 [1993]，橋本・長谷川・宮島・齊藤 [2011]）．

所得の上昇とともに所得分配の平等化が進んだことも重要である．戦前に上昇傾向にあった不平等度は1940年代後半から50年代初めにかけて大きく転換した．農村では農地改革によって，都市部では財閥解体，戦災による資産減少，インフレによる金融資産の減価，46年11月に公布された財産税によって，高額所有者の資産が大幅に減少した．また，戦後改革による職員・工員間の身分格差の撤廃，賃金格差の縮小，役員所得と平均賃金を比較した際の役員所得の相対的な低下により，賃金所得の格差も縮小した．

それでも高度成長期に入った直後の日本では都市と農村，大都市と中小都

市，大企業と中小企業の間に依然として所得格差が生じていた．しかし，これも高度成長期を通じて解消されていくこととなった．高度成長に伴う工業部門の労働力不足は，農村から都市へと若年層を中心とした人口移動を誘発した．この労働力不足は，本来低賃金である中卒初任給，高卒初任給の上昇をもたらした．さらに，中小企業でも賃金上昇による人材の確保が必要となり，この部門での賃金も上昇した．加えて，食糧管理法による所得補償と農家経営の兼業化によって農家所得も上昇した（中村隆英［1993］）．この結果，戦前から続いていた二重構造は消滅し，所得の平等化とそれに伴う分厚い中間層の形成がもたらされたのである．自身を中流と意識する人の割合は1958年の72%から69年には89%にまで上昇した．日本国民のおよそ9割が自身を中流階層と認識していたわけだが，高度成長期の消費の増加を担ったのはまさにこの中流階層の人々であった．

　農村から都市への人口移動は世帯数の増加をもたらした．1955～75年の人口成長率が1.4%であったのに対し，世帯数の成長率は4.1%に及び，同時に世帯数当たりの人数は減少した（橋本・長谷川・宮島・齊藤［2011］）．いわゆる核家族化が進展したのである．核家族化の進展は耐久消費財需要の増加をもたらした．それまで2～3世代で1世帯を構成していた家族が，2世帯にわかれることにより，冷蔵庫，洗濯機，テレビなどの家電を追加で購入する必要が生じたのである．

　さらに，都市に移動した人々の多くが団地などの集合住宅に移り住んだことも重要である．

　高度成長期の住宅建設において重要な役割を果たした日本住宅公団は，都市部への人口移動の増加に伴う住宅不足を解消するため1955年に設立された．この住宅公団によって建設された住宅は15万戸にとどまったが，台所と寝室をわける「食寝分離」，夫婦と子供が別の部屋に寝る「就寝分離」を表現した2DKの間取りや，各戸に浴室とシリンダー錠を取り付けるなどプライバシーに配慮した設計は画期的であった．公団住宅の入居者募集には応募が殺到し，そこに住む人々は「団地族」と呼ばれ注目を浴びた．以後，地

方自治体，民間ディベロッパーによって，団地やマンションなどの集合住宅の建設が進展していった．

このような団地での家電普及率が他と比較して高かったことが指摘されている．その背景には「見せびらかし」の心理があった．現在と異なり，家電やマイカーを所有することがステータスであったこの時期において，家電製品を購入することは生活の豊かさを実感するだけでなく，自身の社会的地位の向上，あるいは近所の家庭と比較して劣っていないことを証明する重要な手段であったのである．団地など，基本的に社会的地位や生活水準が同質の家庭が集まる環境において，そのような感覚はより強く働いたと予想される．

これらの要素が重なり合い，高度成長期に消費は拡大し経済成長を牽引していったのである．

3. 高度成長期の産業

(1) 高度成長期の産業構造

よく知られるように，高度成長期の日本では産業構造の高度化が進展した．すなわち，第一次産業がその比率を下げ，より付加価値の高い第二次産業及び第三次産業の比率が上昇したのである（表2-3）．

その中でも特に比率を伸ばしたのが製造業であった．さらに，製造業内での内訳を見ると，高度成長期を通じて構成比を大幅に伸ばしたのは機械工業であった（表2-4）．

しかしここで留意すべきは，そのような機械工業が発展する前提として，当時の日本に安価で品質の高い鉄を供給する体制が整っていた点である．すなわち，機械製品の品質と価格を左右する鉄鋼業の発展があったからこそ，機械工業の発展も可能となったのである．そこで，以下では復興期から高度成長期における鉄鋼業について概観してみたい．

表 2-3　産業別純国内生産構成比

(単位：％)

年	1955	1960	1965	1970
農林水産業	23.1	14.9	11.3	7.8
鉱工業	24.4	30.8	28.9	31.2
製造業	22.5	29.2	28.0	30.6
建設業	4.2	5.5	7.1	7.4
電気・ガス・水道・運輸・通信	8.9	9.2	8.7	8.0
商業・金融・保険・不動産・サービス・公務	39.4	39.7	44.6	45.8
合計	100	100	100	100

出典：三和・原編［2010］9頁．
注：合計が100にならない年がある．

表 2-4　製造業の付加価値額構成比

年度	1950	1960	1970
1. 鉄鋼業	9.6	8.1	6.9
2. 非鉄金属	3.1	3.5	2.7
3. 金属製品	2.9	4.7	6.5
（1～3小計）	15.5	16.3	16.0
4. 一般機械器具	6.6	10.3	11.8
5. 電気機械器具	3.8	10.3	11.9
6. 輸送用機械器具	5.7	9.2	9.5
7. 精密機械器具	1.1	1.5	1.6
（4～7小計）	17.2	31.3	34.8
8. 化学工業	14.9	11.0	10.1
9. 石油・石炭・ゴム製品，パルプ・紙・紙加工品	8.1	6.7	5.4
（1～9合計）	55.7	65.3	66.4
10. 窯業・土石製品	4.6	4.7	4.8
11. 繊維・衣服	20.3	10.4	7.7
12. 木材・木製品・家具・装備品	4.6	4.0	4.5
13. 食料品	8.1	8.5	8.0
14. 出版・印刷・同関連産業	4.5	4.1	4.3
15. その他	2.2	2.9	4.4
合計	100.0	100.0	100.0

出典：三和・原編［2010］12頁．
注：合計が100にならない年がある．

(2) 終戦直後の鉄鋼業

　普段意識することはないかもしれないが，金属製品は我々の生活にとってなくてはならない存在である．この本の読者の多くが，現在手を伸ばせば金属に触れる，少なくとも視野の範囲に金属が存在する環境にいるだろう．ここからわかる通り，金属はあらゆる製品の基礎となる重要な製品である．特に鉄鋼はその中心であり，まさしく，「鉄は国家」であり「産業の米」であった．

　それゆえ，日本でも戦前から鉄鋼業の育成が図られた．その結果，日本の鉄鋼業は1930年代には国内市場において外国製品に対抗できるほどの競争力を確保するに至り，鋼材については輸出が輸入を上回るまでに成長した．戦時中も重点産業に指定された結果，鉄鋼生産の基本指標である粗鋼生産は43年に戦前のピークとなる557万トンを記録した．しかし，当時の鉄鋼の生産能力と比較してこの生産量は決して十分な量とはいえなかった．原料である屑鉄や鉄鉱石が，アメリカからの輸入途絶や戦争の進展による輸送船の喪失により不足したためである．この結果，終戦直後の粗鋼生産は50万トンにまで落ち込むこととなった（平野［2014］，図2-4）．

　このように戦後の鉄鋼業はどん底ともいえる位置からのスタートとなった．とはいえ，戦後インフレの要因ともなっていた供給不足を解消するためには，主要エネルギーである石炭業と主要生産財である鉄鋼業の回復が必須であった．そこでとられたのが，前章でも触れた傾斜生産方式である．当時は鋼材の不足が石炭生産の停滞を招き，石炭生産の停滞が鋼材の不足の要因となっていた．傾斜生産方式は当時貴重であった輸入重油を呼び水として，石炭不足と鉄鋼不足の悪循環を断ち切る意図をもった構想であった．当初予定していた重油輸入の遅れを石炭の配分増加で乗り切るなどのトラブルがありながらも（これは他の産業の生産を犠牲にすることを意味した），傾斜生産方式実施以降，鉄鋼生産は石炭生産とともに増加した．資本財や中間財の生産増加が実現したのである．

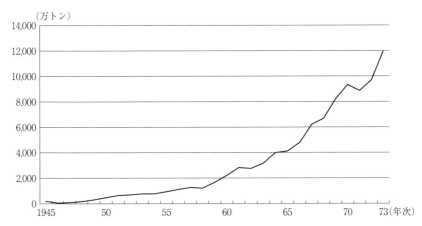

出典：通商産業省・通商産業政策史編纂委員会編『通商産業政策史　第16巻　統計・年表編』通商産業調査会，1992年，142頁より作成．

図 2-4　日本の粗鋼生産の推移

(3)　原料コスト問題と合理化計画

　鉄鋼の増産は実現したものの，鉄鋼業界は原料の高価格という大きな問題を抱えたままであった．銑鋼一貫の生産工程（本節第4項）では鉄鉱石と石炭が基本原料となる．それらは国内でも採掘可能だが海外のものと比較して品質面で劣っており，海外からの輸入が必要であった．しかし，高品質な中国産原料の輸入が朝鮮戦争の勃発により途絶したため，鉄鉱石は東南アジア，石炭はアメリカからの輸入が中心となった．これらの輸入は海上輸送費が高かったこともあり，高い原料価格の主要因となった．

　また，この時期は鉄鋼を利用する重工業部門が十分に発達していないことも鉄鋼業にとっては大きな制約要因となっていた．重工業の未発達はすなわち鉄鋼の国内市場の狭さを意味しており，それゆえ鉄鋼業は大量生産によるコストの低下を実現できなかったのである．

　これに加え，当初，鉄鋼業内部で合理化努力に対する意識が低かったことも問題であった．先述した傾斜生産方式とは，別の見方をすれば鉄鋼業（と石炭業）を優遇する政策である．このため，鉄鋼業は合理化によってコスト

を下げるより，価格の値上げや，補助金や復金融資の増額を求める傾向にあった．

これらの要因により，補助金が完全に廃止されるとマニラ市場でほとんどの鋼材品種がアメリカ製品に対する競争力を失うほど，日本の鉄鋼業は国際競争力を喪失していた．さらに，鉄鋼業の国際競争力の喪失はそれを利用する重工業のコスト増大とそれによる国際競争力の低下をもたらし，それが鉄鋼市場の拡大を阻むという悪循環をもたらしていた．ドッジ・ラインの実施により，補助金の廃止と国際競争への復帰を余儀なくされた日本の鉄鋼業にとって，上記の問題の解決は自身にとっても，日本経済にとっても必須であった．

まず，占領政策の転換に伴い，戦時中に拡大した日米間の技術格差を埋めるため，アメリカから技術者が来日し，技術指導が行われた．また，日本から技術者が渡米し，同国内の鉄工所を視察して技術の吸収を図った．

加えて，重要な意味を持ったのが通産省を中心として進められた合理化計画の策定である．通産省は，1940年代末から50年代における産業合理化政策の中心に鉄鋼と石炭を置き，その推進を図っていった．産業合理化審議会において，石炭と鉄鋼をともに合理化し鉄鋼業の国際競争力を図る見通しが示され，それが閣議決定という形でオーソライズされた．産業合理化審議会には政府関係者だけでなく，民間の業界団体及び主要企業の役員が参加していた．また，この計画では鉄鋼の需要者である造船業の合理化についても言及されている．すなわち，この合理化計画は，各産業・企業の情報を集約・調整した上で，各産業の合理化計画の検討と相互調整を通じて投資計画として定式化されたものであった．

第一次合理化計画が1953年度を最終年度としていたこともあり，政府は新たな合理化計画の策定を鉄鋼各社に求めた．54年の景気後退に伴い過剰投資が懸念されたことなどにより合理化計画の策定は遅れたが，55年に閣議決定された「経済自立五カ年計画」に「鉄鋼生産計画」が盛り込まれ長期的な指針が示されたこともあり，各社はこれを考慮に入れながら長期計画を

立て，通産省に提出した．通産省はこれをとりまとめ，第二次合理化計画とした．既に，造船や機械工業などの国際競争力がある程度向上し，鉄鋼の供給先の基盤が確立されていたことから，第一次合理化計画ほど産業間の調整は必要とされなかったが，その分「経済自立五カ年計画」で提示されたインフラ整備との調整が意識された．

両計画の策定段階だけでなく，実施段階においても通産省及び日本政府は調整者としての役割を果たした．日本開発銀行などの政府系融資や世界銀行融資などの決定に影響を与え，その後の民間金融機関融資の誘導も含め，資金調達に貢献したのである．

第一次及び第二次合理化計画として実行された設備投資により，日本の鉄鋼業は技術革新と規模の経済性を実現し，比較劣位の産業から国際競争力を持つ産業へと急成長した．

とはいえ，この過程における民間企業の先見の確かさと合理化努力を見逃してはならない．以下では，鉄鋼会社による設備投資について，川崎製鉄の事例を中心に確認しよう．

(4) 高炉法と電炉法

川崎製鉄は川崎重工業（川崎重工）の製鉄部門が独立して誕生した会社である．川崎重工は集排法の適用を受けたものの，その後の対日占領方針の転換により同法の適用は取り消された．しかし，後に川崎製鉄の社長となる西山弥太郎が，銑鋼一貫化とアメリカ式大量生産方式の採用を訴え，それと同時に鉄鋼部門を分離・独立することを主張し，その結果，川崎重工製鉄部門は川崎製鉄として独立したのである．大株主でも社長でもない（当時の川崎重工は社長を置かず5人の取締役による合議制が採用されていた）西山の意見が通った背景には，西山が終戦直前までに製鉄部門の最高責任者となっており，かつ公職追放によって西山より上位の役員が存在しなかったこと，企業再建整備法にかかわる企業再建整備計画の立案で西山がリーダーシップを発揮していたことなどが指摘されている．

独立した川崎製鉄で社長となった西山は銑鋼一貫化を進めていくこととなる．この川崎製鉄の銑鋼一貫化の過程こそ，まさしくこの時期の鉄鋼業の設備投資の象徴ともいえる企業行動であった．

さて，川崎製鉄の銑鋼一貫化を具体的にみる前に，そもそも銑鋼一貫とは何か，確認してみよう．

鉄鋼製品の製造法は大きくわけると高炉法と平炉（電炉）法という2つの方法に分類することができる．高炉法とは鉄鉱石と石炭を原料として，①鉄鉱石と石炭から銑鉄を作り（製銑工程）→②銑鉄から鋼を作り（製鋼工程）→③鋼から最終製品を作る（圧延工程）3工程を経る製造方法である．①の製銑工程で使用される設備が高炉であり，ここで鉄鉱石を溶解・還元して銑鉄を作り出す．②製鋼工程では，銑鉄に酸素を吹き込んで炭素を取り除いた後，アルゴンガスなどの不活性ガスを吹き込み炭素・酸素・窒素・水素などの不要成分を取り除き，純度の高い鋼を作る．③圧延工程では鋼を加工し，H型鋼やレールなど我々が時に目にする最終製品が作られる．

以上の高炉法の工程に対し，平炉法では銑鉄や鉄スクラップ（屑鉄）を原料として，まず①電気炉で鉄くずを溶解する（製鋼工程），次に②合金鉄や石灰などを添加して化学成分の最終調整を行った上で，③最終製品を作り出すという工程がとられる．

この2つの製法を比較するとわかる通り，両者の最も大きな違いは銑鉄を自身で製造するか否かである．川崎製鉄が進めようとした銑鋼一貫化とは銑鉄と鋼を一貫して製造する高炉法への転換であった．

戦前の日本では，日本製鉄など一部の企業を除きほとんどが平炉メーカーであった．エネルギー経済性の観点からいえば，銑鋼一貫が有利なことは明らかであったが，高炉設備は平炉設備と比較して多額の設備投資資金が必要であった．平炉は設備投資資金を比較的必要とせず，また戦前は良質な屑鉄をアメリカ等から安く調達できたため，それらの利点がエネルギーの不経済を上回った．そのため，平炉メーカーが発達したのである．

(5) 銑鋼一貫製鉄所の建設とその背景

　川崎重工製鉄部門も戦前は平炉メーカーの1つであった．それでは，なぜ川崎製鉄，西山弥太郎は銑鋼一貫化を目指したのであろうか．

　第1に原料確保の問題である．先述の通り，戦前の日本はアメリカから安価に屑鉄を輸入していた．しかし，日本の北部仏印進駐に対しアメリカは対日屑鉄輸出の禁止を決定した．さらに，戦局の悪化による原料不足から国内の銑鉄生産が減少したことで，そこからの原料供給も減少した．これを受け，川崎製鉄は戦前に銑鋼一貫化を計画したが，陸海軍の対立や資材不足，地震の影響などにより実現されなかった．さらに，戦後集中排除政策の適用を受け，銑鋼一貫メーカーである日本製鉄が八幡製鉄，富士製鉄，日鉄汽船，播磨耐火煉瓦の4社に分割された．鉄鋼業の発展を意図した国策に基づいて民間企業を圧迫しないことを前提としていた半官半民の日本製鉄が，民間企業である八幡製鉄，富士製鉄へと転換したのである．これは川崎製鉄などの平炉メーカーにとって，純粋な競争相手に原料である銑鉄の供給を仰がなくてはならない状況が生まれたことを意味した．

　以上のような状況から川崎製鉄は，銑鋼一貫の製鉄所を建設することを決定し，1950年に通産省へ建設計画書を提出した．この決定に対し，業界，通産省，日銀，マスメディアは当初必ずしも肯定的ではなかった．業界全体の粗鋼生産が250万トン程度だった当時において50万トンの生産能力を持つ製鉄所の生産は過大ととらえられたし，業界全体の高炉37基のうち実際に操業しているのが12基に過ぎない状況で，新たに2基の高炉を建設するのは資本の二重投資と判断された．また，資本金5億円の川崎製鉄が163億円を投じるのは無謀な計画と考えられた（米倉［1991］）．

　しかし，川崎製鉄は通産省の正式な認可が下りる前に30億円を投資し計画を進めていった．結局，数度の修正変更を加えたのちに1952年1月「最終計画」が決定した．

　計画を実行するにあたり問題となったのは，その資金をどう調達するかであった．当初民間銀行はそのリスクの大きさから融資に難色を示した．その

状況を打開する役割を果たしたのが日本開発銀行（開銀）からの融資であった．川崎製鉄の計画を承認した通産省は開銀融資を推薦する手続きをとった．川崎製鉄への開銀融資に影響を与えた日銀政策委員会の場で，通産省は日本鉄鋼連盟とともに賛成意見を述べるなどその融資を後押しした．日銀は一旦融資の決定を保留したが，最終的に建設計画への開銀融資を決定した．開銀融資の決定後，それが呼び水となり，メインバンクである第一銀行に加え，神戸銀行，大和銀行，東海銀行，生命保険3社からの融資も決定した．なお，これらの融資をもっても建設資金は不足したが，世界銀行などからの融資によりストリップ・ミル（連続式圧延機）の建設が行われた．そして，1958年に千葉に川崎製鉄の銑鋼一貫製鉄所が完成したのである．

(6) 千葉製鉄所の意義

以上の経緯を経て完成した千葉製鉄所は，欧米の最先端の鉄鋼技術を日本に適合する形で導入しただけでなく，土地の制約や建設費用などを考慮したコンパクトで合理的な製鉄工場であった．また，工場が千葉に建設されたことも重要な意味を持つ．資源を海外に依存し，生産物を工業地帯や海外に供給する鉄鋼業にとって，大型船が接岸できる臨海地区であり，かつ消費地に近い千葉は，輸送コストの面で理想的な土地の1つであった．

以上のような特徴を持つ川崎製鉄千葉工場は，第二次合理化計画以降に建設された臨海型製鉄所のモデルとなった．

さらに重要なのは，この川崎製鉄の企業行動に刺激を受け，神戸製鋼，住友金属といった有力平炉メーカーが銑鋼一貫経営に乗り出したことである．この結果，川崎製鉄より以前から銑鋼一貫化を果たしていた八幡製鉄，富士製鉄，日本鋼管と，川崎製鉄，神戸製鋼，住友金属による激しい競争構造が生まれた．それらの企業が図2-5に見られるような激しいシェア争いを展開しながら，第二次合理化計画以降，設備の大型化や新鋭製鉄所の建設を進めていったのである．

さらに，その過程で各企業が積極的に最新の技術を導入していったことも

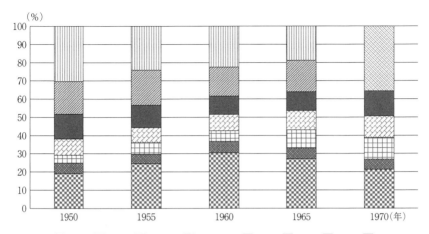

出典:米倉誠一郎「鉄鋼——その連続性と非連続性」米川伸一・下川浩一・山崎広明編集『戦後日本経営史』第Ⅰ巻,東洋経済新報社,1991年,295頁.

図 2-5　鉄鋼業主要各社の粗鋼生産シェア推移

重要である.例えば,LD 転炉という空気の代わりに純酸素を吹き込む新たな設備が製鋼部門で導入された.これにより,既存の平炉と比べ建設費が半分になる一方で生産性は 10 倍になった(平野[2014]).また,圧延部門では連続鋳造が導入された.これは溶鋼から直接鋼片を製造する方法であり,熱効率の向上,品質の均一化,歩留まりの向上,工程の簡略化などを実現するものであった.これらの技術は外国から導入されたものであったが,当時開発されたばかりであり,その導入は日本が世界の先駆けとなった.これにより,コストの低下だけでなく,品質の向上も実現したのである.

　このような積極的な投資を支えたのが,造船業や自動車産業の成長と積極的な投資であった.成長を遂げる需要産業との相対取引を中心とする安定した関係が積極的な設備投資の裏付けとなり,また鉄鋼業の積極的な設備投資によって実現した価格の低下と品質の向上が需要産業の発展の一要因となるという好循環が生まれた.

　この結果,日本の鉄鋼業は高度成長期に急成長を遂げることとなる(前掲

図 2-4)．1964 年には生産量で西ドイツを抜き西側諸国の中でアメリカに次いで第 2 位となり，80 年にはそのアメリカを抜いて第 1 位となった．その後アメリカに一度抜かれるものの，82 年から 95 年まで首位の座を守り続けることとなる．また，輸出シェアも 65 年に西ドイツに並んだ後，単独首位の座を獲得した．戦争を通してどん底まで落ち込んだ日本の鉄鋼業は，高度成長期に世界第 1 位の座を得るまでに急成長を遂げたのである．

4. 消費の変化と流通

(1) 消費革命

　日本が高成長した要因の 1 つが個人消費であった点，及び消費が増加した（量的に変化した）背景については既に述べた．その際消費の質的な変化についても多少触れたが，本章ではその影響も含めもう少し詳細に見てみよう．
　「消費革命」という言葉がある．日本の高校で最も使用されている山川出版社の教科書『詳説日本史 B』では，かつて，「大量生産体制の確立とともに，各家庭に家電製品・自動車などの耐久消費財が爆発的に普及した（消費革命）」という記述があった（石井進・五味・笹山・高埜他 [2013]）．ここからだけでは意味を読み取ることは難しいが，その直後の記述から耐久消費財の普及や食生活の変化が関係していることがうかがえる．その用語を初めて用いたのは経済企画庁編『国民生活白書』であるが，橘川武郎がそこから読み取ったように，「消費革命」とは，消費の量的拡大とは異なる，消費の構造的変化＝質的充実にかかわるものであった（橘川 [1998]）．ここでいう消費の構造的変化とは，①食糧消費の質的変化，②耐久消費財の普及，③光熱消費の熱源転換，④能動的レジャー消費の増大を指す．このうち①食糧消費の質的変化については，本章第 2 節で簡単に述べたが，もう少し詳細に触れてみよう．

(2) 食生活の洋風化

高度成長期に生じた食糧消費の質的変化の中心は食生活の洋風化であった．食生活の洋風化としては，まず食材の洋風化が指摘される．既に述べたように，高度成長期を通じて米の消費が減るとともに小麦消費が増加した．これが進展したのは1960年代であったが，それ以前のアメリカの占領政策が小麦消費の増加に大きな影響を与えた．アメリカからの食糧援助として実施された小麦の輸入は，学校給食への提供など戦後の食糧危機への対応という側面と並んで，大がかりな食生活の洋風化の実験という側面も持っていた．その影響は大きく，この時期のパン食の習慣がのちの米から小麦への転換を促す大きな要因となった．

また，畜産物や油脂類のウェイトも高度成長期を通じて上昇した．国民1人が1日当たりに摂取するカロリーのうち畜産物が占める割合は，1934～38年の1.4％から，51～55年の1.9％，56～60年の3.3％，61～65年の5.5％，65～69年の7.7％，70年の9％へと上昇した．また，同じく油脂類の占める割合は34～38年の2.0％から51～55年の2.4％，56～60年の3.8％，61～65年の6.1％，65～69年の8.4％，70年の9％へと上昇した（橘川［1998］）．

もう少し詳しく品目ごとに確認してみよう．資料の関係上若干のちの時代となるが，1960年と79年の1人1年当たりの購入量を比較し，その増加率の高かった品目（飲料を除く）を見ると，非農家では，鶏肉（8.4倍），豚肉（5.6倍），ベーコン（3.9倍），缶詰（魚貝，肉，果物を除く）（3.6倍），マーガリン（3.5倍），チーズ（2.9倍），もち（2.9倍），サンドウィッチ（2.8倍），ワカメ（2.7倍），牛乳（2.4倍）が上位となる．また，農家では，豚肉（21.9倍），チーズ（20倍），化学調味料（13倍），パン（12.7倍），バター（10倍），マーガリン（10倍），鶏肉（82.7倍），貝類（46倍），マヨネーズ（38.5倍），かつお節（38倍）が上位である（安達［2004］）．畜産物（鶏肉，豚肉，ベーコン，チーズ，牛乳）や油脂類（バター，マーガリン）消費の増加をここからもうかがうことができよう．

(3) 加工食品の増加と関連事業の拡大

　食材の洋風化と並んで食生活の洋風化の特徴とされたのが，加工食品の増加である．1世帯が1年間に購入する食料費における加工食品の割合を見ると，1951年の43.3%から55年の44.6%，60年の47.9%，65年の51.3%，70年の54.5%へと20年間で11.2ポイント上昇した（橘川［1998］）．

　この時期に伸びた加工食品の典型としてインスタント食品があげられる．そのうち，即席ラーメン（インスタントラーメン）は1958年に発売されて以降，売上を伸ばし，現在（2014年）では全世界で1,027億食が消費される大ヒット商品となっている（世界ラーメン協会［2015］）．

　即席ラーメンを開発した安藤百福は，戦前，繊維業を中心に様々な事業に携わっていたが，繊維製品の配給制への移行により繊維事業からの撤退を余儀なくされた．戦時中は航空機部品の製造会社を起こしたものの，軍と業者の癒着に巻き込まれ，さらに戦災により工場や会社を失った．戦後，理事長を務めていた信用組合が破綻し，ほとんど全ての財産を失った際に取り組んだのが即席ラーメンの開発であった．終戦直後，闇市のラーメンを求めて並ぶ人々の姿と日本人の麺好きをヒントとして開始した即席ラーメンの開発に成功した安藤は，1958年に「チキンラーメン」の発売にこぎ着けた．同年，安藤は自身の所有していた会社の名を日清食品へと変更した．

　しかし，発売当初の食品問屋の評判は芳しくなかった．うどん玉が6円，乾麺が25円という当時において即席麺の35円という値段はあまりにも高額であると判断されたためである．しかし，発売後評判が高まり，売上は爆発的に増加した．これを受け，明星食品や東洋水産など各メーカーもこぞって参入した．この結果，即席めんの生産数量は，1958年の1,300万食から，1965年の25億食，1970年の36億食へと急増した（日本即席食品工業協会HP）．

　日清食品は，1971年には「カップヌードル」を発売した．カップヌードルも，価格が高かったこともあり，当初は問屋からの反応が芳しくなかったが，あさま山荘事件で警官隊がこれを食べるシーンが放映されたことなどを

きっかけに爆発的な人気が生じた．以後，同製品も世界的なヒット作となっていった．

また，1950年代に伸び悩んでいた冷凍食品事業が成長を始めるのも60年代に入ってからであった．供給側の冷凍管理技術の向上や需要側の冷蔵庫の普及など，供給側・需要側ともにそれを受け入れることが可能になりつつあったことがその背景として存在した．このような状況を反映し，50年代に参入した日本水産などの大手水産会社に加え，60年代には味の素などもその将来性を見越して参入を決めている．

以上のように，高度成長期に日本人の食生活の洋風化（アメリカ化）が進展したことは間違いない．ただし，注意を要するのは，食生活の洋風化が進展する一方で日本人の食卓には依然として伝統的な食品が残存していた点である．米などの伝統的な食品の消費量自体は1960年代半ばまで伸び続けたし，アメリカと異なり，生鮮食料品の割合は高度成長期後も高かった．

(4) スーパーマーケットの成長

消費の変化は一方で流通の変化をもたらした．高度成長期の大量生産・大量消費にうまく適合し売上を伸ばしたスーパーマーケット（スーパー）の台頭がその典型である．

スーパーの特徴である，セルフサービス方式を導入した大型総合食料品小売店という特質を備えた店舗の第1号は，丸和フードセンターといわれる．これが成功したことを受け，スーパーの開設指導とボランタリーチェーンを兼ねる「主婦の店スーパーマーケットチェーン」が発足した．主婦の店は大成功を収め，これ以降，スーパーの設立が相次いだ．しかし，東急，東武，明治屋などの大手企業が参入する一方，多数の出店者の中には地域の有力者の妻など事業経験に乏しい経営者などが存在した．そのためブームが去った後は経営破綻が相次いだ．

企業淘汰が一定程度進展した高度成長期後半になるとスーパーは躍進期に入った．先に見た食生活の洋風化への対応，旺盛な消費に対応する大量供給，

インフレ下における低価格路線などの戦略が消費者のニーズとマッチしたためである．購入先別で見た消費支出全体に占めるスーパーの割合は 1964 年の 5.4% から 74 年の 11.8% へと急増した（橘川 [1998]）．また，小売業態別に見た売上高でスーパーは 72 年には百貨店を上回ることとなった．

(5) ダイエーの事例

スーパー躍進の象徴ともいえる存在が中内㓛によって創設されたダイエーである．太平洋戦争でフィリピンに従軍した中内はその時の飢餓体験から生活必需品を安心して買える社会を目指したといわれる．戦後復員した中内は，闇市のブローカーや弟が社長をするサカエ薬品の店員を経て，1957 年主婦の店ダイエーを大阪市旭区千林に開店した．記念セールとして映画のチケットを景品につけたこともあり開店から順調に売上を伸ばしたが，その後は両隣の店と激しい低価格競争を余儀なくされる．売上が伸び悩む中，中内はそれまでの薬品，化粧品に加え，日常的に購入されることが期待される菓子の取り扱いを始めた．また，菓子の販売が増えるに従い，それまでのばら売りからプリパッケージの販売方式も導入している．

これにより，売上を再び伸ばしたダイエーは神戸市中央区三宮に新たな店舗を開店した．これにより，チェーン化の第一歩を踏み出したダイエーは，1963 年の西宮本部設立を契機にそれを拡大していった．同年，関西以外の店としては初となる福岡天神店を出店し，そこでも成功を収めた．さらに，60 年代末からは名古屋と東京圏への本格的な進出を開始して大型郊外店を次々に開店していった．例えば，東京圏では，都心から 30～50 キロ圏内に虹を架けるように半円形に店舗を展開するという「レインボー作戦」を展開した．これに象徴されるように，ダイエーは 69 年以降，店舗数を急速に増やしていった．

店舗数の拡大に加え，ダイエーでは店舗の総合化も進めていった．1959 年に開店した三宮 2 号店では，千林店でも取り扱っていた薬品，化粧品，雑貨，日用品，菓子類に加え，バナナ，リンゴ，肌着，牛肉，家電，ハム・ソ

ーセージなどの取り扱いを始めた．さらに，63年に開店した三宮SSDDS（セルフ・サービス・ディスカウント・デパートメント・ストア）は，地下1階，地上5階の建物に，テナントを含め，生鮮食品，食料品，衣料品，宝飾品，画材，レコード，カバン，時計，文具，玩具，婦人服地・生地を取り扱う，ショッピングセンターの先駆けともなる存在であった．

売上を伸ばしたダイエーは，1972年には百貨店の三越を上回る売上高を記録し，小売業でナンバーワンとなった．72年は小売業売上ベスト10にダイエーを含め総合スーパーが4店ランクインしている．また，70年代は総合スーパーを含むセルフサービス店全体の売上が百貨店全体の売上を上回った（石井寛治 [2003]）．高度成長期を通じ，小売業の覇権は百貨店からスーパーへと移ったのである．

(6) セルフサービス方式の意味

セルフサービスという販売方法はアメリカで発展・普及したものである．日本では，太平洋戦争以後，スーパーの普及に先立って導入されたが，その後，スーパーの普及とともにこの方式は急速に一般化していった．

このことは，現在当然のように受け入れられているセルフサービスの販売方式（客が各自で既に包装され金額ラベルが貼られた商品を棚から取り，カートやかごに入れてレジへ持っていく方式）が，高度成長期以前は決して一般的でなかったことを表している．それまでは，客1人に対し店員が1人ついて，商品の説明などを行い，計量や包装をした上で勘定や支払いをする対面販売が一般的であった．セルフサービスの普及は小売業の販売形態の劇的な展開という意味を持ったのである．

この変化は単に客の購買方法（店員の販売方法）や店のレイアウトを変えただけではない．それまで導入が期待されながらなかなか普及が進まなかった定価販売の広まりを伴うものであった．

さらに重要なのは，それまでの店員1人に対し客1人を受け入れるという状況から，店員の数を大幅に超える客を店が受け入れることが可能になった

点である．このことは，就業時間内に1人の店員が受け持つ客の数を大幅に増加させる（すなわち労働生産性を大幅に向上させる）ことを通じて，コストの低下，ひいては販売価格の低下を可能にし，さらに大量消費，大量販売を可能にしたのである．

(7) チェーンストア方式の意味

セルフサービス方式と並ぶ総合スーパーの特徴がチェーン化である．ダイエーや東光ストアなど一部を除き，当初のスーパーでは店舗数が増えたとしてもそれぞれの店舗が管理・仕入れを行うなど統一性が欠けていた．しかし，1960年代に入り，チェーンオペレーションの研究・啓蒙団体が組織されると，アメリカの流通業をモデルとした，物流上合理的な店舗配置の戦略的展開，一定以上の企業規模によるスケールメリットの追求，商品の単品管理，作業単純化，施設合理化などの合理的チェーン化の本格的展開がもたらされた．

チェーン化は，本部への仕入れ業務の集中によるバーゲニングパワーの増加をもたらし，メーカーとの交渉力の向上をもたらした．そして，そのことが販売価格の低下を可能にしただけでなく，商品説明を付記したプリパッケージなど，セルフ販売方式に適合した商品の開発を可能にしたのである．

しかし，その一方で総合スーパーの発展とともに進展したチェーンの全国展開は，本部の管理を困難にするとともに，膨大な資金を要することから生じる財務体質の弱体化を招くことにもなった．

(8) 「流通革命」

スーパーの拡大につれて，話題になったのが，林周二の著書『流通革命』（中央公論社，1962年）を契機にブームとなった「流通革命」という概念である．それは大量生産，大量消費社会が形成され，メーカーによる販売網の確立や小売業の大規模化が進展し，零細な小売商が衰退することにより，生産者と小売との直接取引が主流となる．その結果，流通の中間に位置する問

表 2-5　卸売・小売の商店数と販売額

(単位：千店, 十億円)

年	卸売業		小売業	
	商店数	販売額	商店数	販売額
1960	226	18,468	1,288	4,315
1968	240	62,817	1,432	16,507
1972	259	106,780	1,496	28,293
1979	369	274,545	1,674	73,564
1985	413	427,751	1,629	101,719
1994	429	514,317	1,500	143,325

出典：石井寛治『日本流通史』有斐閣, 2003年, 230頁（原資料は矢野恒太郎記念会編『日本国勢図絵』国勢社, 1998年, 同編『数字で見る日本の百年』第3版, 国勢社, 1991年).

屋＝卸売が一部を除いて消滅するというものであった．

　なお，この主張は問屋の衰退を憂うものではない．当時，複数の問屋を経由する「流通の多段階性」が日本の流通業の「非効率性」や「遅れ」を証明するものとして語られるケースが少なくなかった．そのような考えにおいて，問屋の消滅ないし衰退は，むしろ流通経路の効率化及び「近代化」とそれによる仕入れ・販売価格の下落をもたらすものとして期待されたのである．

　この流通革命論は当時の流通業界に多大なインパクトを与えた．しかし，結果的には流通革命論が描くような事態は生じなかった．卸売業は，高度成長期，1970年代を通じて，商店数，販売額ともに上昇した（表2-5）．

　それでは，スーパーの台頭にもかかわらず，なぜ流通革命がこの時期生じなかったのであろうか．

　第1の理由としてスーパーも発展当初は問屋を利用していたことがあげられる．設立当初のスーパーの多くは資本市場や銀行からの資金調達に限界を抱えており，問屋の持つ金融機能に依存せざるを得なかった．このため，総合スーパーが自力で資本・金融市場から資金調達を行えるようになる1980年代まで，スーパーにとっての問屋の必要性は継続していたのである．

　第2の理由として，図2-6から明らかなように，スーパーが発展する一方で，零細な小売商も数を増やしていったことがあげられる．

　スーパー発展当初の段階では，流通革命で想定されていた零細小売商の衰

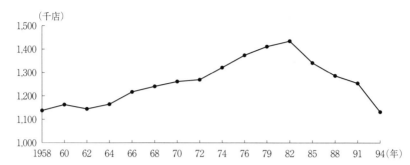

出典：橘川武郎「『消費革命』と『流通革命』 消費と流通のアメリカナイゼーションと日本的変容」東京大学社会科学研究所『20世紀システム 3 経済成長 II ——受容と対抗』東京大学出版会，1998年，114頁（原資料は通商産業省『商業統計表』各年版）．

図 2-6　零細小売店の店舗数

退がもたらされたわけではなかった．その背景に当時の日本人の食品消費内容と購買行動がある．

　まず，食品消費内容について．先述したように高度成長期に日本人の食生活の洋風化が進展したのは事実である．しかし，その一方で，伝統的な食生活である米食の消費量は高度成長期においてはそれほど減少せず，また生鮮食品の消費もアメリカに比べれば高い水準が維持された．一方で，当時のスーパーはまだ生鮮食料品のセルフサービスを可能とするプリパッケージシステムを確立できていなかった．そのため，精肉や鮮魚については従来の小売店で買われるケースが多かった．

　また，人々の購買行動について見ると，アメリカのように週末にまとめ買いを行うより，毎日，その日に必要な分だけを少量購買するパターンが一般的であった．これは生鮮食料品消費のウェイトの大きさと自動車保有の少なさという事情から生じたものであったが，そのような購買行動は，従来の小売商店での購買と適合的であった．

　このような背景により，総合スーパーとともに零細な小売商が残存したことで，多数の小売商に商品を提供する多数の卸売商もまた残存し続けたのである．零細小売商が減少を始めたのは，生鮮食料品のプリパッケージシステ

ムが確立したことにより食料品スーパーが成長し，またコンビニエンスストアが成長して既存の零細飲食料品店の転業先として機能し始めた1980年代になってからであった．

(9) 問屋＝卸売の役割

ところで，複数の卸売が介在する「流通の多段階性」は，日本の流通業の「非効率性」や「遅れ」を表すものとして理解してよいのであろうか．そして，日本の流通業は「非効率」的であり，「遅れ」たものと理解してよいのであろうか．言い換えれば，「多段階」の卸売を介する日本の流通業はそのシステムに合った効率性を有していないのであろうか．

ここで流通が持つ機能を考えた場合，①物流機能，②情報機能，③決済機能（金融機能）をあげることができる（原田・向山・渡辺［2002］）．まず，第1の①物流機能について見た場合，問屋の介在は，生産者－消費者間の構成員を増加させ，物流の非効率，コストの上昇を生むモノとしてとらえることもできる．ただし，物流は生産されたモノをそのまま流すとは限らない．供給量と需要量のバランスを考えて，流通量，時期を調整するのが一般的である．その場合，商品の管理・保管などが重要となる．そして，日本では高度成長期に入ってからも，土地や倉庫を持たない零細小売商ではなく，問屋がその役割を果たすケースが少なからず見られた．

次に②情報機能について．商品を販売する際，消費者の嗜好や流行，商品の情報など様々な情報が必要となる．また，商品の売れ行きや評判などの情報は生産者にフィードバックされ，生産量や1パッケージ当たりの量など製品パッケージの構成などにも活かされる．しかし，小売商が零細である場合，その情報収集能力や伝達能力が不足する可能性がある．そこで問屋がその機能を担うのである．特に，その情報が多様であればあるほど問屋の「多段階性」が重要な意味を持つ．

さらに先述したように，日本では買い物の頻度が多く，そのため一度の購買量が少ない．また，日用品のように品質が標準化され，年間の消費量が多

い商品については価格が重視されるが，それ以外については商品品質とサービスが重視される．買い物の頻度の高さは多数の情報を生み出し，また，品質・サービスの重視には多様な情報が必要とされる．すなわち，商品流通における情報の機能が重要であり，それゆえ問屋及びその「多段階性」が意味を持っているといえる．

　最後に，③決済機能（金融機能）について．生産者が直接消費者に製品を販売する場合，生産された製品が即座に完売するわけではない．特に，大量生産方式では，生産の多くが販売先が確定している受注生産から未確定な見込み生産へとシフトするため，その傾向が強くなる．すなわち，生産した時間と販売して資金を回収する時間の間にタイムラグが生じるのである．しかし，商業者が生産者と消費者を仲介することで生産者はすぐに資金を入手し，次の生産に着手することができる．また，取引の際に「ツケ」での売買を行ったとすれば，決済における与信機能を商業者が担うこととなる．日本では問屋がこの金融機能に関しても重要な役割を担ってきたのであり，総合スーパーも当初は資金の不足から問屋の資金力に頼らざるを得なかった．

　このように，日本の流通機構において問屋の存在は必ずしも非効率な存在ではなく，一定の合理性を有していたといえる．その後，総合スーパーの発展などにより，問屋の機能が相対的に低下していく中で，問屋を必要としない部門が拡大していった．しかし，上記の機能を有する限り，問屋は存在し続けていくであろう．

第3章
「列島改造」と2つのショック

はじめに：高度成長の終焉

　前章で述べたように，1955年からのおよそ15年間は日本経済が年平均成長率10％を超える高成長を記録した時代であった．特に，60年代は10％以上の成長を記録した年が半数を超える，まさに「黄金の60年代」であった．

　しかし，日本経済は1974年に戦後初のマイナス成長を記録し，その後は好景気であっても6％を下回る成長を続けることとなる（これは高度成長期で最も低成長であった1965年程度の成長率である）．また，ニクソン・ショックや石油危機，ロッキード事件など，国際的にも国内的にも大きな意味を持つ出来事が生じた時期でもあった．世界が，そして日本が大きく変わったこの70年代という時代はどのような時代であったのであろうか．以下で見てみよう．

1.　1970年代の政治状況

(1)　佐藤政権の終焉

　沖縄の施政権返還を実現した佐藤栄作政権であったが，1970年代に入ると徐々にその求心力が失われていった．その背景には，64年から続く長期政権に対し国民が飽きてきていたこと，深刻化する公害に対して十分な対応

を行っていないと国民から判断されたことなどの国内的な問題に加え，リチャード・ニクソン米大統領による政策変更（いわゆるニクソン・ショック）への対応を十分に行い得なかったという国際的な要因があった．

ニクソン・ショックによる政策転換は，大きくわけて政治・外交面と経済面の2種類あった．まず，政治・外交面とは中国への対応の転換を指す．戦後長らく，アメリカ及び日本にとっての「中国」とは，共産化した中華人民共和国ではなく，台湾へと追われた中華民国であった．中華民国は国連に議席を持ち，かつ常任理事国の一員であった．しかし，ベトナム戦争によって国内の混乱と国際収支の赤字増大に直面したアメリカは，その改善策として中華人民共和国との関係改善を望んだのである．このため，1971年7月にヘンリー・H・キッシンジャー大統領特別補佐官が訪中した後，ニクソンの訪中が発表された．

この発表は，アメリカの強い説得によって台湾を「中国」と認めてきた日本には寝耳に水の出来事であった．さらに，中国の国連加盟・常任理事国就任に際して台湾の議席剥奪が問題となると，日本はアメリカと共同で，台湾の議席確保を図った．しかし，この提案は国連総会で否決され，佐藤の求心力はますます低下した．

以上の外交転換に加え，ニクソン大統領は1971年8月，金とドルの交換停止，大幅な輸入課徴金の設定を発表するとともに，日本や西ドイツなどに為替レートの引き上げを要請した．後述するようにこの問題が日本経済に与えた影響は大きく，この点でも佐藤政権は大きく動揺した．

結局，佐藤は1972年の沖縄返還を機に辞職した．佐藤の首相在任期間は7年8カ月と長期にわたり，2020年に安倍晋三に抜かれるまで，中断なしの連続日数では戦前戦後を通じて最長であり続けた．

(2) 今太閤の外交と「列島改造」

佐藤の後を継いだのは田中角栄であった．当初佐藤の後継候補として有力視されていたのは福田赳夫であった．また，佐藤も福田が後継となることを

望んでいた．しかし，ニクソン・ショック及び中国問題を巡り外交で後手を踏んだツケは，外相である福田にもまわった．国民の間で佐藤及び佐藤派では日中関係の対応は難しいと判断されたのである．また自民党内でも，若手を中心に佐藤の亜流では次の選挙を戦えないという主張が噴出した．そこで期待されたのが田中であった．佐藤の後任を決める総裁選に田中は勝利し，総理大臣に就任した．首相就任当初の田中の人気は高かった．戦前の高等小学校卒業後に中学へ進学せず，働きながら工業専門学校を卒業したという経歴から，低い地位から関白にまで上りつめた豊臣秀吉をイメージし，「今太閣」ともてはやされ，少年向けの自伝まで発売された．

田中内閣の成果の1つに日中国交正常化がある．「決断と実行」をスローガンとして，「列島改造」とともに政策課題に掲げたのが，「日中国交回復」であった．首相となった田中は党内の反対派を抑え，即座に日中国交正常化を進めた．1972年9月25日に北京を訪問した田中は同月29日に日中共同声明に署名して国交の正常化に成功した．

田中内閣のもう1つの柱が「列島改造」であった．田中は，自民党総裁選直前の1972年に『日本列島改造論』（『列島改造論』）を出版し，これを内政政策の中心に据え，総裁選を戦い勝利していた．

『列島改造論』は1968年に決定された「都市政策大綱」を基にしたものである．67年3月に田中を会長として自民党内に発足した都市政策調査会によって作成されたこの大綱は，都市改造と地方開発を同時に進めることにより高能率かつ均衡のとれた国土を建設することを目的としていた．『列島改造論』はこれを書き直したものであるが，特に「都市政策大綱」がある種のイデオロギーを有する抽象的な政策論であったのに対し，『列島改造論』はより具体的な解決案を盛り込む方針で書き上げられた．

『列島改造論』では，工業再配置，交通ネットワーク，情報化社会，新25万都市構想などが提示され，過密と過疎の同時解消を柱に全国に工場を誘致する具体的構想を含んでいた．これは，当時の日本が高度成長の影の部分として抱えていた公害や都市間の格差の解消を図るものであったが，一方で貧

しい新潟の農村から出発し東京でのし上がった「〔田中〕角栄の人生をそのまま反映させている政治的ライトモチーフ」でもあった（早野［2012］）．

しかし，日中国交正常化と列島改造を武器に臨んだ1972年12月の総選挙で自民党は議席を大きく減らした．『列島改造論』はそのインパクトの割に自民党の議席へとつながらなかったのである．さらに，本章第2節第4項で述べるように『列島改造論』はインフレの要因となり，これに石油危機が加わることで田中政権に深刻な打撃を与えることとなった．

また，田中内閣は対アジア外交でも困難に直面することとなった．1974年1月に行った東南アジア諸国への歴訪において，訪問先で激しい反日デモに見舞われたのである．

当時の東南アジア，例えばインドネシアは急激な成長を遂げる一方でそれによる歪みである貧富の差などの問題が顕在化していた．そのため，経済成長の恩恵を受けられない層が経済成長の恩恵を独占していると考えられていた華僑や外資系企業などへの不満を蓄積させていた．

これに加え，経済的関係が強まったことで日本と東南アジア各国の間で摩擦が生じていた．戦後の課題であったアジア諸国との賠償問題が1960年代頃に徐々に解決していくと，日本の対東南アジア向け輸出・投資は徐々に拡大していった．例えば69年において，東南アジアは日本の輸出先としてアメリカと並ぶ存在であった．また，東南アジア市場における日本のシェアは24.3％とアメリカを上回る地位を占めていた（通商産業省編［1971］）．

さらに，直接投資についても，天然資源の確保を目指す「資源志向型投資」，対象国の保護政策に対応する形で進められる「市場志向型投資」，低廉な労働力の確保を目指す「労働力志向型投資」の3つを軸に増加していった．その中でもこの頃の日本では特に「資源志向型投資」の比重が大きく1960年代末の時点でおよそ4割を占めていた．このような投資の急速な増加と資源確保を目指す姿勢は現地との摩擦を引き起こした．日本企業による資源の確保とは相手から見れば自国の資源を収奪することとイコールにとられかねない．ましてそれが急激に増加していけば，その反発が大きくなる危険はよ

り高まるであろう．実際に，当時の『通商白書』では，現地との摩擦が生じている点及びそれが拡大する点について懸念が示されている（通商産業省編[1971]）．

その摩擦が田中の訪問を機に反日デモとして爆発したのである．特にインドネシアの首都ジャカルタでは田中の訪問に反対していた群衆が暴徒となり，日系企業，華僑系企業，石油公社，中央銀行などを襲撃した．

以上のような内外の問題に直面する中，1974 年 7 月の参議院議員選挙で自民党はまたも敗北を喫した．この結果を受け，田中と距離のある閣僚が相次いで辞任した．さらに，月刊誌で田中の違法な資産形成過程が明るみに出たことで，田中内閣は決定打を浴びた．74 年 11 月に田中は退陣を表明し，翌 12 月総辞職した．

(3)　「クリーン三木」

田中の後を継いだのは三木武夫であった．三木は少数政党・少数派閥を率いながら常にキャスティングボートを握りつつ権力の中枢にいる政治家であった．三木はそれを可能にする現実主義的な策略家としての側面と理想主義的な側面を合わせ持つ政治家であり，後者をして「クリーン三木」という評価を生み，それが金権政治で退陣した田中の後釜として総裁・首相となる大きな要因となった．

首相となった三木は政治資金規正法改正，独占禁止法（独禁法）改正などの実現を図った．しかし，これらの政策に対する自民党内の反応は芳しくなく，また企業の経済活動を制限する独禁法の改正については財界からも強い反発が生じた．結局，政治資金規正法は内容が修正され，独禁法の改正は実現しなかった．

そのさなか，ロッキード事件が起きた．1976 年 2 月にアメリカ議会でロッキード社の対日贈賄工作とそれに関して田中と関係の近い人物の名前が明らかとなった．三木は積極的にその究明を図ることを宣言したが，それに対して党内から強い批判が生じた．さらに，田中が逮捕されるに至り，党内で

の反発はますます強まった．三木の辞職を求める勢力と臨時国会の召集，解散・総選挙によって田中派の弱体化をねらう三木の間で激しい駆け引きが生じた．結局，両者の妥協により臨時国会の召集と解散・総選挙の回避が決定した．そして，任期満了に伴う 76 年 12 月の総選挙で自民党が単独過半数を割り込むとその責任をとる形で三木は辞任した．

(4) 「福田ドクトリン」

　三木の後継となったのは福田赳夫であった．福田の評価が高まったのは佐藤内閣での蔵相時代である．このとき 1965 年不況を乗り切り，いざなぎ景気を迎えたことでその手腕が高く評価された．さらに，「列島改造」や第一次石油危機などによってインフレが進行すると，急死した愛知揆一蔵相に代わり，「列島改造論」の撤回を条件に田中内閣で蔵相に就任し，みずから「狂乱物価」と表現したインフレを収束させたとして評価を高めた．

　自他ともに経済通と認める福田であったが，首相として成功を収めたのは主として外交分野においてであった．1977 年のロンドン・サミットでは，唯一戦前の大恐慌を知る人物として主導的な立場をとり，各国首脳に感銘を与えた．国際協調の重要性を力説した福田は，日米独が世界経済において積極的な役割を果たすべきという「機関車国理論」により，日本の 6.7% 成長を約束した．

　続く東南アジア訪問でも，日本が軍事大国にはならず，政治・経済・社会・文化など幅広い分野を通じて東南アジア諸国連合（ASEAN，当時はタイ，インドネシア，シンガポール，フィリピン，マレーシアが参加）加盟国及びインドシナ諸国の発展に協力するという「福田ドクトリン」を提唱し，好評を博した．

　さらに，1978 年 8 月には，日中共同声明署名以降難航していた日中平和友好条約の締結に成功した．

　このように外交分野で成功を収めた福田であったが，内政では逆風にさらされた．政治腐敗の打破と党改革をうたって進めた派閥の解消と全党員によ

る総裁予備選の導入こそ実現したものの，建設省と国土庁の再編による住宅省と資源エネルギー庁を改組した資源省の創設は自民党内及び官僚から反発が生じ，挫折した．

結局，総裁再選を目指した予備選で大平正芳の後塵を拝した福田は身を引き，大平が総裁となった．これにより福田内閣は総辞職したのである．

(5) 大平正芳と一般消費税の挫折

福田の後を継いだのは大平正芳である．大平内閣は決して順風満帆とはいかなかった．まず，対外的には 1979 年に開催された東京サミットである．石油危機の余波により先進国で石油輸入量を抑制するという流れの中で，日本は予想必要輸入量を大幅に下回る目標を設定するように求められた．結局ジミー・カーター米大統領の援護などでほぼ希望に近い水準で妥協が成立したが，議長国として終始苦しい立場に置かれた．また，第二次石油危機の発端ともなったイラン革命から 1 年後，在イラン アメリカ大使館の館員 52 名が人質となる事件が生じた．アメリカはイラン原油の輸入禁止，在米イラン資産の凍結などの措置をとるとともに同盟国に同調を求めた．しかし，日本の商社がアメリカの輸入禁止で浮いた分のイラン原油を異例の高値で落札するという事件が起き，アメリカから強い非難を浴びた．

一方，国内，特に自民党内からの逆風も生じた．先述したように 1976 年 12 月の総選挙で敗北した自民党としては，選挙により議席を増やし与野党伯仲の状態を改善したいところであった．自民党支持率が上向いていたこともあり，大平内閣は 79 年 9 月に衆議院を解散し，翌 10 月に総選挙が行われた．しかし，大平が選挙中に一般消費税の導入を示唆したこともあり，結果は自民党の敗北に終わった．党内では選挙結果の責任を求める声が高まり，同年 11 月の首班指名では自民党から大平と福田の 2 名が候補として出るという異常事態が生じた．大平は何とか決選投票で勝利し総理大臣となったが，組閣でも苦戦を強いられた．そして，80 年 5 月に野党によって内閣不信任案が提出されると，自民党から福田，三木など 70 名程度の欠席者が生じ同

案は可決された．大平は衆議院を解散し，選挙にうって出たが，その最中に過労で死去した．大平の死への同情票もあり，選挙は自民党の圧勝で終わった．

2. 1970年代の日本経済

(1) 経済成長率の推移

前章で述べたような，年平均10%を超える高度経済成長の時代は，1970年代で終わりを告げた．図3-1からわかる通り，日本の経済成長率は70年代前半こそ高い値を維持するものの74年に戦後初のマイナス成長を記録し，その後は，5%台以下の水準で推移することになった．

以上のように，日本経済は1974年を境に高度成長から安定成長の時代へ移行したといえる．それでは，この時期の日本経済はどのような状況であったのだろうか．以下で，もう少し詳細に振り返ってみたい．

(2) 高度成長期末期の日本経済

既に述べたように，実質GDPでみた高度成長期が終焉した年は，戦後初のマイナス成長を記録した1974年と判断することができる．とはいえ，60年代末から70年代初めにかけて，すなわち高度成長期末期には経済構造の変化が徐々に進展していた．

まず，労働移動の変化があげられる．前章で述べたように，高度成長期には農村から都市への人口移動が活発化した．その結果，世帯数が増加し，耐久消費財需要増加の一要因となった．

しかし，1970年頃になるとこの動きは終息した．農村の過剰人口が失われたことにより人口移動が低下し，その結果世帯数の伸び率の急速な低下が生じたのである．農村の過剰人口が枯渇した時期を非熟練労働賃金の伸び率が急速に上昇したことを理由に60年代に求める見解もあるが，世帯数の増加という高度成長期の耐久消費財消費の急拡大の要因が70年前後に失われ

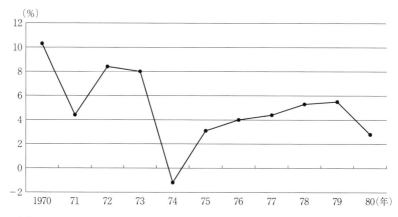

出典：三和良一・原朗編『近代日本経済史要覧』補訂版，東京大学出版会，2010年，32頁より作成．

図 3-1　実質 GDP 成長率の推移

たのは事実である．

　一方，供給側に目を向けると，この時期の日本経済では労働力不足が進展しており，1968年の有効求人倍率は1を超える事態となっていた．この結果，賃金は名目，実質ともに上昇していた．この時期は労働生産性が上昇していたこともあり，雇用者1人当たりの所得の変化率から GNP デフレーターの変化率とマンアワー GNP 生産性の変化率を引いた値である能率生産物賃金の上昇率はマイナスであり，また68年から70年代にかけて労働分配率は低下していた．しかし，もし生産性の上昇が止まった場合，企業にとっては労働需要超過が大きな圧迫要因になる可能性を秘めていた．

(3)　ニクソン・ショック

　このような不安要素を抱えていた日本経済を襲ったのがニクソン・ショックである．ニクソン米大統領の訪中を政治・外交面におけるニクソン・ショックとするならば，1971年8月の同大統領による「新経済政策」の発表を経済面におけるニクソン・ショックということができよう．アメリカで深刻

化していたインフレーションと経常収支赤字への対応として発表された「新経済政策」は，①金とドルの交換停止，②10％の輸入課徴金の賦課，③90日間の賃金及び物価の凍結などのドル防衛策とともに，主要各国に自国通貨のドルに対する切上げを要請するものであった（橋本・長谷川・宮島・齊藤［2011］）．

金とドルの交換停止は，第二次世界大戦後の世界経済の根幹であるブレトン・ウッズ体制の崩壊につながった．すなわち，ブレトン・ウッズ体制の前提となっていた金とドルの交換，固定相場制を前提とした支払い準備のドルでの保有，自由貿易と多角的決済を保証する通貨の交換性確保といったIMFの制度的枠組みが崩れたのである．

ブレトン・ウッズ体制の崩壊とアメリカからの円切上げ要請は，ブレトン・ウッズ体制下の固定相場制という日本の高度成長の要因を1つ失うことでもあった．また，1ドル360円というレートは高度成長期を通じて国際競争力をつけていった日本にとってその経済力と比較して過小評価された水準であったが，円の切上げ要請はその条件も失うことを意味していた．

ニクソンが「新経済政策」を発表する以前から高すぎる円に対する批判は生じていた．しかし，マスコミ，産業界を含め日本国内では，円の切上げが輸出産業の競争力を喪失させるとして，その切上げに否定的な見解が大多数であり，日本政府も同様の見解であった．国際的な批判に対し政府は1971年6月に「円対策8項目」（①輸入自由化の促進，②特恵関税の早期実施，③関税引き下げの推進，④資本自由化の促進，⑤非関税障壁の整理，⑥経済協力の推進，⑦秩序ある輸出，⑧財政金融政策の機動的運営）を決定したが，これは批判をかわし円の切上げを回避する目的を持つものであった（伊藤正直［2010］）．

しかし，「新経済政策」が発表されるとその姿勢にも限界が生じた．発表後，ヨーロッパ各国は為替市場を一旦閉鎖した後，8月23日にロンドンが限定変動相場制，パリが二重相場制，西ドイツが変動相場制へと移行した．一方，日本は市場を閉鎖せず為替相場の維持を図った．しかし，円高ドル安

を見越した大量のドル売り・円買い圧力に耐えきれず,結局 8 月 27 日に変動相場制への移行を決定したのである.

変動相場制への移行後,投機的な動きは沈静化したものの円は緩やかに上昇を続けた.一方,日本だけでなく先進各国で安定的な通貨制度の回復を求める動きが継続していた.このため,実勢に近く各国の国際収支が均衡するレートの実現を模索し協議が進められた.当初は各国の利害が対立したが,結局,1971 年 12 月にワシントンのスミソニアン博物館で行われた 10 カ国蔵相会議で合意が成立した.合意内容は,①ドルの対金レートの切下げ,②他の国の対ドルレート切上げ,③為替レートの変動幅の上下 1% から上下 2.25% への拡大,④アメリカの輸入課徴金廃止などであった.これにより,国際通貨体制は,ブレトン・ウッズ体制から,いわゆるスミソニアン体制へと移行したのである.この際最も対ドルレートを切上げたのは円であり,16.88% 切上げられ,1 ドル= 308 円となった.

スミソニアン体制が構築されたことで通貨の安定が期待された.しかし,期待に反し,ドルの流出は続いた.さらに,1972 年から 73 年にかけて各国の通貨体制は動揺を続けた.まず,72 年にイギリスがポンドの投機売りが続いたことを受け変動相場制への移行を発表した.さらに,73 年に入るとイタリア・リラが二重相場制へ,またその影響を受けフランス・フランが事実上の変動相場制へと移行した.さらに,72 年のアメリカの貿易赤字が前年比 3 倍に増加したことによりドル不安が生じ,大量のドル売り,西ドイツ・マルク買いが生じた.この動きに対し,ヨーロッパでは日本批判の声が高まった.通貨危機の根源には日米の不均衡があり,マルク買いの動きは日本の保護的な為替管理の余波を受けたものと判断されたのである.さらに国際通貨を再調整する動きが日米欧間で生じ,アメリカ・ドルの切下げ,仏独の対ドルレート切上げ,日本の変動相場制への移行が決定した.その後も通貨不安が生じたことからヨーロッパ共同体(EC)は共同フロート制の採用を決定し,これによって主要国通貨はほぼ全面的に変動相場制へと移行することとなった.

(4) ニクソン・ショックへの対応と「列島改造」

さてここで，スミソニアン合意によって1ドル＝308円のレートが決定された頃に時計の針を戻そう．

1ドル＝360円から1ドル＝308円への切上げは当時の日本の多くの予測を上回る切上げ幅であった．現在から振り返ってみれば，既に日本の産業・企業は1ドル＝308円というレートに耐え得るだけの国際競争力をつけており，決して「円高」といえる水準ではなかった．しかし，当時の日本の論調の多くはこの新レートに対して悲観的であった．日本の輸出は1ドル＝360円の「円安」レートであればこそ可能だったのであり，1ドル＝308円の水準では今後の輸出の拡大は望めないと認識されていたのである．

そのような認識が日本企業及び消費者の先行き不透明感を生み出したこともあり，日本経済は調整局面へと入った（前掲図3-1）．これに対し日本政府は景気浮揚と円高抑制を意図して拡張的な財政政策を展開した．1971, 72年度の一般会計歳出は，それぞれ前年比16.7％増，同24.8％増となり，このうち，公共事業費はそれぞれ前年比33.5％増，同40.2％増と大幅に増加した．また，金融の緩和も進められ，71年に3回，72年に2回公定歩合は切下げられ，70年10月の6％から72年6月には4.25％にまで低下した．さらに，円切上げの影響を緩和するため国内の通貨供給量も政策的に増加した．すなわち，現金通貨が70年末の21.4兆円から27.7兆円へ，準通貨が69年末の54.2兆円から72年末の84兆円へと拡大したのである（中村隆英[1993]）．

さらに，この時期の経済・財政政策に大きな影響を与えたのが本章第1節で述べた田中角栄による「列島改造論」であった．先述の通り，都市と地方の格差をなくし，公害や過疎・過密といった当時の社会問題を解決することをうたったこの構想は，新幹線や高速道路で日本列島をつなぎ，工場を首都圏から各地方へ再配置することをその主眼としていた．それを実現するため，日本列島改造問題懇談会の設置，自治省による新都市圏整備案，工業の再配置地域の指定に関する政令の閣議決定などが進められた．

ところで,「列島改造」を行うためにはそれ相応の予算が必要である.「列島改造論」では高度成長期と同程度の成長が前提とされており,1973年2月に策定された経済計画では9.4%の成長が目標とされた.この成長を実現するため田中内閣では積極的・拡張的な財政政策が維持された.さらに,73年度は「福祉元年」と称され,厚生年金の物価スライド制や70歳以上の医療費無料化など,年金・健康保険給付が拡大された.このため,73年度の当初予算は前年度比25%増と大型なものとなった(土志田［2001］).

さらに,このような積極的政策には,海外からの日本の貿易黒字に対する批判を解消するため,円の切上げではなく内需の拡大を図るという意図もあった.

これらの拡張的な予算及び金融の緩和は日本経済に投機的なインフレをもたらした.すでに円高対応のための予算拡張・金融緩和によって株価・地価はともに上昇傾向にあったが,田中内閣による「列島改造論」はこれに拍車をかけることとなった.積極的・拡張的な財政・金融政策によって通貨供給量は増加し,これが企業の積極的な投資活動を誘発した.手元資金が増加した企業は,それを設備投資だけでなく,有価証券,在庫,投機目的の土地の購入にも向けたのである.繰り返しになるが,「列島改造論」は,全国に交通網を張り巡らし,都市圏に集中する工場を地方に再配置することをその主眼としていた.さらに,その構想において具体的な土地が指定されていたことにも特徴があった.それゆえ,指定された地域(開発が予想され,将来的な発展と地価の上昇が期待できる地域)を中心とした全国的な土地への投機とそれに伴う地価の高騰が発生したのである.この結果,全国市街地価格指数は1970年から72年末にかけて1.6倍に上昇した.株価も急激に上昇し,1970年に2,000円台であった日経平均株価は73年には5,000円を超えた(橋本・長谷川・宮島・齊藤［2011］).

このような国内要因に加え,この時期は国際的にインフレが進行していた.1971年以降,天候不順による不作,先進工業国の需要拡大などを要因として,小麦,ともうろこし,大豆などの農産物を中心に一次産品の国際価格が

高騰した．

　これらの要因が重なり，日本国内ではインフレーションが深刻化した．卸売物価指数は1972年夏から上昇を始め，11，12月には年率換算で30％を超えて上昇した（伊藤正直［2010］）．これに対し，日銀は73年に入り，預金準備率及び公定歩合を数回にわたって引き上げる形で金融の引き締めを図った．しかし，引き締め政策への転換が遅れたこともあり，物価は上昇を続けた．卸売物価，消費者物価ともに73年に入っても上昇を続けたのである（図3-2）．

(5)　第一次石油危機と「狂乱物価」

　このように国内でインフレが深刻化していた時期に第一次石油危機が日本経済を直撃した．

　1973年10月に第四次中東戦争が勃発すると，石油輸出国機構（OPEC）の一部が原油価格の引き上げを発表し，アラブ石油輸出国機構（OAPEC）はアメリカ及びイスラエル支持国に対する供給制限を目的とした毎月5％の生産削減を決定した．これにより原油価格は急激に上昇した．第四次中東戦争は73年11月に停戦協定が結ばれたが，原油戦略を価格政策へと転換したアラブ産油国は原油価格のさらなる引き上げを行うと発表した．これらの結果，72年度平均が2.6ドルであった原油輸入価格は74年には11.5ドルへとおよそ4倍に上昇した．

　この価格高騰が日本に与えた衝撃は大きかった．日本経済は，高度成長期を通じ，海外からの石油に大きく依存する構造となっていたためである．1973年度の日本の第一次エネルギー消費構成における石油の割合は75.4％に達していた．これは38.2％のアメリカは言うに及ばず，OECD加盟諸国平均の50.1％と比較しても相当に高い数値であった（日本エネルギー経済研究所編［1986］）．さらに，当時の日本の石油海外依存度は99.7％であり，これもOECD加盟諸国平均の67％を大きく上回っていた（橋本・長谷川・宮島・齊藤［2011］）．

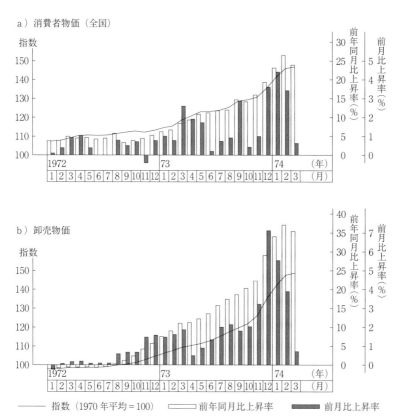

出典：経済企画庁編『国民生活白書』昭和49年版，大蔵省印刷局，1974年，4頁．

図 3-2　消費者物価と卸売物価の推移

　このため，この原油価格の上昇は既に高騰していた日本の物価をさらに押し上げる結果をもたらした．灯油の消費者価格は石油危機以前の1973年2月頃から上昇していたが，石油危機はその動きをますます加速させた．

　また，トイレットペーパー，合成洗剤などの石油を原料とする日用品価格も急騰した．この物価上昇の主要な要因の1つとなったのが，「もの不足騒ぎ」であった．物価の上昇がもの不足を呼び，それがさらに物価の上昇をもたらすという悪循環が生じたのである．実は石油危機以前からインフレの影

響により衣料品を買い急ぐ動きが生じていた．しかし，中東産油国による原油価格の引き上げと供給削減決定の発表や，口コミやマスコミの報道により消費者の不安感があおられ拡大したことなどから混乱は広がっていった．

　最も有名なトイレットペーパーをめぐる混乱は関西が発端といわれる．1973年10月末の新聞に2年分のトイレットペーパーを買いだめした主婦の話が掲載された結果，関西各地でトイレットペーパーを求めて主婦が店に殺到し，一部の店舗で重傷者が出る事態となった．これに対し，通産省が冷静な対応を呼びかけるとともに行政指導によってトイレットペーパーなどの緊急増産・出荷を求め，さらに「買い占め等防止法」の対象品目としたことで関西での混乱は収まった．しかし，その動きは全国に広がり，また買い急ぎの対象も塩や砂糖など，石油との直接的な関連が薄い商品にまで広がっていった．

　このような混乱もあり，物価は卸売物価，消費者物価ともに急騰し，1974年2月には卸売物価が対前年同月比で37％の増加，消費者物価が同26.3％の増加となった（前掲図3-2）．

　さらに，1974年の春闘では実質賃金の回復・維持を求める労働側の強い要求もあり，ベースアップは32.9％に及んだ（橋本・長谷川・宮島・齊藤［2011］）．そして，この賃金上昇がまた物価の上昇を生んだことなどもあり，日本のインフレは「輸入インフレ」から循環的な「ホームメイドインフレ」へと転換したのである．

(6)　福田の蔵相就任と政策の転換

　国内のインフレが進行していく中で，当初田中内閣は「列島改造」を継続する意志を示していた．また，福祉の充実を目指したこともあり，1973年度は積極的な予算が組まれていた．さらに，73年11月提出の補正予算案でも前年度の1.5倍の金額が計上されており，拡張的な財政政策が維持されたのである．

　その一方でインフレの深刻化へ対応するため，1973年度予算は年度初め

から公共事業を中心にその執行を抑制する方針がとられた．

　愛知揆一蔵相が1974年度予算の作成中に急逝すると，財政政策の転換がより明確となった．愛知蔵相の後任として田中が選んだのはライバルである福田赳夫であった．その際，田中は「列島改造論」の撤回と経済政策を一任することを福田に約束したといわれる（福田［1995］）．就任した福田はこのインフレを「狂乱物価」と命名するとともに，「列島改造論」の見直しとインフレ抑制の方針を強く打ち出した．この影響もあり，74年度の当初予算は公共事業関係費を前年度以下とするなどその伸びが抑えられた．

　また，金融政策の転換も明確となった．日銀は1973年初めから預金準備率，公定歩合ともに引き上げを行っていたが，それがさらに強化された．預金準備率は72年の1.5％から74年1月の4.25％まで，公定歩合は73年4月の4.25％から同年12月の9％まで引き上げられたのである（伊藤正直［2010］）．さらに，窓口指導も強化され，四半期ごとの新規貸出額を前年同期比より少なく抑えるよう定められた．

(7) 景気後退

　石油危機，インフレ，総需要抑制政策，将来見通しの不透明さなどを背景に日本経済は急速に後退し，1974年1～3月期の実質GDPは前期比3.4％減と大幅に落ち込んだ（近藤［2011］）．

　原油価格の上昇は企業のコスト増加をもたらし，企業収益を圧迫したが，これに加えて，インフレへの対応として行われた賃金の上昇もまた企業の収益を低下させる要因となった．各産業の利益率は1973年末の6％から74年末の1％前後まで低下したのである（中村隆英［1993］）．企業収益の低下は政府・日銀による引き締め政策と相まって企業の投資を減少させた．さらに，石油危機によるこの景気後退が構造的な変化ととらえられたことも企業の投資意欲を低下させる働きをもった．原油価格の上昇に生産性の引き上げで対応することは困難であり，短期での収益性改善は見込めないと判断されたのである．

消費者の買い控えも進行した．不況が深刻化していき企業収益が低下する中で，名目所得の伸びは低下した．その一方で，一時期に比べ沈静化しつつあったとはいえ，依然として消費者物価は上昇していたため，実質所得は低下した．また，企業が労働時間調整やパートタイマーを中心とした雇用調整などを行ったこともあり，将来への雇用不安が高まった．さらに，消費者の節約志向が高まったことも消費が減退する要因となった．このような消費の伸び悩みは企業収益の低下につながっていった．

以上のように，高度成長期を支えた民間最終消費と民間設備投資が伸び悩んだ結果，1974年の日本経済は後退し，戦後初のマイナス成長を記録することとなった（前掲図3-1）．日本の鉱工業生産のピーク時からの落ち込みは21.4%にのぼり，西側先進諸国の中で最大であった（近藤［2011］）．

(8) 物価の安定と景気の回復

このような激しいインフレは1974年秋から75年にかけてようやく沈静化していった．74年秋頃からまず卸売物価が落ち着きを取り戻し，続いて消費者物価も75年中頃には前年同期比上昇率で10%を下回るようになった（中村隆英［1993］）．

この要因として，政府による総需要抑制政策が効果を発揮したことに加え，賃金の上昇が抑制されたことも重要であった．ベースアップ率が32.9%に達した1974年の春闘とは対照的に75年の春闘では労使ともに賃金上昇に対し抑制的であった．経営者側だけでなく，労働者側もこのような姿勢をとったのは雇用の維持を第一に考えたためである．高度成長期に形成された勤続年数との相関性が高い賃金体系と未発達な外部労働市場の下では，労働者にとって職を失う損失は非常に大きなものとなる．また，経営者側も解雇に伴うコストの大きさを認識していた．これに加え，企業の財務危機はメインバンクの介入とそれによって生じるリストラの蓋然性を高めるという認識を労使双方が有していた．このため，労使双方が雇用の維持を最優先として，各企業の支払能力に応じた賃金水準での決着を了承したのである．この結果，

75年の春闘の賃上げ率は13％の水準で落ち着いた（橋本・長谷川・宮島・齊藤［2011］）．これにより，先述した賃金上昇と物価上昇の悪循環が解消され，ホームメイドインフレは解消されていったのである．

物価の高騰が峠を越えたこともあり，1975年に入り政府は不況対策を進めた．75年2月から6月にかけて，公共事業の執行促進を中心に三度にわたり景気対策が実施された．これらの対策では財政支出の追加は行われなかったが，同年9月の第四次景気対策では公共事業や住宅建設などに事業費が追加されるなど，財政政策の転換を鮮明にした対策が打ち出された．金融政策も75年4月より，公定歩合，預金準備率ともに引き下げられるなど，緩和の方向へ舵が切られた．

これらの影響もあり，日本経済は1975年3月を底に回復へと向かった．

(9) 1970年代後半の経済成長

その後の1970年代後半における日本経済の成長率は前掲図3-1で示した通りである．およそ3〜5％という成長率は高度成長期と比較すると非常に低いものであった．とはいえ，他の西側先進諸国と比較すると少し様相が変わる．図3-3を見ればわかる通り，70年代における先進各国の経済成長率は基本的に同様の傾向を示しているが，75年以降，日本が安定して他国より高い成長をしていたことがわかる．また，図3-4で示した通り，この時期の失業率の推移を見ると1975年以降の日本のパフォーマンスの良さが際立つ．

特に第二次石油危機の影響について見るとその差は明らかである．

1978年のイラン革命に伴って実施されたイランの石油輸出全面禁止を契機にOPEC諸国は石油価格を引き上げた．この結果，原油価格は78年11月の12.7ドルから80年4月には28ドルへと第一次石油危機を上回る額で高騰した（近藤［2011］）．また，石油以外の主要国際商品価格も79，80年と2年続けて20％超上昇した．国際的な物価上昇は日本にも波及し，対GNP比で見た輸入代金の上昇幅は第一次石油危機の3.8％とほぼ同程度の

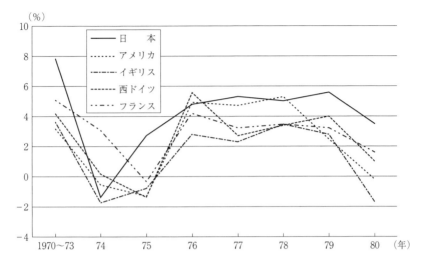

出典:橋本寿朗・長谷川信・宮島英昭・齊藤直『現代日本経済』第3版,有斐閣,2011年,152頁より作成(原資料はOECD, *Economic Outlook*, 各年版).

図3-3　1970年代の主要国のGDP成長率

4.1%に及んだ(橋本・長谷川・宮島・齊藤[2011])．さらに,石油価格の上昇と円安による交易条件の悪化の結果生じた実質所得の海外移転の規模も第二次石油危機が第一次石油危機を上回った．

　それにもかかわらず,第二次石油危機が日本経済に与えた影響は第一次石油危機のそれと比較して小さかった(我々が石油危機といった場合に主として第一次石油危機を想定することからもそれはうかがえる).確かに第二次石油危機後,日本の経済成長率は低下した．しかし,その低下幅は他の先進諸国と比べて小さかった．他の先進諸国が再びスタグフレーションで苦しむのとは対照的に,日本経済は相対的に高いパフォーマンスを維持し続けたのである．

(10) 「減量経営」の進展

　それでは,なぜ日本だけがこのようなパフォーマンスを実現することがで

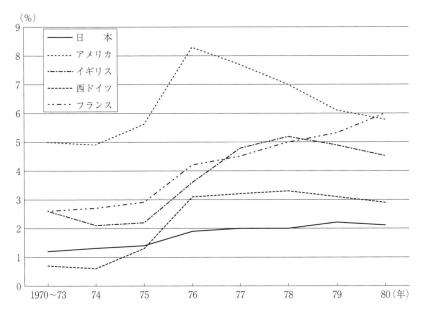

出典：橋本・長谷川・宮島・齊藤［2011］152頁より作成（原資料はOECD, *Economic Outlook*, 各年版）．

図3-4　1970年代の各国の失業率

きたのであろうか．その要因の1つとしていわゆる「減量経営」を含む企業の経営努力があげられる．

「減量経営」の例として第一にあげられるのが雇用調整である．先述のように，第一次石油危機では，当初，物価の高騰に対応して労働側が賃金の値上げを要求した．これを経営側が受け入れた結果，物価上昇と賃金上昇のスパイラルが生じ，これが物価高騰の要因の1つとなった．その後労使ともに解雇の回避を最優先に各企業の利益に見合った給与水準を要求する方針で一致した．第二次石油危機においては労働側から物価上昇の圧力が高まらず，労働分配率も安定的に推移した．このため，原油価格・輸入品価格の上昇がホームメイドインフレにつながることはなく，卸売物価の上昇率は最大で18.4％にとどまり（第一次石油危機時の最大上昇率は33.9％），第一次石油

危機で最大24.7%を記録した消費者物価も2桁の上昇率を記録することはなかった（近藤［2011］）．

とはいえ，解雇を伴わず賃金の抑制だけで賃金コストを圧縮するのには限界があった．企業は正規従業員の労働時間調整を行うとともに新規採用の停止，パートタイマーの整理・削減を行い，それでも過剰雇用が解消されない場合は，希望退職の募集，社内部署間の移動，子会社・関係会社への出向などを行った．しかし，雇用調整は長期化し，企業への賃金圧力は高まった．年功制の賃金制度が採用される中，若年新規雇用の採用が抑制されたことで企業の労働コストが高まったのである．

そこで企業が採用したのが，マイクロエレクトロニクス機器の導入とTQC（Total Quality Control）の導入による合理化であった．協調的な労使関係，定年まで働き続ける長期雇用制度など日本の雇用慣行がプラスに作用し，この導入はスムーズかつ効果的に行われた．これにより，日本企業はコストを削減するとともに品質の改善を実現したのである．

また，この合理化は省エネ化を伴うものであり，その成功が第二次石油危機に際しての日本の高パフォーマンスの維持を可能にした．

第一次石油危機による急激なコストの増加を経験した各産業では省エネ化や石油エネルギーから代替エネルギーへの転換が積極的に進められた．例えば，鉄鋼業ではそれまで各工程が分断されていたことによって工程ごとに過熱と冷却が繰り返されていたことから，各工程を連続して処理することでその無駄を省いた．また，高炉から排出されるエネルギーを再利用することで電力消費量の大幅な削減を実現した．同じくセメント業では原料の石灰石を事前に過熱した上で炉（キルン）に入れるNSPキルンが採用され，エネルギーの石炭への転換が図られた．

これら各産業・企業の努力に加え，次項で述べるようにこの時期にエネルギー多消費型産業が停滞し，比較的エネルギー消費の少ない加工組立型産業中心の産業構造へと転換したことが，日本経済全体で見た場合のエネルギー消費の減少につながった．

「減量経営」の2番目は金融費用・在庫の削減である．高度成長期の日本企業は資金調達を借入に頼る傾向にあった．しかし，石油危機前後の金利引き上げは，借入依存度の高い企業の負担を増加させた．そのため，企業は投資を可能な限り自己資本の範囲で行うとともに資金調達における増資の割合を増やした．この結果，大企業の総資産に占める負債の割合が減少するとともに高度成長期における日本企業の成長要因の1つとなったメインバンク関係が変容した．資金調達において借入依存から脱することで企業側にメインバンク関係を維持するインセンティブが弱くなったのである．

ただし，借入依存からの脱却・メインバンクとの関係に変化が生じたのは主として輸出産業部門，特にその中でも組立型の大企業であった．素材型産業，労働集約型産業は石油危機による原材料価格，人件費の上昇が大きく響き減量経営は進展せず，むしろ業績悪化によりメインバンクからの借入が増えたことでその関係性がより重要になる企業もあった．

企業の在庫減少もまた減量経営の特徴であった．1975年の在庫増加に苦しんだ企業は70年代後半から在庫の増加をなるべく回避する戦略をとった．このため，GNPに占める在庫の割合が減少し，高度成長期と異なり，在庫循環の程度が著しく小さくなった．

以上のような企業の減量経営だけでなく，政府の対応や石油危機時の日本経済の状況も第二次石油危機の影響を緩和する働きを持った．第一次石油危機の時と異なり，通貨供給量が安定的であり，また物価上昇率がそれほど高くなかったこと，政府・日銀による財政金融政策が迅速かつ適切であったことなども，第二次石油危機のショックを和らげる働きをした．

日本経済は紆余曲折を経ながらも先進各国の中では良好な状態で激動の1970年代を乗り切ったのである．

(11) 石油危機後の変化

以上，1970年代の日本経済を概観してきたが，最後に石油危機が日本経済にどのような変化をもたらしたのか，以下で簡単に触れてみたい．

第1に経済成長率の傾向が変化した．既に述べたように，石油危機後の1974年に日本は戦後初のマイナス成長を記録した．以後，他の先進国と比較すれば高い水準を維持したとはいえ，成長率の平均は4%強にとどまり，10%を超えた高度成長期と比較して伸び悩んだ（前掲図3-1）．日本経済は高度成長の時代から，成長率が低く，かつ，その変動幅が小さい安定成長の時代へと転換したのである．

　それではなぜ，石油危機以降それまでのような成長ができなくなったのであろうか．その要因の1つが日本の成長要因の変化にある．

　前章で述べたように日本の高度成長の主要因となったのは民間最終消費と民間設備投資であった．特に民間企業の設備投資と名目経済成長率には強い相関関係があった．

　しかし，石油危機以降日本経済の成長要因は変化した．1974年以降民間資本形成の対前年増加比は伸び悩み，76～80年における民間設備投資の対GNP比は65～70年のそれと比較して4ポイント程度低下した（橋本・長谷川・宮島・齊藤［2011］）．表3-1からわかる通り，高度成長期後半と比べ，民間設備投資の総需要の成長に対する寄与度は大幅に低下したのである．

　また，この時期の民間設備投資は投資主体の中心が製造業から非製造業へと移行した点にも特徴があった．特に高度成長期の設備投資を牽引した鉄鋼業などエネルギー多消費型の素材産業がその構成比を落とした（表3-2）．

　設備投資に代わり，この時期の日本経済を牽引したのが輸出である．1976,77年度の輸出額がドルベースでそれぞれ2割前後の増加を示したことに現れているように，この時期の輸出の成長は著しく，74年から80年における輸出の成長率は年平均10%を超えるほどであった（土志田［2001］，橋本・長谷川・宮島・齊藤［2011］）．経済成長に対する輸出の貢献度は70年代前半は0.6となり，民間企業設備，民間住宅，民間在庫の合計（0.1）を上回り，70年代後半のそれも0.8と三者の合計と並んだ（前掲表3-1）．次章で述べるように80年代に入り輸出主導型の経済がより鮮明となるが，石油危機以降からその傾向が見られたのである．

表 3-1 経済成長の要因分析（需要サイド）

(単位：％)

年	1956～60	1961～65	1966～70	1971～75	1976～80
国内総支出	8.9	9.3	11.4	4.6	4.4
国内需要	9.2	9.4	11.6	4.5	4.0
民間最終消費支出	5.8	5.6	5.8	3.2	2.4
民間企業設備＋民間住宅＋民間在庫	2.5	2.0	4.1	0.1	0.8
政府最終消費支出	0.5	0.7	0.7	0.6	0.4
公的固定資本形成＋公的在庫品増加	0.5	1.1	1.0	0.6	0.4
財貨・サービスの純輸出	−0.3	−0.1	−0.2	0.1	0.4
財貨・サービスの輸出	0.4	0.6	0.9	0.6	0.8
財貨・サービスの輸入	0.7	0.7	1.1	0.5	0.4

出典：橋本・長谷川・宮島・齊藤［2011］53, 154, 155頁より作成（原資料は経済企画庁『国民経済計算年報』）．

表 3-2 産業別設備投資額構成比

(単位：％)

年度	1961～65	1966～70	1971～75	1976～80
電力	22.5	18.3	24.0	34.5
都市ガス	1.9	2.3	3.0	3.2
石炭	2.2	1.5	1.6	1.0
鉱業	1.5	1.6	1.2	0.5
鉄鋼	13.6	15.8	15.7	9.8
非鉄金属	2.7	3.5	3.1	1.4
石油	6.2	7.6	7.1	4.0
機械	20.0	20.7	16.8	18.7
化学	14.5	14.4	11.5	6.4
繊維	6.1	4.4	3.0	1.3
紙・パルプ	3.0	2.8	3.0	2.2
窯業	4.4	3.1	3.0	2.2
建材	0.4	0.7	1.1	0.6
雑貨	0.2	0.6	0.9	0.7
卸売・小売	0.8	2.8	5.0	4.6
合計	100.0	100.0	100.0	100.0

出典：三和・原編［2010］160頁より作成．

3. 1970年代の産業

(1) 産業構造の変化

　前節で見た成長要因の変化とともに産業構造にも変化が見られた．表 3-3 からわかる通り，1970 年代を通して，第一次産業と第二次産業の比率が低下し，第三次産業の比率が上昇した．前章でも述べたように第一次産業の構成比は高度成長期を通じて激減したが（前掲表 2-3），70 年代でもその傾向は続き，80 年の付加価値構成比は金融・保険業単独の数値を下回るほどに低下した．

　付加価値構成比が上昇した第三次産業のうち，特に目立つのがサービス業の増加である．サービス業は，1970 年から 80 年のおよそ 10 年間で 2 ポイント上昇するなど他の分野と比較しても高い伸びを示した．

　ただし，これはあくまでも名目値で見たものであり，実質値で見ると 70 年代を通して上昇は小幅にとどまった．とはいえ，家計消費支出におけるサービス関連消費の割合，産業別就業構成比におけるサービス業の割合などを見ると 70 年代を通じて上昇が見られた．質の変化という観点から見ると経済のサービス化は明らかであった．

　一方，高度成長期に比率を伸ばした第二次産業はこの時期その比率を低下させた．素材型（化学，石油・石炭製品，一次金属，金属製品，パルプ・紙，窯業・土石），加工型（一般機械，電気機械，精密機械，輸送機械），労働集約型（食料品，繊維，その他製造業），いずれの産業も名目値で見た付加価値構成比の低下に直面したのである．

　とはいえ，実質値で各型ごとの伸び率を見ると製造業内で差が生じていることがわかる．素材型，労働集約型産業が製造業全体の伸びを下回ったのに対し，加工型産業は大幅に上回った．既に述べたように，石油危機による原料価格の上昇はエネルギー多消費型産業によって構成されている素材型産業の設備投資を減少させたが，それは同様に同産業の生産を停滞させた．また，

それは，石油危機に際して生じた人件費の増加に苦しんだ労働集約型産業にとっても同様であった．

その中で外部要因の変化によって競争力や市場を失い，過剰設備を抱えて一般的な景気対策では立ち直ることのできない産業が生じた．そのような産業に対し，政府は1978年に「特定不況産業安定臨時措置法」を制定し，指定産業の過剰設備の廃棄を業界と共同で進めていった．同法によって14業種が構造不況業種に指定された．最終的に指定された業種は，平・電炉鋼材，アルミニウム精錬，ナイロン長繊維，アクリル短繊維，ポリエステル長繊維，ポリエステル短繊維，尿素，アンモニア，湿式りん酸，綿等紡績，梳毛等紡績，フェロシリコン，段ボール原紙，造船である（関口・堀内［1984］）．それらの業種が不況に陥った直接の原因は様々であったが，一見してエネルギー多消費型あるいは労働集約型産業が主であることがわかる．

ただし，エネルギー多消費型産業の中でも化学，石油・石炭製品，電力などは産業総体で見た場合，比較的落ち込み幅が小さかった．また，鉄鋼業も先述したような省エネ化・合理化により，その後ある程度生産が回復した．

一方，比較的石油危機の影響が軽微であった加工型産業についても内部で差が生じた．自動車や電気機械など輸出を伸ばすことで生産を回復・増加させた産業がある一方，労働集約的であり，かつ世界的な需要の減少が大きか

表3-3　付加価値構成比（名目値）

（単位：%）

年	1970	1975	1980
第一次産業	5.9	5.3	3.6
第二次産業	43.1	38.9	37.8
製造業	34.9	29.1	28.2
素材型	12.9	10.2	10.0
加工型	11.9	9.8	9.9
労働集約型	10.0	9.1	8.4
第三次産業	50.9	55.8	58.7
卸売小売業	13.9	14.2	14.8
金融・保険業	4.1	5.1	5.0
不動産業	7.8	7.9	9.1
運輸・通信業	6.7	6.2	5.9
サービス業	9.3	10.5	11.3
政府サービス	6.1	8.5	8.2
その他	3.0	3.5	4.4
合計	100.0	100.0	100.0
製造業指数（実質値）	84.1	100.0	129.8
素材型	86.9	100.0	116.1
加工型	75.6	100.0	188.3
労働集約型	85.3	100.0	115.4

出典：橋本・長谷川・宮島・齊藤［2011］165頁（原資料は経済企画庁編『国民経済計算年報』，同編『戦後日本経済の軌跡』）．

った造船業などのように構造不況業種に指定される産業が存在した．石油危機とその後の不況を経る中で，輸出の拡大を実現した産業・企業がその業績を伸ばしたのである．

以下では，電気機械の代表としてテレビ製造業に焦点を当てその戦後の発展について概観する．現在の日本のテレビ製造業は韓国メーカーなどの追い上げを受け，そのシェアを奪われている．一方，日本のテレビ製造業は戦後からスタートし，高度成長期を経て世界トップの座に上りつめた産業であった．日本のテレビ製造業はいかにして発展し，その地位を得たのであろうか．

(2) 白黒テレビの展開

日本のテレビは放送，受像機ともに戦前から研究，実験が進められていた．1940年の東京オリンピックでの放送に向けて実験放送が行われ，受像機についても東京電気（のちに合併して東芝），日本電気（NEC），日本ビクター，日本蓄音器商会（日本コロムビア）などのメーカーによって試作機が製造されていた．しかし，戦争の開始によりそれらの研究・試作は中断され，戦後もGHQによる一時的な禁止（46年6月解除）や資源不足などを理由にしばらくは研究もほとんど行われなかった．

本格的な研究が再開されたのは1948年からであり，50年には実験放送も開始された．日本ビクター，日本コロムビア，日本電気，松下，早川（シャープ）などが40年代末から50年代初めにかけて研究を再開した（東芝はGHQに研究を禁止されなかったこともあり，戦後早くから研究を進めていた）．また，業界団体を媒介とし，主要メーカーが参加する形で共同研究も進められ，その一環として外国製品の輸入・解体や試作機の作成が行われた．

ところで，外国製品の輸入・解体が行われた理由は，日本のテレビとアメリカのテレビの能力差が拡大していたためである．加えてテレビの基本特許は外国メーカーが保有していたため，日本メーカーはテレビ生産を本格化するにあたり，外国メーカーとの特許契約，技術提携が必要であった．日本メーカーはRCA，EMI，フィリップスなどの企業との提携・契約を結んだが，

これらの契約により，日本のテレビ生産は当初から特許料等のロイヤリティの支払いというハンデを負ってのスタートとなった．

さらに，日本のテレビ生産にとって重要であったのは部品の品質向上であった．特にブラウン管は外国製品との格差も大きく受像機コストを下げる際のネックとなっていた．通産省は当初ブラウン管についても輸入を制限するつもりであった．しかし，上記の事情により松下，シャープなどから反対が生じたため，ブラウン管の輸入は継続された．他方でテレビの国産化にとってバルブやブラウン管の国産化は必須の条件であった．このため，バルブを生産する旭硝子やブラウン管を製造する日立，東芝，NEC，松下電子工業は外国企業と提携し技術導入を図るとともに，大規模投資により生産体制を整えていった．

以上のような経緯を経て1952年頃から各メーカーはテレビを発売した．松下（52年），シャープ（53年），東芝（53年），三菱（53年）をはじめとして多くのメーカーがテレビ市場に参入し，その数は53年段階で23社に上った（平本［1994］）．当初から研究を進めていたものの参入が遅れていた，日本ビクター（55年），新日本電気（55年），日立（56年）も55年頃に参入を果たした．

さて，供給体制が整えられたとしても需要がなければ産業として成長できない．まず，重要なのはテレビ放送そのものである．

日本でテレビ放送開始の見通しが立ったのは1950年代に入ってからであった．50年に電波三法が制定された後，52年にまず日本テレビ放送網に，続いてNHKにも免許が与えられた．そして翌53年2月に日本でもテレビの本放送が開始された．その後，テレビ放送は拡充していき，57年には放送局が68局にまで増加した（平本［1994］）．この点でテレビが普及する下地はできつつあった．

また，前章で述べたような核家族化の進行による世帯数の増加や見せびらかしの心理など，耐久消費財需要が増大する条件も高度成長期に形成されていった．さらに，通産省の方針によってテレビの輸入が政策的に制限されて

いたことも重要である．組み立てメーカーは技術的格差のある外国企業との競合を回避してこれら潜在的な需要を獲得するチャンスを得ていたのである．

しかし，当時のテレビ市場はその拡大にあたり大きな制約を抱えていた．それが所得とテレビ価格との差である．耐久消費財であるテレビの普及には消費者の購買力も重要であろう．これについては，例えば購買力の1つの指標である実質賃金を見ると，1955年の段階で戦前の35年の水準を20%程度上回っていた（三和・原編［2010］）．しかし，それでもテレビの価格は高く，53年時点で全産業の常用労働者の平均給与月額の約11倍であった（平本［1994］）．テレビ市場が拡大するためにはこの差が埋められる必要があった．このため，メーカーは価格の低下を図っていった．

価格を低下させる1つの方法が生産機種を絞って規模の経済性を実現することであろう．その観点からメーカー側から生産機種を絞る動きが生じた．例えば官民で構成されていた電波技術協会は標準機種として普及型の設定を試み，当時の日本の家屋の状況，価格，保守費，消費電力などから10インチを普及型，14インチを準普及型とした．

また，テレビへの物品税の賦課が問題となったときには，業界団体が陳情運動を行い，基本税率を30%，14インチ以下を12%とすることに成功した（平本［1994］）．

このように，テレビの普及型として，14インチ以下のサイズが志向される状況にあったが，一方で実際には発売当初の段階で様々なサイズのテレビが発売されていた（図3-5）．しかし，それが1950年代後半を通して徐々に14インチに収斂していった．その要因として，当時の需要者の志向がある．家庭にテレビが普及していない当時，家族全員で1台のテレビを観るのが通常であった．その場合，価格が安いといっても10インチや7インチのテレビでは小さすぎた．このため，家族全員で楽しめる大きさであり，かつ物品税の影響もあり価格が安い14インチが志向されたのである．

ところで，いくら機種が絞られたとしてもメーカー側に大量生産を行う体制が整えられていなければ，スケールメリットを発揮することはできない．

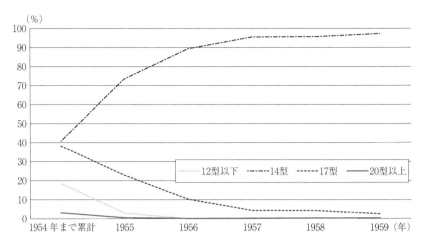

出典：平本厚『日本のテレビ産業』ミネルヴァ書房，1994年，36頁より作成（原資料は電子情報技術産業協会監修『電子工業年鑑』1962年度版，1962年）．

図 3-5　テレビの型別生産割合の推移

メーカー側はどのようにしてその体制を作り上げたのであろうか．

　量産体制をいち早く構築したのがシャープであった．同社社長の早川徳次はアメリカの工場を見学し，テレビの普及には量産化によるコスト低下と価格の値下げが必要という認識を強くした．そこで，生産機種を14インチに絞り，さらに，最新の機械設備を輸入するとともに，テレビ組み立ての流れ作業を可能にする工場レイアウトを実現した．これによって価格の引き下げに成功したシャープに続き，松下，東芝，三菱などの競合メーカーも次々と量産体制を構築し，価格の引き下げを図っていった．メーカー同士の激しいシェア争いがコストダウンによる価格の低下を生み出す原動力となっていたのである．

　さらに，製造現場における標準時間の設定や性能の安定化とコストダウンのための技術革新，部品の品質向上と価格の低下などが相まってテレビの品質向上と価格の低下が実現した．この結果，日本の白黒テレビは高度成長期前半には「三種の神器」に数えられ，急速に普及していったのである（前掲図2-2）．

(3) カラーテレビの展開

前節で見たように，日本の白黒テレビの普及率は高度成長期前半に急激に伸び，1965年には90%を超えた．一方で，普及率がある程度上昇すると需要の飽和が生じる．すなわち，日本のテレビ市場の拡大に限界が生じる可能性があった．しかし，高度成長期後半には，入れ替わるようにしてカラーテレビが発売され，それが普及していった．つまり，新たなテレビ市場が誕生したのである．もちろん，それは偶然がもたらしたものではなく，日本企業の経営努力があった．以下で，カラーテレビがどのように開発され普及していったのか，簡単に確認してみよう．

カラーテレビ研究の歴史は古く，欧米では戦前から進められていた．日本では1950年代に入り，メーカーやNHK放送技術研究所（NHK技研）で研究が開始されている．

研究が進む一方，カラーテレビの開発には技術的に越えなければならない壁がいくつも存在した．その1つがカラーブラウン管の開発であった．カラーテレビ放送の開始時には送受信ともに国産の機器を使うことが各方面から求められていたが，その際にカラーブラウン管の国産化が鍵を握っていた．

カラーブラウン管の開発にあたってはまず官民共同の研究方式が採用された．ブラウン管メーカーと部品メーカーを合わせた計13社や通産省重工業局，NHKなどが参加し，NHK技研で通産省の補助金によって研究が進められた（長谷川 [1995]）．通産省による資金と当時最も進んでいたNHK技研の研究を利用することで，メーカーは人的資源の効率的な利用と研究開発投資の抑制効果が期待できた．また，共同研究によって研究の成果が幅広く均等に普及したことも重要である．研究の成果が素早く広がるとともに各企業の技術的格差が最小限となることで，カラーテレビをめぐる寡占的な競争が生じる1つの要因となった．さらに部品メーカーが研究に参加したことは，輸入技術であるカラーブラウン管の有機的な産業連関の早期形成に役立った．

とはいえ，この共同研究だけではカラーテレビの開発には不十分であった．

このため，組み立てメーカー，部品メーカーともに高い契約料を払って当時進んでいたアメリカメーカーとの提携を行った．

このような経緯により，1958年の東芝を皮切りに各メーカーは60年にはカラーテレビを発売した．

しかし，当初カラーテレビの普及は順調に進まなかった．その理由の1つが，コンテンツの不足と販売台数の不足が悪循環を生み出していたことである．

日本でカラーテレビの放送が開始されたのは1960年である．9月にNHKと民放4社に対しカラーテレビ放送の本免許が与えられ，同月放送が開始された．アメリカの放送開始から9年が経過していたが，実質的に世界2番目の早さであった．しかし，当初は番組が少なくまた放送時間も短かった．番組の充実化を図ろうにもカラーテレビが普及していない段階においてはスポンサーも二の足を踏んだ．このため，魅力のあるコンテンツが提供できず，それがカラーテレビの普及を遅らせる，という悪循環が生じていた．

第2の理由はカラーテレビの価格であった．白黒テレビと同様，発売当初の価格と消費者が購買できる金額との差が大きかったのである．

各メーカーは量産によるコスト低下のために量産体制を整えていったが，需要が伸びない中での量産はリスクが大きかった．また部品の一部は外国製に頼らざるを得ず，そのため輸入量が確保できなかったり，値上げ要求を受けたりしており，これも量産化の障害となった．

このような中，メーカーは採算度外視の価格設定を行ったが，必ずしも効果があるわけではなかった．また，白黒テレビの際と同様に，メーカーや業界団体は標準的な型の設定も試みたが，すでに白黒テレビで様々な型が発売されており，その中で型を絞るのは現実的ではなかった．

この問題が改善したのはアメリカへの輸出によってであった．この頃アメリカではカラーテレビの需要が急速に拡大し，それゆえ供給が間に合わない状況であった．そのため，アメリカの卸売・小売商は日本のメーカーに生産委託して供給の確保を図った．これは設計を供与されかつ相手先ブランドで

の販売となったが，各社はこの輸出を機に生産量を拡大することができたのである．

一方，この頃になると国内のカラーテレビ放送も充実していった．1965年にカラー放送の時間が延長された．また，64年の東京オリンピック開催による需要拡大も期待されていた．

以上の輸出の増加と国内市場の見通しの明るさから各メーカーは本格的に量産体制を確立していった．この結果，カラーテレビのコストダウンが実現し，各社による値下げが進んだ．ここでも各社の同質的な競争が価格の低下の要因の1つとなった．

また，カラーテレビのトランジスタ化，IC化が進んだことも重要である．日本で早くからカラーテレビのオールトランジスタ化に成功したのはソニーと日立であった．この結果，例えば日立のオールトランジスタカラーテレビは，従来の真空管カラーテレビと比較して，消費電力の低下，電源を入れてからのスタート時間の短縮，故障の減少といった点で大幅に優れていた．日立のカラーテレビは好評を博し，日立がシェアを拡大させる要因となった．

この後，日本のメーカーは次々とトランジスタ化を進めていった．先進的なメーカーによるオールトランジスタ化製品の開発のタイミングは日米がほぼ同時であった．一方で，全製品のオールトランジスタ化のタイミング，オールトランジスタ化を実現した企業の数という点で日本はアメリカを上回った．もちろん，この背景には技術以外の理由も存在したが，それを考慮してもこの時点で日本のメーカーの技術はアメリカメーカーを上回っていたといえる．

さらに，日本のメーカーはIC化を進め，1970年代にはこれが大幅に進展した．IC化により，画質など品質の向上，部品点数の削減による生産性の向上，ハンダ付け箇所の減少による信頼性の向上，消費電力の低下が実現した．

なぜ，日本のメーカーはトランジスタ化，IC化を積極的に進めたのであろうか．その理由として，当時の日本企業が省力化による賃金コストの低下

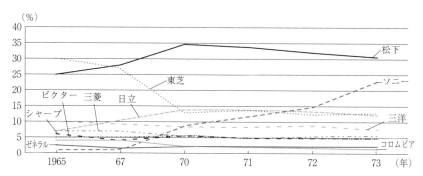

出典：長谷川信「家電産業」武田晴人編『日本産業発展のダイナミズム』東京大学出版会，1995年，162頁より作成（原資料は熊谷尚夫編『日本の産業組織』中央公論社，1973年，『統計月報』第35巻，東洋経済新報社，1975年7月）．

図3-6　カラーテレビの国内シェアの推移

を目指していたことがあげられる．進展する労働力不足と賃金の上昇による賃金コストの上昇をいかに解決するかが1960年代中頃からの日本企業の課題となっていた．テレビ産業はその解決策として，設計技術の改善による省力化を選択し，それに適合的な部品としてトランジスタ，ICを採用したのである．

以上のような企業による量産化，技術革新による価格の低下に加え，個人所得の増加も相対的なテレビ価格の低下につながった．この結果，1960年代末頃からカラーテレビは急速に普及していった（前掲図2-2）．当初はカラーテレビの普及余地が残っていたことや所得階層間格差の縮小などにより19型に需要が集中した．しかし，70年代に入ると需要の一巡の影響もあり2台目需要が拡大したことや，73年以降所得階層間格差が拡大したこともあり，中小型品の需要が増加した．主要企業が中小型に進出するとともに小型にターゲットを絞っていたメーカーが中大型市場に参入し，激しい同質的な競争を展開していった．

この時期のカラーテレビの国内シェアを表したのが図3-6である．各メーカーは，技術革新やコストの削減とそれに伴う価格の低下を目指しながら激しいシェア争いを進展させた．このような激しい同質的な競争がカラーテレ

ビの国内普及率上昇と国際競争力向上の要因の1つとなったのである．

(4) 販売網の形成

　テレビの普及にはメーカーによる販売網の形成も重要であった．大量生産体制を構築したとしても，それを販売する，あるいは販売できるルートを確保できなければ意味がないからである．そのため，各メーカーは卸売・小売の系列化を進めていった．

　メーカーによる流通段階の系列化に関して主導的な役割を果たしたのが松下であった．松下の流通段階への関与は戦前から進められており，卸売段階における代理店制度，小売段階における連盟店制度がそれぞれ採用された．松下はこれにより安定的な販路を確保するとともに乱売防止による卸売・小売店の利潤確保を図った．

　戦後になると松下は戦時経済の下で中断された代理店制度を1946年に，連盟店制度を49年に復活させ，再度流通の系列化を図っていった．また，51年には京都ナショナル製品販売会社が設立されたのをはじめとして，特に57年以降，卸売商との合弁形式による販売会社を設立し，松下の製品を専売する販社制度の導入を全国的に進めた．同様に，東芝，日立，三菱といった総合電機メーカーも卸売段階を統括するため53年から55年にかけて販売会社を設立した．

　一方，小売店の系列化も進められた．松下は1957年に「ナショナル店会」を発足させ，その後連盟店のうち優秀店だけを選別するとともに，「ナショナルショップ」制度を開始した．後者は，松下の取扱量が多い専売店・準専売店を選び，原則的に専売を求める一方で見返りに小売商援助と安売り防止のための管理対策を授けるものである．松下は小売店に対し，店舗改修や広告宣伝費の援助をしつつ，専売率によってナショナル会（専売率30～49%），ナショナル店会（同50～79%），ナショナルショップ（同80%以上）と格付けし，優遇策に格差を設ける形で系列化を進めていった（石原・矢作[2004]，新飯田・三島[1991]）．

しかし，これらの流通系列化は系列販売拠点の確保にとどまり，系列販売全体の機能を有効化することにまで配慮されていなかった．そのため，1960年代半ば頃からその弊害が現れ始めた．すなわち，メーカーが積極的に卸売店の系列化を図ったため，同一地域に複数の系列卸売店が存在しそれらが競争をするという事態が生じたのである．さらに，メーカーは卸売店を系列下に収めるためリベートや奨励金を高めに設定していたが，系列同士の競争によりそのリベートの放出によって過度の値引き販売が生じ，それが卸売・小売の安値乱売につながった．この結果，卸売・小売店の採算は悪化し，それらの倒産という結果を招いた．この傾向は65年の不況により顕著となった．

そこで，各メーカーは流通系列の再編・強化を図っていった．まず，卸売段階において一地域一販売会社とするテリトリー制が徹底され，同系列同士の競合を避ける体制が整えられた．さらに，この過程でメーカーから販売会社への役員派遣，資本参加がより行われるようになり，両社の結合が強まった．

また，小売店の取扱高，専売率による差別化を一層徹底した．これに加え，上記のテリトリー制によって，小売店の仕入れ先が特定の一社に限定されるようになり，卸売店と小売店の関係が強化された．先述のように，この時期にはメーカーと卸売店の関係が強化されていたため，これにより，メーカー―卸売―小売の系列化が進展した．「1970年頃までに」「家電の流通系列チャネルは，大量生産を可能にする安定的・継続的な製品供給システムとしての機能を効率的に果たせるようになった」のである（新飯田・三島［1991］）．

以上のような流通の系列化はメーカー及び卸売・小売側に以下のようなメリットをもたらした．

メーカー側については，既に述べたように大量生産された製品を安定的かつ継続的に販売するためのルートを確保するという意味がある．これに加え，第1に，近代的なマーケティング技術を持たない卸売・小売に販売を任せるリスクを回避する意味があった．当時そのような技術を持たず非効率的な経営を行う卸売・小売業者が一般的であり，彼らに製品を完全に任せるより自

身で流通チャネルを形成する方がメリットが大きいと判断された．

　第2にテレビや冷蔵庫などの商品が高額であったことも重要である．当時の卸売業者の年商は低く資金力が乏しかった．そのような業者に高額商品を取り扱わせるのは，取扱量の限界が生じたり，倒産のリスクが高まる可能性があり，大量かつ安定的な販売ルートの構築に支障を来す可能性があった．

　第3にテレビなどの構造が複雑な製品についての品質情報やアフターサービスをメーカーと流通業者が一体となって提供することで，消費者に安心感と信頼を抱かせ，自社製品ブランドの差別的優位性を確保しようとした．特に先述のように各メーカーが同質的な競争を展開し，技術的な格差が縮小している状況では，自社ブランドの確立は競争上重要な意味を持った．

　第4に流通段階での価格競争を排除するためには，流通業者を系列化し同一ブランド同士の競争を避ける必要があった．

　流通業者側にもメリットがあった．第1に，製品情報やアフターサービスに関する情報や協力を得やすくなることである．商品が複雑化し，かつ技術革新などによって新製品が次々と販売されると，流通業者が独自に品質情報やアフターサービスを提供するのが困難になった．そのため，メーカーを特定することで商品の知識やサービス技術の習得を容易化したり，メーカーからの助言を得やすくしようとした．

　第2に高いリベートやその他の優遇措置を受けられることである．

　第3に，小売店の店舗面積の問題である．面積の狭い小売店は置ける商品が限られるため，多様な製品を置こうとすると一社で統一せざるを得ないという側面があった．一方で，流通系列化を進めた家電総合メーカーが多種類の製品を開発していたため，一社の製品を扱うだけで十分利益を確保することが可能であった．なお，このことは販売網の形成のためにメーカーが様々な製品を準備する総合化を進める必要が生じたことを意味した．

　第4に有名メーカーのブランドを掲げることで店のブランド力をあげることができることである．

　以上のように，メーカーが進めた流通の系列化はメーカー・流通業者双方

にメリットをもたらしたが，全く問題がなかったわけではない．

　メーカーは，自身と系列業者の利益を確保するため，メーカーが設定する価格である「現金正価」を提示するとともにその維持を卸売・小売業者に求めたが，これは実質的に独禁法で禁止されている再販価格維持行為として，政府，世間の批判につながった．さらに，メーカー6社による価格協定の存在が明らかになるとその批判はますます強まった．

　一方，メーカーが価格の維持を求めたとしても，リベートなどが手厚くなればなるほど値引きが行われるであろう．特に定価は流通コストが最も高い経路を基準に一律に設定されていたため，それよりコストが低ければ値引きが可能であった．また，技術革新が頻繁に起こる中で，旧技術の製品の在庫を売るため値下げが行われる可能性が常に存在した．実際に，トランジスタテレビの開発が進む中，真空管テレビが大幅に値引きされたことをきっかけに現金正価と実勢価格の差が問題となった．これに海外と国内との差額を含めた「二重価格問題」はカラーテレビの不買運動にまで発展したのである．

　以上のようにメーカーはテレビを含め家電販売の系列化を進めていった．一方で，大量に仕入れた商品を全て系列内で処理することは難しく，一部は非系列ルートへと流れていった．また，メーカーの系列下に入ることを嫌い，独立して小売商へ転身し，のちに量販店化する業者も存在した．百貨店，総合スーパー，生協，農協にこれらの量販店を加えた非正規ルートでの販売はテレビ需要の増加と相まって成長を遂げていった．特に，量販店は徐々にその存在価値を増していき，メーカーも当初は型落ち製品の処理先として，のちに重要な販売先として対応していった．そして，1990年代以降地域の家電小売店に代わってテレビや家電の主要販売先となっていくのである．

(5) テレビの海外展開

　既に見たように，高度成長期を通じて日本国内での市場の拡大に成功した日本のテレビ産業は，海外でもそのシェアを伸ばしていった．以下ではその過程を概観してみよう．

日本のテレビ輸出は国内の普及率がまだ50％に達していない1950年代からタイやスウェーデン向けに行われていた．とはいえ海外で使用されていた110度偏向ブラウン管が開発されていなかったり，テレビの型の主流が違うなどの障害も多かった．また，巨大市場であるアメリカとの貿易については，むしろ同国からの輸入が懸念されていた．

　その対米輸出に先鞭をつけたのはソニーであった．ソニーのテレビ事業への参入は1960年と他のメーカーと比べて遅かった．しかし，当時技術的に困難とされたトランジスタテレビの商品化に成功し，それをアメリカ市場に投入したのである．当時のトランジスタテレビは技術的な限界から高出力を出すことが難しくサイズを小型にせざるを得なかった．家族での鑑賞が中心の日本の需要構造では売上を伸ばすことが難しいと考えたソニーは，当初からアメリカ市場での販売を視野に入れていた．そして，ソニーの思惑は見事にあたり，アメリカで売上を伸ばした．アメリカでは既に白黒テレビが普及しており，2台目需要が高まっていた時期であった．ソニーの小型トランジスタテレビはそのような2台目需要に適合的な商品であった．

　ソニーの成功を受け，日本コロムビア，松下，日立，三洋，東芝，三菱などの他のメーカーもアメリカへの進出を果たした．ただし，ソニーを除く各メーカーの輸出は，当初アメリカのテレビメーカー等へのOEM（相手先ブランド名製造）供給や小売業者へのプライベートレーベル用が中心であった．日本ブランドの知名度が低い段階ではアメリカブランドでの販売はアメリカ市場への進出を果たすための有効な手段だった．

　このように日本のテレビメーカーは1960年代にはアメリカ市場での売上を拡大していった．ただし，まだ技術力やブランド力ではアメリカメーカーを上回ってはおらず，日本の国際競争力が本格的に強くなったとは言えなかった．この当時の輸出の拡大は，2台目需要の増加というアメリカ市場の変化を要因とするものであった．とはいえ，アメリカでの需要に応えるだけの技術力が育っていたことは間違いないし，価格競争力の点では，アメリカをしのいでいた．

カラーテレビの輸出についても当初は日本メーカー自身のブランドによる輸出ではなく，アメリカの卸売・小売商に販売する形で輸出を始めた．この輸出が日本での大量生産，そしてそれに伴うコストの低下に結びついたのは本節第3項で述べた通りである．

その後，日本のメーカーは自社ブランドでの販売を目指した．例えば，東芝は1965年に設立した東芝アメリカによって販売代理店の組織化を中心に少しずつ販売網を形成していった．アメリカでは当初，RCA，ゼニスのアメリカ2大メーカーがお互いに差別化を図ることで市場で安定したシェアを保持していた．日本のメーカーは販売網の拡大と広告宣伝活動を通じて少しずつ自社ブランドによる輸出の拡大を進めていった．

また，日本のメーカーはアメリカメーカーとの競合を避け，アメリカメーカーの主要サイズより小型サイズのテレビを投入していった．アメリカメーカーが日本のテレビと同じ型を投入するとさらに小型に進出するという戦略がとられた．その一方で，トランジスタ化に成功した各メーカーは，それをアメリカ市場にも投入し好評を博した．これらの結果，日本のメーカーのシェアは1968年の11%から71年の19%へと上昇した（平本［1994］）．

(6) 1970年代の変化

1970年代前半は国内外ともに市場環境が変化した時期であった．国内市場では，カラーテレビの普及率がほぼ飽和状態となり，需要も買い換えや買い増しが中心となった．さらに，第一次石油危機後の不況により需要が急減した結果，国内の出荷台数が大幅に減少した．

一方，海外市場についても日本のメーカーは苦戦を強いられた．その要因の1つがニクソン・ショックに伴う円高の影響である．また，日本国内のインフレも日本のテレビ価格の上昇とそれによる価格競争力の低下をもたらす要因となった．価格競争力を低下させた日本にとって脅威となったのは台湾からアメリカへの輸出であった．といってもその大半は台湾メーカーではなく，アメリカメーカーによるものであった．この時期のアメリカメーカーは

海外に生産拠点を構築し，そこからアメリカへの輸出を行うことで輸入品に対抗したのである．この結果，アメリカのカラーテレビ市場における日本からの輸入シェアは1971年の16.4%から73年には10.5%へと急落したのである（平本［1994］）．

このような国内外の変化に対して日本メーカーがとった戦略が徹底した合理化であった．第1に製品面でのIC化と製造技術面でのNC（数値）制御による自動機の導入である．前者は部品点数の減少や生産性の向上をもたらした．例えば松下では部品機能の複合化，機構部品の改良と簡素化，両面プリント接続方法の採用などにより，部品点数，直接材料費，工数の大幅な削減に成功した．後者は部品の自動挿入を指す．それまで人の手によって行われていた作業を機械が請け負うことで作業ミスが減少しただけでなく，労働者数の大幅な減少により，労働集約型産業からの脱却を果たしたのである．

第2の合理化は作業方法の改善である．例えば，作業中はコンベアが停まるように設定することで従来のようにコンベアの動きに人が合わせる必要がなくなり，正確な作業による品質の向上が図られた．また，不良低減，コスト削減を目指した工場運動の展開やVA（価値分析），VE（価値工学）などの手法を利用した原材料費低減運動なども進められた．

このように日本が様々な合理化を推進したのに対し，アメリカや西ドイツなどのメーカーはIC化などへの対応が遅れた．その結果，製品革新と相まって日本のカラーテレビの国際競争力は飛躍的に高まった．1970年代中頃から円が相対的に安くなったこともあり，日本の対米輸出は急増した．75年の日本の対米輸出はアメリカの総需要（工場出荷＋輸入）の16.7%まで回復し，さらに76年には31%にまで上昇した（平本［1994］）．

これに対し，アメリカのメーカーはテレビ事業からの撤退，生産拠点の海外移転，合理化を進める一方，法的措置による日本製品の輸入制限を試みた．

このような対応は1970年代に限ったことではなく，63年には日本の白黒テレビの安売りが問題となり，日本側が価格と品質について「輸出秩序の確立」を図ることが業界内で確認されている．また，68年には日本のカラー

テレビの輸出増加に際し，アメリカの業界団体，労働組合からダンピングの疑いありとして告訴され，ダンピング認定を受けている．

1970年代後半の時期も日本のメーカーはダンピングとして告訴された．しかし，アメリカ側も一枚岩ではなく，既に海外生産とそこからの対米輸出を進めていたアメリカメーカーなどは関税の引き上げに対して反対に回った．また，アメリカ政府も当時のGATT交渉に悪影響を与える可能性を考慮し，日本に対し自主規制による解決を求めた．これを受け，日米間で政府交渉が行われ，日本側がカラーテレビ輸出の総量規制を行うことで決着した．70年代にはイギリス，ベネルクス（ベルギー，オランダ，ルクセンブルク）との間にも貿易摩擦が発生し，日本は自主規制を余儀なくされていた．米欧ともに日本の輸出が制限されることになったのである．

これを受け，日本のメーカーのとった戦略が海外現地生産の推進であった．日本のテレビメーカーによる海外生産自体は比較的早く，1960年代からアジア，中南米などで行われていた．これらの海外生産は現地政府の輸入規制に対応した市場の確保を目的としたものであり，その市場規模の小ささからいっても重要性は低かった．

一方，1970年代は貿易摩擦への対応という意味合いが強くなり，対象も先進国となった．先進国での現地生産に積極的だったのがソニーと松下であり，両社は貿易摩擦が深刻化する前からアメリカやヨーロッパでの生産を開始していた．例えば，ソニーは74年にイギリスへ，松下も同年にアメリカ及びイギリスに進出を果たした．また，三洋もアメリカ側からの要請を受け，76年にアメリカに新会社を共同で設立した．一方，三菱，東芝，日立，シャープも貿易摩擦の激化を受け，その対応策として現地生産を進めていった．三菱は77年にカリフォルニアへ，東芝は78年にテネシーへ，日立は79年にカリフォルニアへ，シャープは同年テネシーへそれぞれ進出を果たした．

また，この時期，途上国へは現地市場の確保だけでなく，輸出拠点を確保することを目的とした進出も見られるようになった．

このように，1970年代後半から貿易摩擦を契機にほとんどのメーカーが

先進国での生産を開始した．日本のメーカーが国内で同質的な競争を展開したことは既に述べたが，海外でも同様の競争を繰り広げていったのである．

4. 1970年代の消費と流通

(1) 消費動向と国民意識の変化

　ニクソン・ショックから石油危機へと続く一連の物価上昇の中で国民生活は大きな影響を受けた．図3-7は1970年代における家計最終消費支出の対前年比の推移を表したものである．74，80年が前年の石油危機の影響で落ち込んでいることがわかるほか，72，73年の伸びの高さと74年以降の伸び悩みを読み取ることができよう．すなわち，70年代前半と70年代中盤から後半の間で人々の消費行動が変化したことがうかがえる．

　ニクソン・ショック後の緩和政策と田中内閣による「列島改造」ブームは人々の消費意欲を刺激した．しかし，それに伴うインフレと石油危機後の実質賃金の低下，総需要抑制政策の結果，消費意欲が減退するとともに人々の消費行動も変化した．すなわち，所得の先行きに慎重な見方が広がり，節約志向が高まったのである．現在の消費より，教育，老後生活，住宅といった「将来財」への志向が高まり，貯蓄意識が高まった．1976年以降，実質消費が増加する傾向を見せるものの，80年には第二次石油危機の影響もあり再び落ち込んでいる．

　この一連の動きから，家計の消費がそれ以前と比較して景気の動向や将来に対する心理的な影響を受けやすくなっていることが推察できる．その要因を人々の消費支出構成比の変化から見てとることができる．高度成長期を経て人々が豊かになるにつれ，生活必需品などの日常的必需品支出の割合が低下し，耐久財消費などの選択的な消費支出の割合が上昇した．生きるために必要である前者が消費者の所得や将来の見通しの影響を比較的受けないのに対し，後者はそれらの影響を受けやすい．このため，景気や所得の状況，人々の心理が消費支出の増減を大きく左右するようになったのである．

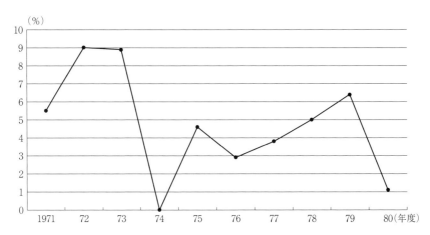

出典:総務省統計局「日本の長期統計系列」(www.stat.go.jp/data/chouki/03.htm) より作成.
注:1990年基準.

図3-7　実質最終消費支出の変化

　ところで,節約志向の高まりや選択的な消費の増加は別の示唆を与える.すなわち,そのような消費行動は消費の個性化・多様化につながると推測できるということである.これは,高度成長期のようにまわりに影響を受け,あるいは与えながらのある種画一的な消費から,限られた予算の中で自身の生活や趣味嗜好にあった消費へのシフトが徐々に進展したことを意味する.既に述べたように,高度成長期に「三種の神器」あるいは「3C」に分類される多くの中間層が買い求めた製品の普及率が100%に近くなれば,なおさらこのような傾向は強まると考えられる.

　このような消費の変化は,流通構造に変化をもたらした.そして,その消費の変化にうまくマッチしてシェアを伸ばしていったのがコンビニエンスストア(コンビニ)であった.以下では流通業界の変化について特にコンビニ業界に着目しながら概観していきたい.

(2) 流通の変化

前章で見たように,高度成長期に大量消費という消費行動に適合した総合スーパーが台頭した.1970年代に入ってもその勢いは持続し,72年には総合,衣料,食品を合計したスーパーの販売額シェアが百貨店のそれを上回った(石原・矢作 [2004]).

しかし,1970年代後半になるとスーパーの発展にも陰りが見えてくる.総合スーパー大手5社(ダイエー,イトーヨーカ堂,ジャスコ,マイカル,西武)の年平均成長率は60年代末から73年の約40%から73年以降10年間の約13%へと急減した.さらに,80年代前半になると売上高の年成長率は4%台にまで落ち込むこととなる(須永 [2005]).

このような総合スーパーの伸び悩みが生じた理由として,まず,スーパー,百貨店同士の競争の激化があげられる.1977年度の時点で全国の百貨店,総合スーパー,食品スーパー1,118店舗のうち,およそ40%が3店舗以上の店舗と競合関係にあった(石原・矢作 [2004]).

もちろん,高度成長期のように消費が拡大している場合は競合によるマイナスの効果は小さくなったであろう.しかし,石油危機以降,消費者が節約志向的な消費行動をとるようになったことで,限られたパイを奪い合う競争構造へと変化していた.

さらに,消費者の消費が個性化・多様化していく中で総合スーパーは必ずしもその変化に対応できなかった.総合スーパーは,大型化していく中で品揃えを充実させる一方,消費者の購買意欲を刺激する商品をそろえることができなかったのである.

スーパーに対する規制が強化された点も重要である.中小小売商保護の目的から1956年に百貨店を規制する百貨店法(第二次,戦前の37年に成立した第一次百貨店法は,47年の独禁法の成立に伴い廃止された)が制定され,店舗面積1,500m²(6大都市では3,000m²)以上の物品販売業に対し,新・増設の許可制,営業日数・営業時間の規制などが課せられた.百貨店が同法によって規制されていた一方で,スーパーはこの規制の対象外となっていた.

同法の面積適用基準が建物ではなく企業であったため，総合スーパーは，同一建物のフロアごとに系列の別法人が基準以下の面積で経営するという方式をとることで規制から逃れていた（峰尾［2008］）．これに対し，スーパーに経営を圧迫されている中小小売業者だけでなく，不公平感を感じていた百貨店からも新たな規制を求める声が生じた．

そのため，政府は百貨店法を廃止して 1973 年に大規模小売店舗法（大店法）を制定した．同法の特徴は規制の対象を企業から建物へと変更した点である．これにより，一定面積以上の建物に入居している店舗全てが同法の対象となり，総合スーパーも規制の対象となったのである．

さらに，出店が許可制から届出制に変更された．これは一見規制が緩和されたように感じるが，実態は異なった．許可制から届出制へと変更されたものの，新たな店舗建設には開店日や店舗面積等を記した店舗概要の提出が必要であった．そして，それを受けた通産相は，事前審査を行い，出店地域の中小小売業者に影響が出ると判断した場合，開店日の繰り下げや店舗面積の削減，閉店時刻繰り上げ，休業日の増加を勧告することが可能であった．しかも，事前審査の部分が拡大解釈され，届け出前の審査が行われ，各地の地元との調整なしでは届出が受理されなかった．さらに，審査において，通産相の諮問機関である大規模小売店舗審議会が各地の商議所（商工会議所・商工会）に諮る形をとっていたが，その商議所内に設置された商業活動調整協議会のメンバー構成に公平性を欠いたり，法的根拠を欠く利害調整が事前に行われるケースがあった（石原・矢作［2004］）．

加えて，大店法による規制はその後強化された．1978 年の大店法の改正により，従来の 1,500m² 以上の店舗が第一種大規模小売店舗として規定されるとともに，新たに 500m² 以上の店舗が第二種大規模小売店舗とされ都道府県知事に調整権限が与えられたことで，規制の対象が拡大したのである．さらに商業活動調整協議会が法的に位置づけられた．また，82 年の通達にて，出店数が相当水準に達している地域や人口 3 万人未満の市町村への出店自粛が求められた．これら中央政府の規制に加え，各地方自治体でも中小小

売店を保護する規制が設けられた．

　これらの総合スーパーへの逆風に対し，企業がとった戦略がコンビニエンスストア（コンビニ）業界への進出であった．コンビニ事業は1970年代に出店が本格化し，80年代にかけて急成長を遂げ，日本の小売業界の主役の1つとなった．以下では，若干次章と時期がかぶるが，コンビニ事業界の興隆について簡単に触れてみよう．

(3) コンビニの誕生

　日本最初のコンビニは食品卸売業者の丸商が主宰したサンマートであるといわれている．その後，卸売業者によるコンビニの出店が相次いだ．

　また，コンビニのフランチャイズ・チェーン業態は卸売業者によって取り組みが始まったと指摘されている．フランチャイズ・システムとは本部（フランチャイザー）が加盟店（フランチャイジー）に商標の使用，店舗運営のノウハウ，機材などを提供する一方，加盟店が本部に対し売上や粗利益に対する一定のロイヤリティを支払うシステムである（山内 [2014]）．現在大手コンビニ店舗の多くはこの形式によるものであり，例えばセブン-イレブンの2015年2月末時点のフランチャイズ比率は97.3%，ローソンの15年8月末時点でのフランチャイズ比率は98.4%である（株式会社セブン&アイHLDGS. [2015]，株式会社ローソン [2016]）．

　酒類問屋丸ヨ西尾商店によるセイコーマートはアメリカのコンビニシステムを取り入れてフランチャイズチェーン方式で店舗を拡大し，創業から8年後の1979年には160店舗にまでフランチャイズチェーンを拡大していった（山内 [2014]．なお，現在のセイコーマートは戦略を転換しており，その約7割が直営店である，後藤 [2014]）．

　卸売業者が先駆的にコンビニに着目したのは，スーパーの発展に対する危機感からであった．特に中小の卸売業者は取引先である小売業者の廃業が自身の経営に大きく影響するだけに，自身と取引先双方が生き残る方法として店舗のコンビニ化を図っていったのである．

(4) セブン-イレブンの事例

このように，卸売業者によってその端緒が開かれたコンビニ事業であったが，それが飛躍したのは大手総合スーパーによる同業界への参入によってであろう．1973年のイトーヨーカ堂によるヨークセブン（78年よりセブン-イレブン・ジャパンに社名変更）設立，75年のダイエーによるダイエーローソンの設立，78年の西友ストアによるファミリーマートの本格的な事業開始（西友による実験店の設立は73年），80年のユニーによるサークルK1号店設立，80年のジャスコ（現イオン）によるミニストップ設立と，70年代から80年代前半にかけて，大手総合スーパーによる現在の代表的なコンビニの設立が相次いだ．その背景には先に見たスーパーへの規制の強化を含む環境の変化がある．大手総合スーパーはその変化に対応する形で，コンビニ事業への参入を果たしたのである．

これらの結果，コンビニの店舗数は1970年代後半から急激に増加していった（図3-8）．

それでは，大手総合スーパーは具体的にどのような形でコンビニ事業へと参入したのであろうか．以下では，その代表的な事例としてセブン-イレブンを取り上げ，その設立と発展過程について簡単に触れてみたい．

イトーヨーカ堂がコンビニ事業に進出した背景には同社が小規模小売店との共存共栄を望んでいた事情がある．セブン-イレブン創業の立役者の1人である鈴木敏文は大型店と中小小売店の役割は異なるため両者の共存共栄は可能であり，当時の中小小売店が苦戦している理由は大型店の進出ではなく，中小小売店の生産性の低さにあると考えていた（松島・中村尚史［2011］）．小規模店の生産性向上を考える中，鈴木はアメリカでセブン-イレブンの店舗を見かける．当初は特に興味を抱かなかった鈴木だが，アメリカの流通業の資料を見た際にセブン-イレブンの店舗が約4,000店あると知り，そのノウハウを取り入れるべくアメリカでセブン-イレブンを経営していたサウスランド社との契約を結んだのである．鈴木がサウスランド社との契約を結んだのは，日本ではまだ何百という小売店を統括するシステムが確立されてい

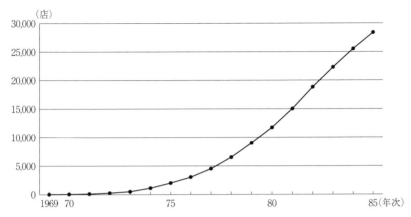

出典：川辺信雄『セブン-イレブンの経営史——日米企業・経営力の逆転』有斐閣，1994年，126頁より作成（元データは『食品商業』1991年6月号）．

図 3-8　コンビニエンスストア店舗数の推移

ない一方で，当時の状況からなるべく早急にそのシステムを確立する必要があり，既にシステムが導入されているアメリカのノウハウを導入しようと考えたためである．

しかし，コンサルタントや流通の専門家だけでなく，社内からもコンビニ事業への進出に対する風当たりは強かった．アメリカでは最初のコンビニが設立されて40年経ったのちにようやく急成長を遂げており，日本ではまだ成長する段階に達していないと判断されたこと，アメリカでは小規模小売業者が大幅に減少した穴を埋める形でコンビニが発展したのに対し，日本ではまだ小規模小売業者が多数残存していることなどがその理由であった．

しかし，結局イトーヨーカ堂はサウスランド社との契約締結を目指した．交渉はロイヤリティや事業形態などを巡って難航したが，最終的にイトーヨーカ堂の望む形で締結にこぎつけた．イトーヨーカ堂は，コンビニ事業を行うための組織として，1973年に資本金1億円でヨークセブンを設立し準備を進めた．第1号店は，74年に東京都江東区豊洲において，フランチャイズ形式でオープンした．以後，セブン-イレブンは店舗数を順調に伸ばして

いった．また，純利益も設立当初の 74, 75 年こそ赤字を計上したものの，3 年目の 76 年に黒字を記録した後は黒字を維持し続けた（川辺 [1994]）．

　セブン-イレブンをはじめコンビニが成長した理由の 1 つは，その業態が個性化・多様化・個別化した嗜好や人々の生活スタイルの変化にうまく適合し，また店側が適合させた結果である．

　それに加え，重要なのは，各社がアメリカのシステムにこだわらず，日本の実情に合った独自のシステムを展開した点である．

　まず，1 点目として，主としてフランチャイズ方式での出店を行った点である．フランチャイズ方式と直営方式が混在しているアメリカに対し，既に述べたようにセブン-イレブンではフランチャイズ方式が中心である．セブン-イレブンでは主として酒屋や米屋などと契約を結び既存店舗と人材を活用する形で出店を進めていった．これにより，駅前や商店街の一角に土地代・建物代などの初期投資を抑えながら出店することが可能となった．同時に酒屋などの中小小売店主を巻き込むことで，中小小売店との無用の軋轢を回避する意味を持った．もちろん，設立当初は独自の仕入れルートを持つ酒屋出身店が本部への支払い率の高さに反発するケースも見られたし，集団で離脱するケースも見られた．しかし，大型スーパーの出店による業績悪化や将来への不安に悩む小売店主の多くがコンビニへの転換を決断し，定着していったことは，店舗数の増加からうかがうことができよう．

　なお，セブン-イレブンは出店の際，既存店のある地域に集中的に加盟店を増やす戦略（ドミナント戦略）を採用した．これは，ライバル店の出店の余地をなくすこと，セブン-イレブンの知名度を上げること，商品配送の効率性を高めること，加盟店の相談役となる本部のフィールドカウンセラーの効率性を高めることなどを理由とするものであった．

　出店コストの抑制に加え，地域需要への対応という点でもフランチャイズ方式はうまく機能した．セブン-イレブンでの仕入れについてはある程度各店舗の裁量に任された．加盟店が各地域の需要動向（嗜好，客層，イベントの有無など）に関する情報を把握しつつ，後述する POS システムによる情

報を加味して品揃えを決めることで，各地域ごとの実情に合った商品構成を可能にしたのである．一方で，より広い範囲での消費動向，製品開発動向に長けた本部が5,000程度の推奨品目を提示し，かつなるべく多くの商品の露出を可能にするレイアウトを提供することで品揃えを補完した．

　第2に日本独自の品揃えを展開した点である．サウスランド社の販売構成比のうち25％をガソリンが占めていたのに対し，ガソリンの販売が規制されている日本のコンビニでは食品の占める割合が高かった（須永［2005］，図3-9）．さらに，図3-9で明らかなように，食品の中での構成の推移から加工食品と生鮮食品の割合の低下とファストフードの割合の増加が見て取れる．このファストフードの構成比の高さが日本のコンビニの特徴でもあった．さらに，そのファストフードの商品構成もホットドッグなどアメリカの商品構成をそのまま持ち込むのではなく，おにぎりやお弁当，おでん，肉まんなど日本独特の商品構成を導入した点も重要である．開店から数年後に導入されたそれら日本的なファストフードについては，当初その導入に対しセブン-イレブン社内からも反対が多かった（「肉まんあんまん問題」）．しかし，反対を押し切って導入した結果，コンビニの主力商品へと成長した．これらの商品は売れ筋商品というだけでなく，粗利益が高いという特長も有していた．それゆえ，コンビニ側もその販売に力を入れたのである．

　ファストフードの充実は，個食化の進展など生活スタイルの変化に適合し，コンビニの需要を増やすことにもつながっていった．その一方で，ファストフードのような日持ちのしない商品を取り扱うには物流の変革が必要とされた．廃棄ロスを防ぎつつ，機会損失を生じさせないためには，時間ごとの売上を把握する必要がある．そこで，POSシステムなどによる商品の流れの把握が行われた．また，弁当やおにぎりなどは食事時間の直前など売れる時間に揃えられていなければ意味がない．そのため，1日3回のピーク時に合わせた1日3便体制が整えられた．さらに，1日3便体制への移行にあたり，配送コストの増大による採算割れを防ぎ，新規商品の開発力を強化するため，セブン-イレブンは専用工場の新設をメーカーに要請した．

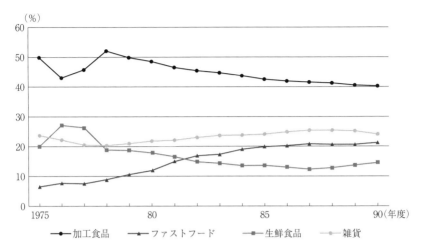

出典：川辺［1994］203 頁より作成.
注：1975, 76 年度は直営店のみ．それ以外は直営店とフランチャイズ店の合計．

図 3-9　セブン-イレブンの商品分野別販売割合

　もちろん，このような物流システムの変革はファストフードへの対応だけを理由とするものではない．個性化・多様化した消費者のニーズに応えるためにはなるべく多くの品目を揃えることが望ましい．その一方で，小規模店舗という制約により陳列，あるいは在庫としてストックできる商品の数は限られている．先に述べたレイアウトの工夫などはその対応策の1つである．とはいえ，上記の制約は完全には解消されなかった．そのため，売れない商品をできるだけ早く売れる商品へと入れ替える必要があった．そこで，部門ごとではなく商品ごとに管理する単品管理が必要となる．しかし，売り手側からすると単品管理によって生じる多品種小ロットの販売は効率が悪い．一方で，効率を高めようと納入頻度を減らすと加盟店での品揃えが悪くなる．この問題に対処するため，商品配送の集約化・共同化を進めるとともに，商品の販売状況を把握する情報システムを確立した上で，それらを基にした発注，納入の計画化が行われたのである．

　商品配送の集約化とは，従来商品ごとに異なる問屋がそれぞれ商品を納入

していた状況を改め，1つの問屋が複数の商品を集めて地域ごとに担当している各店舗へ配送する方法へと変更したことを指す．これにより配送車両台数の削減などの合理化を進めていった．

さらに，先述したように総菜などの鮮度と納入のタイミングが重要な商品については配送の共同化が進められた．各グループ商品ごとにメーカーや問屋によって運営される共同配送センターが設置された．

また，商品の販売状況を把握するため，POSシステムの採用など，情報処理・加工・伝達システムが構築された．その上で発注・納入計画が立てられたが，発注の段階でも改革が進められた．非効率な発注は納入ミスや納入時期の遅れを招き，商品在庫の増加や売れ残りなどの問題を引き起こすためである．当初，セブン-イレブンの発注は電話注文方式や商品名の記されたオーダーブックを切り離してオーダーシートとして発注するスリップ・オーダー方式が採用された．しかし，店舗の増加とそれによる注文・納入商品の種類や数の増加に伴い，発注ミスや売れる時期と納入のタイムラグの問題が深刻化した．そのため，セブン-イレブンは「ターミナルセブン」と名付けられた端末機を使用した発注システムを導入した．これは端末機によってバーコードをスキャンし，発注データをホストコンピューターへ送るシステムである．これにより，発注・受注業務双方の大幅な改善が実現した．これらを皮切りに，その後もセブン-イレブンはコンピューターを利用しながら新たな流通システムを作り上げていったのである．

コンビニの作り上げたシステムは，スーパーが作り上げた，大量消費・大量販売を基本とするシステムとは異なる新たな革新性を持ったシステムであった．これに加え，24時間営業，コピー機の設置や公共料金の支払い，宅配便の受付，チケット発券など時代のニーズに合ったサービスの提供は顧客の増加につながった．コンビニはこれらのシステムにより，消費行動の変化に対応することで業績を拡大していったのである．

第4章
安定からバブルへ

はじめに：安定成長からバブルへ

　1980年代に生まれていない読者でも「バブル景気」という言葉を知らない者はほとんどいないであろう．これはバブル景気が日本経済に与えた影響が，実態としてだけでなく，印象としても強く人々の心に残っている証拠であろう．まさしく，「記録にも記憶にも残る」出来事だったのである．

　一方でバブル景気を伴った「平成景気」は高度成長期のいざなぎ景気以来の好景気ともいわれた．そして，それ以降，人々がそれを強く実感する好景気というものはないように思われる（2000年代初頭から始まった好景気はその長さにおいて当時戦後最長であったが，その一方で好景気を実感した人が少ない「実感なき景気回復（好景気）」でもあった）．さらに言えば，この景気は昭和天皇の崩御とほぼ同時期に終了した．昭和という激動の時代の終了という出来事とリンクして，高度成長期より後の時代の，最後の輝きとして人々の記憶に残っているのであろう．

　一方，それに比して，本章で最初に取り上げる1980年代前半は，石油危機とバブル景気に挟まれ語られることの少ない時代である．しかし，この時代は日本の輸出が拡大し，国際競争力の強さが明確になった時代であった．

　それでは，以上のような1980年代とはどういう時代だったのか，以下で見てみよう．

1. 1980年代の政治状況

(1) 「増税なき財政再建」

　選挙中に死去した大平正芳の後を継いで首相となったのは鈴木善幸であった．様々な政治力学が働く中，調整役として知られる鈴木が「和の政治」を掲げ推進したのが行政改革と財政再建だった．1981年3月第二次臨時行政調査会（第二臨調）を設立し，その会長に土光敏光をすえた．しかし，鈴木はあっさりと82年10月に総裁選不出馬を表明し退陣した．

　鈴木の後を継いだのが中曽根康弘である．中曽根内閣の特徴の1つが親米外交を展開したことである．前任の鈴木が日米首脳会談後の記者会見で日米安保条約は同盟関係ではないという発言をして外相の辞任に発展したのに対し，中曽根は就任当初に訪米し，ロナルド・レーガン大統領と親密な関係を結んだ．アメリカとの積極的な軍事協力を示す行動はその一環であろう．武器輸出三原則がアメリカには適用されないとの原則を示した上での対米軍事技術供与の閣議決定，日本がソ連の戦闘機の侵入を防ぐとした「不沈空母発言」，米ソ中距離核戦力削減交渉に関するアメリカの方針に対するウィリアムズバーグ・サミットでの積極的な支持と，それを声明に盛り込むことへの積極的な役割，防衛費のGNP比1%枠撤廃問題，日米シーレーン防衛の推進などがそれにあたるものである．

　一方，アメリカとの経済関係については，1980年代に入って日本の輸出がさらに急増したことから経済摩擦が深刻化していた．この問題について日米両国は品目ごとに個別交渉を進めていたが交渉は難航し，摩擦は容易に解消されなかった．その解決の手段としては，為替政策に加え，日本の経済構造を輸入志向型にしながら内需の拡大等を促進するという方法が提示された．

　国内については，鈴木の政策を継承し，財政赤字の解消と自由主義的な思想を背景にした規制緩和を目的として，行政改革を推し進めた点が重要である．そもそも中曽根は鈴木内閣時代に行政管理庁長官としてこの問題を担当

しており，いわば前政権から彼自身に課せられた宿題であった．1983年に第二臨調の最終答申が出たことを受け，臨時行政改革推進審議会設置法が成立するとともに，土光らを委員とする同審議会が設置された．行政改革の柱は①中央省庁の組織再編，②3公社の民営化，③増税なき財政再建の3つであった（竹中［2003a］）．

①については総理府の一部と行政管理庁を統合した総務庁が設置され，また各省庁の局の設置については法改正の必要がなくなり政令の改正で可能となった．

②については日本電信電話公社（電電公社），日本専売公社，日本国有鉄道（国鉄）の民営化が実現し，それぞれ日本電信電話株式会社（NTT），日本たばこ産業株式会社（JT），JRとなった．

このうち，電電公社については，情報通信分野における技術革新の進展が背景にあった．すなわち，コンピューターの普及によるデータ通信の媒体としての電話ネットワークの重要性が増す中，通信回線利用の自由化を求める声が産業界で高まり，電電公社の民営化と電気通信産業への競争原理の導入が進められたのである．また，国鉄に関しては，かねてから自動車輸送の進展による需要の減少，設備投資・料金の決定に国会の承認が必要なことから生じる族議員の影響力の強さや利権，企業意識の欠如による赤字下での設備投資の増加，不安定な労使関係を原因とする労働規律の低下などが問題視されていた．

この他，特殊会社の日本航空（JAL）もこの時期完全民営化された．JALが1970年代後半から急成長したこともあり，競争制限による保護の必要性が低下していた．このため，民営化と競争促進による効率改善を目指してJALの経営自主権獲得と他企業の国際線への参入規制が緩和された．

③については，1982年度に予算を前年と同水準にするゼロシーリングが，83年度にマイナスシーリングが導入された．また，87年度まで当初予算については緊縮的な方針が維持され，一般歳出の伸びが抑制された．

その後，中曽根内閣は売上税の導入を図った．しかし，中曽根自身による，

大型間接税は導入しないとの選挙中の発言や，自民党内及びその支持者からの反発，国会提出後の野党による牛歩戦術などにより，売上税の導入は断念せざるを得なくなった．また，同法案の国会提出後は一時期内閣支持率が26.1%に落ち込み，一方不支持率は60.8%にまで達した（北岡［1995a］）．

しかし，その後支持率は回復し，結局中曽根は自民党総裁の任期が切れるまで首相を継続し，2022年時点においても自民党の首相としては安倍晋三，佐藤栄作，小泉純一郎に次ぐ長さの長期政権となった．

(2) 竹下内閣と昭和の終わり

中曽根の後を継いだのは竹下登であった．竹下は最大派閥である田中派からの選出であり，党内の確固たる支持基盤と衆参両院における過半数を得た本格政権であった．それゆえ当時の日本が抱えていた様々な課題の解決を図り，またそれを期待された政権であった．

竹下内閣が取り組んだ課題としてまず消費税の導入があげられる．大平内閣が一般消費税の導入を訴え総選挙で敗北した際，野党が一般消費税の導入を封じる国会決議を行う動きが生じた．これに対し，当時蔵相であった竹下が働きかけ，一般消費税そのものを封じる決議ではなく，財政再建を主題とした決議案が採択されるに至った．このように，竹下の消費税導入に対する思い入れは強かった．首相に就任後，竹下は税制改革の実現に向けた動きを本格化させ，1988年6月，税率3%の消費税を89年4月から導入することをうたう「税制抜本改革大綱」の党議決定を実現した．88年7月に招集された臨時国会にて「税制改革関連法案」は提出され，途中審議が難航するも衆参両院で同法案は通過し，消費税の導入が決定した．

また，日米経済摩擦解消に向けた動きも進展した．1980年代中頃からの懸案事項であった建設市場の解放問題と農畜産物の輸入自由化問題がともに竹下内閣で決着がつけられた．例えば，牛肉・オレンジの自由化問題では，一時交渉が決裂し，GATTでの解決が図られる予定であったが，日米間で決着を図った方が有利という竹下の判断により，2国間での決着に成功した．

竹下内閣では昭和天皇の崩御に伴う新元号の制定，大喪の礼の実行も大きな課題となった．既に中曽根内閣時代から昭和天皇の健康は不安視され，水面下で不測の事態に備えた準備が進められていた．1989年1月7日に昭和天皇が崩御され，激動の昭和が幕を閉じた．竹下内閣は新元号の「平成」を発表するとともに，首相が大喪の礼実行委員長となりその実行を担った．

さらに，紛争解決，平和維持に関する国際協力も推進し，のちのPKO活動にもつながる，国連アフガニスタン・パキスタン仲介ミッションと国連イラン・イラク軍事監視団への文官の派遣を実現した．

このように，一定の成果をあげた竹下内閣であったが，政界を広く巻き込んだ汚職事件であるリクルート事件により苦境に立たされた．そして，自身にその疑惑が及ぶに至り，内閣は総辞職した．

(3) 55年体制の終焉

竹下の後を継いだ宇野宗佑は，リクルート事件，消費税導入，農産物の自由化などに対する反発も引き継ぐこととなった．これに，自身の女性スキャンダルが報道されたことが重なり内閣支持率はいきなり20％台からスタートすることとなった（竹中［2003c］）．その支持率が回復することなく，参議院議員選挙で自民党が大敗した責任をとり宇野は退陣した．

宇野の後を継いだ海部俊樹は清潔なイメージから高い支持率を維持した．また，日本の非関税障壁が問題視され始まった日米構造協議についても一応の決着をつけることに成功した．その一方で，バブルの崩壊，湾岸戦争といった問題に直面し，特に後者については莫大な資金を提供しながらも日本の貢献は世界でほとんど評価されなかった（ただし，戦争終結後に一部の反対を押し切って実行した掃海艇の派遣については高評価を受けた）．そして，当時課題となっていた政治改革を実現できず，政治改革法案が廃案になると海部は総裁選の不出馬を表明し退陣した．

続いて総理になったのは最大派閥である竹下派の支持を取り付けた宮澤喜一であった．宮澤内閣では海部内閣からの懸案事項であった国連平和維持活

動(PKO)と政治改革の実現が焦点となっており,宮澤自身も所信表明演説でその実現を約束した.このうち,PKO法案については実現を果たし,日本の国際貢献の大きな転換(自衛隊の海外派遣)を可能にした.

その一方,政治改革問題は結果的に宮澤内閣の息の根を止める役割を果たした.金丸信副総裁が佐川急便から5億円を受け取っていた問題で,その対応と竹下派会長を辞任した金丸の後継をめぐって派内で小沢一郎グループと反小沢グループによる対立が生じた.結局,小沢グループは派閥を出て独自の政策集団を形成した.一方,政治とカネの問題を解消する手段として政治改革が叫ばれる中,宮澤もその実現に意欲を示し,公職選挙法,政治資金規正法の改正を実現した.しかし,抜本的改革とされた政治改革法案については宮澤自身がテレビでその実現を約束したにもかかわらず,その内容について党内をまとめることができなかった.結局,梶山静六幹事長が当該国会での成立断念を明らかにするとともに,2年後の参議院議員選挙までの延期を示唆した.これに反発した小沢グループは野党が提出した内閣不信任案に賛成の票を投じ,結果内閣不信任案は可決された.これに伴い実施された衆議院議員選挙では小沢グループの離党などもあり,自民党は第一党ながらも過半数をとれず,首相には日本新党の細川護熙が野党の支持を得て指名され,非自民連立政権が誕生した.この結果,自民党が結党した1955年以来初の非自民党政権が誕生したのである.

2. 1980年代の日本経済

(1) 経済成長率の推移

1980年代の実質成長率の推移は図4-1の通りである.80年代の日本経済は高度成長期ほどの高成長を遂げたわけではないが,2つの意味で相対的に安定した成長を見せた.ここで2つの意味というのは,前後の時代との比較という意味と他国との比較という意味である.既に見たように日本は74年に戦後初のマイナス成長を記録した.また,98年は前年の銀行危機(金融

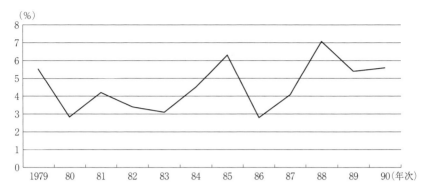

出典：三和良一・原朗編『近代日本経済史要覧』補訂版，東京大学出版会，2010年，32頁より作成．

図 4-1　実質 GDP 成長率の推移

危機），アジア通貨危機，消費税増税が重なりマイナス成長を記録する．このように，70年代，90年代はともにマイナス成長の年があったのに対し，80年代は一度もマイナス成長を記録せず常に成長を続けた10年間であった．さらに言えば，2000年代はリーマン・ショックの影響で，2010年代は消費税増税の影響でそれぞれマイナス成長を記録する．その観点から見れば，1980年代は50年間で最も安定した10年であったといえる．

　また，1980年代の日本経済は国際的に見ても安定した成長を見せた．図4-2は主要先進国（アメリカ，イギリス，西ドイツ，フランス）の成長率を比較したものである（日本の数値が図4-1と異なるのは，参考にした統計データや年度と年の違いによるものである）．ここからわかるように，アメリカ，イギリス，西ドイツはこの時期マイナス成長を記録しており，フランスを含め総じて日本より成長率は低位にとどまった．日本は他の先進国と比較して相対的に安定的かつ高い経済パフォーマンスを見せたのである．この時期に日本経済に対する評価が高まり，その研究が他の先進国で進展したのはこの現れであったといえる．

　さて，再び図4-1にもどり日本経済の変化に目を向けると，1985，86年

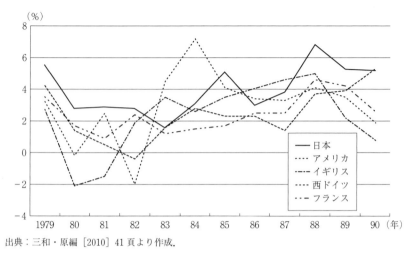

出典：三和・原編［2010］41頁より作成．

図4-2　主要先進国の実質GDP成長率の推移

を境として，80年代の前半と後半で成長率の傾向に多少の変化が見られる．すなわち，86年に一度落ち込んだのちの87～90年の時期は前半の80～84年の時期と比較して高い成長率を記録しているのである．さらに，第2項で述べるように，80年代は前半と後半でその成長要因が大きく変化した．そこで，以下では80年代を前半と後半にわけて，それぞれの時期について検討してみよう．

(2)　1980年代前半の成長要因

まず最初に，この時期の経済成長率の変化とその要因について概観してみよう．

1980年代の日本経済は停滞局面からスタートした．79年の第二次石油危機に対応するため，79年の初めから公定歩合が5回にわたって引き上げられ，80年3月には9％に達した（土志田［2001］）．この結果，第一次石油危機のようなホームメイドインフレの発生を抑えることができた反面，日本経済は80年春頃から調整局面へと入った．また，外需も81年度上半期に一

度回復したものの，夏以降にアメリカ経済が停滞したことやヨーロッパ経済の回復の遅れ，途上国の購買力低下などの影響もあり83年まで伸び悩んだ．

国内の需要に目を向けると，民間最終消費は1981,82年ともに堅調でありこれが景気を下支えする役割を果たした．一方，80年代に入り増税なき財政再建がうたわれ，80年度から概算要求のシーリングが厳格に運用されるようになったため，景気対策として公共工事の前倒し発注を行った81年度を除き，政府需要は伸び悩んだ．

日本経済が回復に向かったのは1983年に入ってからである．在庫調整の終了，原油価格の低下によってもたらされた実質所得の上昇，物価の安定が民間需要に好影響を及ぼしたことなどが回復要因としてあげられている．

しかし，なんといっても大きかったのはアメリカ経済の回復による輸出の拡大であった．この時期の需要項目別寄与度の推移を見ると，民間最終消費と並んで輸出の値が高いことがわかる（表4-1）．前章で70年代後半の日本経済が輸出主導型であったことを指摘したが，その傾向は80年代前半でも変化はなく，むしろ強まったといえる．

この輸出を牽引したのが機械工業であった．輸出額に占める機械製品の比率は1980年の62.7%から85年には71.8%にまで上昇した（橋本・長谷川・宮島・齊藤［2011］）．

(3) 機械輸出の増加要因

この時期に機械輸出が伸びた理由としてマクロ的な要因が3点，ミクロ的な要因が2点指摘されている（橋本・長谷川・宮島・齊藤［2011］）．

3つのマクロ的な要因とは，①ドル高・円安の為替レート，②日本とアメリカの成長率格差，③輸出入の所得弾力性格差である．①のドル高は当時のアメリカの金利政策が影響している．第二次石油危機によって発生したインフレを抑制するため，アメリカ政府は高金利政策を採用した．これを受け，先進各国の余剰資金がアメリカに流入したため，ドル高・円安が生じた．対米ドル円相場は変動為替制へ移行して以降は円高基調であったが，この時期

表 4-1 経済成長の要因分析（需要サイド）

（単位：%）

年度	1980	1981	1982	1983	1984	1985	1986	1987	1988	1989	1990
国内総支出	2.7	3.0	3.3	2.4	4.0	4.6	2.9	4.4	6.2	4.9	5.1
国内需要	0.7	2.0	2.8	1.6	3.1	3.7	3.7	4.9	7.2	5.5	5.1
民間最終消費支出	0.6	0.9	2.6	2.0	1.6	2.0	2.0	2.5	3.1	2.8	2.6
民間企業設備＋民間住宅＋民間在庫	0.3	0.4	0.1	−0.5	1.4	2.2	0.9	1.9	3.6	2.5	2.1
政府最終消費支出	0.3	0.5	0.3	0.3	0.2	0.0	0.5	0.2	0.2	0.2	0.1
公的固定資本形成＋公的在庫品増加	−0.6	0.3	−0.2	−0.2	−0.1	−0.5	0.3	0.3	0.3	0.0	0.4
財貨・サービスの純輸出	2.1	1.2	0.3	0.7	0.8	0.7	−0.8	−0.7	−1.0	−0.7	0.0
財貨・サービスの輸出	1.4	1.2	0.1	0.5	1.5	0.6	−0.7	−0.1	0.6	0.9	0.7
財貨・サービスの輸入	−0.7	0.0	−0.2	−0.2	0.8	−0.1	0.1	0.7	1.6	1.6	0.8

出典：橋本寿朗・長谷川信・宮島英昭・齊藤直『現代日本経済』第3版，有斐閣，2011年，210，211頁（原資料は経済企画庁編『国民経済計算年報』）．

に大きく転換したのである．

　②の成長率格差は両国の政策が影響している．アメリカ経済は在庫調整が終了したこと，連邦準備委員会の金融引き締め政策の効果によって物価の沈静化が家計の可処分所得を増加させたことなどを要因として，1983年から回復に向かった．さらに，レーガン大統領によるレーガノミクスが景気に好影響を及ぼした．本来のレーガノミクスのねらいは，個人所得減税と設備投資減税を行うことで個人貯蓄とそれを利用した企業の設備投資増加を図り，国際競争力の強化と企業業績の回復による経常収支赤字と財政赤字（「双子の赤字」）の解消を目指すことにあった．しかし，個人所得減税は貯蓄ではなく消費を誘発し，結果的にこの政策は景気刺激策として機能することとなった．そのため，「双子の赤字」はより深刻化する一方，金融引き締めからの転換とあいまってアメリカの成長を支える役割を果たした．一方，日本は先述のように80年代前半に景気が伸び悩んでいたため，国内で売れない分，アメリカへの輸出で補おうとする戦略を企業が採用した．

　さらに，③高いアメリカの輸入所得弾性値は，好景気による輸入の拡大をもたらした．

　次に2つのミクロ的要因とは①日米の価格競争力の差，②アメリカ産業の

表 4-2　日本・アメリカの価格競争力比較
(1979～84 年の年平均変化率)

(単位：％)

		製造業	一般機械	電気機械	輸送機械	精密機械
アメリカ	要素価格上昇率	5.67	6.07	5.49	7.52	5.64
	全要素生産性上昇率	1.60	5.50	1.64	1.04	0.26
	生産コスト上昇率	4.08	0.56	3.84	6.48	5.38
日本	要素価格上昇率	3.72	7.57	10.80	2.24	5.05
	全要素生産性上昇率	3.67	7.08	19.48	1.44	7.88
	生産コスト上昇率	0.05	0.49	−8.68	0.80	−2.83

出典：橋本・長谷川・宮島・齊藤［2011］250 頁（原資料は通商産業省編『通商白書』昭和 62 年版）．
注：生産コスト上昇率＝要素価格上昇率−全要素生産性上昇率．

生産能力である．①については，生産コスト上昇率の差が 1 つの目安となる．生産コストと聞いてまず思い浮かぶのが人件費や利子，地代などの要素価格であろう．1979～84 年における要素価格の上昇率を見ると，製造業全体，輸送機械，精密機械などでは日本がアメリカを下回っているが，一般機械，電気機械では日本がアメリカを上回っており，決定的な差とはいえない（表 4-2）．むしろここでカギとなるのは全要素生産性上昇率である．全要素生産性は労働と資本の量的増加だけでは説明できない部分であり，技術進歩，資本と労働の質的向上，規模の経済性などの結果に左右される．これを見ると，全ての項目において日本がアメリカを上回っており，特に電気機械，精密機械についてはその差は歴然としている．

　日本企業は 70 年代後半より積極的な研究開発投資を進めていった．70 年代後半からこの時期までの研究開発費は前年比 2 桁台の伸びを続けており，また，研究関係従事者の人数も増加傾向にあった（通商産業省［1987］）．これが新たな生産装置，生産システム等の開発・導入の促進につながった．また，同一業種企業が共同して行った外国からの新技術の導入・開発，安定的な雇用慣行とそれを前提とした長期的視点に立った社内訓練，QC（品質管理）活動などもこの全要素生産性を上昇させる要因となった．この時期に日本企業は技術改善などの生産の質的改善により価格競争力を強化してアメリ

カへの輸出を増やしていったのである．

②は，必要とされる設備と実際の投資とのミスマッチが生じたことを指す．この間，アメリカの製造業が設備投資を行わなかったわけではない．1980年代前半のアメリカ製造業の設備投資増加率はむしろ70年代を上回っていた．しかし，設備投資が主として，機械投資の場合は情報処理関連機器へ，建物投資の場合は工場ではなく商業用ビルへ向けられたため，レーガノミクスと景気の回復によって増加した需要を取り込むことができなかったのである．

(4) 貿易摩擦の深刻化

以上の要因によって日本からアメリカへの輸出が急増した．しかし，この輸出の急増は日米間の貿易摩擦を深刻化させた．

戦後の日米間の貿易摩擦自体は1950年代から始まっている．この時期，日本は綿製品や金属洋食器などの労働集約的な産業で輸出が盛んであった．特に，中卒女子の低賃金労働力を利用した女性用ブラウス，いわゆる「1ドルブラウス」はアメリカの量販店に向けて大量に輸出された．しかし，これに対しアメリカの繊維業界が反発し，アメリカ議会で保護法案が成立する可能性が生じたため，日本側が自主規制という形をとった．繊維については，ニクソン大統領が選挙公約に繊維製品の輸入制限を掲げたこともあり，60年代末からその実施をめぐって日米の間で協議が続いた．日本側は通産省，繊維業界ともに反対の意向を示したが，佐藤栄作首相の意向もあり日本側が自主規制を行うことで決着した．

同じく1960年代末から90年代にかけて，鉄鋼，カラーテレビ（第3章第3節参照），自動車（本章第3節参照），自動車部品，半導体，工作機械など様々な品目を対象に日米間で摩擦が生じた．

このように貿易摩擦は1950年代から90年代まで長期間かつ多様な品目で生じたが，その内容，性格は時代によって微妙に変化していった．

摩擦が深刻化した1970年代以降の動きを見ると，当初は，日本の対米輸出

増加→アメリカ業者によるアメリカ関係機関への提訴→ダンピング調査→ダンピング判定→関税引き上げ→日本側の自主規制→和解というパターンが多く見られた．その後 70 年代中頃になると，品目別に日米間で輸入規制交渉が行われた後に日本側が自主的に輸出規制を実施するというパターンが増加した．また，アメリカだけでなく，ヨーロッパ（EC 諸国）との貿易摩擦も深刻化した．アメリカと日本との交渉を見て，同様に輸入規制を行ったり自主規制を要求する国が現れたのである．

　この後，日本の輸出の多さだけでなく，日本の輸入の少なさも問題になった．すなわち，貿易不均衡が進展する中で，1970 年代後半から，アメリカの要求は日本の輸入拡大とそのための市場開放という，より構造的な要求へと変化したのである．例えばカーター政権は，76 年より，日本政府に対して，①貿易政策（輸入市場の開放），②為替政策（より一層の円高），③財政政策（国内経済の刺激）の 3 分野における政策変更を求めた．続くレーガン政権においても，アメリカ政府は日本への市場開放圧力を強めていった．対外的に自由貿易主義志向を鮮明にしていたレーガン政権が，輸出自主規制の志向を残しつつも，貿易相手国に市場開放・輸入促進を求める姿勢を強化したためである．

　また，この時期，EC も日本に対して，市場開放圧力を強めた．EC による対日圧力増強の背景には，アメリカと同様，経済成長の停滞と対日貿易収支の悪化があった．

　1980 年代に入ってもこの問題は継続した．1985 年 1 月の日米首脳会談でも日本の輸入の少なさは問題となり，2 国間の経常収支不均衡の是正策として輸出規制より輸入拡大の方が重要であるという合意がなされた．

　1980 年代末から 90 年代前半にかけて，貿易摩擦はさらに新たな局面を迎えた．引き続きアメリカの対日輸出の拡大が議論されただけでなく，相手国の経済政策，規制，取引慣行といったいわゆる「非関税障壁」に対して要求を出し合う傾向が強まり，またアメリカ側から数値目標の設定が要求されたのである．この観点から日米構造協議が実施され，アメリカは，日本の流通

や日本的取引慣行などに言及しそれらの改善・除去を要求した．さらに，アメリカは93年には日本の農産物の輸入制限を問題視するとともに，日米包括協議において，製造業だけでなく，建設・金融・流通・通信といった分野について，企業間の長期取引が日本への直接投資を妨げているとして批判を行った．ただし，90年代半ば以降は批判の対象が中国にシフトしたこともあり，貿易に関しては日米摩擦は鎮静化している．

(5) 赤字国債と財政改革

さて，1980年代前半に輸出が日本経済を牽引した一方，公共投資や設備投資は低迷した．公共投資が減少した要因として，80年より政府が増税なき財政再建を掲げ財政支出の抑制を図ったことがあげられる．本章第1節で述べたように，鈴木内閣と続く中曽根内閣は増税なき財政再建を目標に歳出削減を図った．

その背景には赤字国債の発行の常態化と国債残高の累積がある．赤字国債は歳入不足を補うための国債であり，財政法でその発行が禁止されている．このため，特例法を制定して毎年その発行を行っている．それゆえ，特例国債という表現を用いることもある．

赤字国債の問題は様々であるが，代表的なものとして以下の3点を指摘できる（橋本・長谷川・宮島・齊藤 [2011]）．第1に民間資金需要をクラウディングアウトするという点がある．これは国債発行により金利が上昇し，一部の民間企業の資金調達が困難となる状況を指す．問題の第2点目は将来世代の負担の妥当性である．国債の発行によって賄われるものがインフラ整備や建築物の建設など，将来世代がその利益を享受できるものであれば，彼らがその一部を負担することには妥当性がある．しかし，財政赤字の補填である赤字国債は利益を享受する世代と償還を担う世代が異なる．建設国債が法律で認められている一方，赤字国債が法律で禁止されている1つのゆえんである．問題の第3点目は財政の硬直化である．国債残高が累積すると国債の償還費や利子などの国債費が歳出の中で一定の割合を占めるようになる．国

債費の支払いは歳出の中でも最優先せざるを得ない費目であるため，これが増えれば増えるほど柔軟な予算編成が難しくなる．

戦後の日本で初めて赤字国債が発行されたのは1965年度である．第2章で述べたように，高度成長期きっての深刻な不況である1965年不況の対処策として，日本政府は補正予算を組み，その過程で戦後の均衡財政主義をひるがえして赤字国債の発行に踏み切った．しかし，その後は赤字国債の発行は控えられていた．

日本政府が再び赤字国債の発行に踏み切ったのは1975年である．この年は，戦後初のマイナス不況に陥った74年の翌年にあたり，不況の影響で税収減が予想される一方，景気対策として大型予算を組むため，税収の不足分を補う必要があった．以後，日本の赤字国債発行は常態化し，その残高も年々増加していった（表4-3，図4-3）．70年代後半になっても，税収不足が続いたこと，福田首相の「機関車国論」に基づく内需の拡大が先進各国から求められたこと，社会保障関係費が増加したことなどが要因となって予算は拡大し，国債発行額も増加した．

一方，赤字国債の増加については1975年から問題視されており，76年度の予算は規模の抑制が図られた．また，77年に政府税制調査会がまとめた答申では財政再建のためには一般消費税の導入が必要であるという結論が出された．79年には大平首相は財政再建のために一般消費税の導入が必要な旨言及したが，これに対し野党だけでなく与党からも批判が生じた．

鈴木内閣，中曽根内閣も赤字国債依存からの脱却を目指した．しかし，大平内閣での失敗を受け，両内閣では増税というカードを切ることはできず，「増税なき財政再建」というキャッチフレーズを掲げ，財政支出の抑制による財政再建を目指していくこととなった．その方法の1つがシーリングの厳格な運用である．シーリングとは予算の概算要求の際，一般歳出要求額に上限を課すことを指す．1982年度は原則ゼロシーリングが設定され，83年度はマイナス5％シーリング，84年度はマイナス10％シーリングとなり，以後87年まで5年連続で一般歳出予算は前年比マイナスとなった．この結果，

表 4-3　国債発行額の推移

(単位:億円, %)

年度	特例公債	建設公債	合計	公債依存度
1975	20,905	31,900	52,805	24.8
1976	34,732	37,250	71,982	29.6
1977	45,333	50,280	95,613	33.5
1978	43,440	63,300	106,740	31.1
1979	63,390	71,330	134,720	34.9
1980	72,152	69,550	141,702	33.3
1981	58,600	70,399	128,999	27.6
1982	70,087	70,360	140,447	28.3
1983	66,765	68,099	134,864	26.8
1984	63,714	64,099	127,813	25.2
1985	60,050	63,030	123,080	23.4
1986	50,060	62,489	112,549	20.8
1987	25,382	68,800	94,182	17.4
1988	9,565	61,960	71,525	12.6
1989	2,085	64,300	66,385	11.0
1990	9,689	63,432	73,121	11.0

出典：近藤誠「石油危機後の経済構造調整とグローバリゼーションへの対応（1970年代～84年を中心に）」内閣府経済社会総合研究所企画・監修，小峰隆夫編集『バブル／デフレ期の日本経済と経済政策（歴史編）1　日本経済の記録——第2次石油危機への対応からバブル崩壊まで（1970年代～1996年）』佐伯印刷株式会社，2011年，96頁（原資料は大蔵省『財政統計』）.

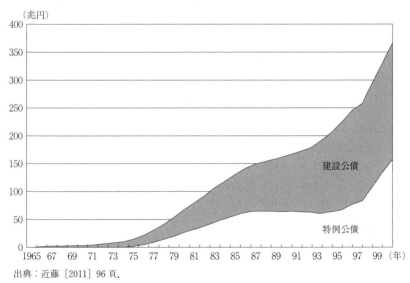

出典：近藤 [2011] 96頁.

図 4-3　国債残高の推移

80年代後半の好景気によって税収が増加したこともあり，一時的とはいえ，財政状況は大幅に改善した．

(6) 設備投資の低迷

公共投資に加え，この時期は民間設備投資も低迷した．実質投資比率は，総需要抑制政策の影響が生じた1974年以降，30％を下回る水準で推移し，80年代半ばには26％台まで落ち込んだ（橋本・長谷川・宮島・齊藤［2011］）．

その要因として，以下の3点があげられる（橋本・長谷川・宮島・齊藤［2011］）．第1に製造業の中で二極化が生じたためである．この時期の設備投資は機械工業が比率を上昇させる一方，素材産業のウェイトが低下した．これは高度成長期のような投資が投資を呼ぶメカニズムが働かなかったことを意味する．

また，第2にこの時期は投資の中心が第二次産業から第三次産業にシフトしたためである．第三次産業は相対的に産業連関の中で影響度係数が低く感応度係数が高い．このため，設備投資の経済波及効果が限定的であった．

第3に設備投資の目的として，更新投資と研究開発投資の比率が上がった点があげられる．これら合理化・省力化を中心とした投資は将来的な生産能力の増大をもたらす可能性がある一方，経済への波及効果が限定的であった．

このように民間設備投資の主体や目的の変化により，この時期の設備投資は伸び悩み，景気の牽引者としての役割を1970年代に引き続き輸出に譲ることになったのである．

(7) プラザ合意

さて，既に述べたように1985，86年を境に日本経済の成長率は変化した．これに加え，この時期を境に日本経済の成長要因が大きく転換した．すなわち，輸出中心の経済成長から内需中心の経済成長へと転換したのである．

そのきっかけとなったのが1985年に先進国間で締結されたプラザ合意で

ある。以下では、プラザ合意に至る背景とその影響について簡単に確認してみよう。

1985年初頭において、先進国間の国際収支不均衡とドル高が国際経済の最重要課題となっていた。ドル高の要因は、アメリカの高金利によるところが大きかった。第二次石油危機後のインフレを抑制するため、アメリカでは極度の金融引き締めが行われた。その後、名目金利は引き下げられたものの実質金利は高止まりを続けた。一方、日本ではインフレ沈静化を受け、公定歩合が引き下げられた。加えて、財政支出の抑制により公債依存度が下がったことで実質金利が下がり、日米間の実質金利格差が拡大した。さらに、日本の経常収支黒字の拡大によって保有外貨が増加したこともあり、日本の対米証券投資が増大した。これがドル需要の拡大を生み円安ドル高につながった。

1985年に入り、アメリカ政府内でドル高への懸念が高まっていったが、日本国内でもドル高の是正を望む声があがるようになった。当時の購買力平価から考えて多少の円高であれば産業への影響が小さいと予想できたし、それよりもドル高によって生じるアメリカの保護主義的な動きの方が悪影響を及ぼすと考えられたためである。

また、当時為替レートが乱高下していたこともあり、先進国の一部で変動為替相場制自体に疑問を投げかける動きが生じていた。

以上のような状況から、先進国間で政策協調による為替の安定化を図ることが共通認識となっていた。このため、1985年9月15日にはロンドンで五カ国蔵相代理会議が極秘裏に開催され、G5（五カ国蔵相・中央銀行総裁会議、日本、アメリカ、西ドイツ、フランス、イギリスが参加）合意の声明文の原案が決定された。そして、同年9月22日、ニューヨークのプラザホテルでG5が開催され、いわゆるプラザ合意が発表された。

プラザ合意では、米国で生じている保護主義的な動きに懸念が示されるとともに、その要因としてドルの上昇と一部市場での貿易アクセスの困難などがあげられた。その上で主要通貨の対ドルレートの切上げと、日本政府が国

内市場の開放,金融・資本市場の自由化,インフレなき持続的成長の促進などを,アメリカ政府が政府部門の規模と役割の軽減などによる財政赤字の縮小,歳入中立的な税制改革などを,西ドイツ政府が国内需要が継続して増大する環境を作るための金融政策などを行うことが合意された.

このようにプラザ合意は,為替だけでなく各国のマクロ経済政策についても言及した点に特徴がある.マクロ経済政策が各国国内の景気対策のためだけでなく,国際的な目標を設定した上で運営されるという点で画期的な試みだった.この点に関し,翌年の東京サミットでは,G5 に新たにイタリアとカナダが参加した G7 が設置され,各国の政策を互いに監視し合う政策協調の仕組みが整備された.

プラザ合意の発表後,迅速かつ大規模な為替の協調介入が行われた.同年10月末までの介入額は5カ国合計82億ドルに及んだ(石井晋 [2011]).この結果,円の対ドルレートは1ドル237円から1987年末には120円台にまで上昇した.円の価値は2年半で2倍になったのである(中村隆英 [1993]).

(8) 円高不況と平成景気

政府・産業界の予想レートは1ドル200円程度であり,このような急激な円高は想定外であった.経済成長率は1985年から86年にかけて大幅に下落し(前掲図4-1),鉱工業生産指数の伸び率も85年の3.4%から86年の0.5%に低下した.また,企業の経常利益は対前年比で3.1%のマイナスとなったが,特に製造業は22.2%のマイナスとその落ち込み幅は大きかった.その要因は電気機械や輸送機械など,それまで日本経済を引っ張っていた輸出型製造業の落ち込みであった.円ベースで見た輸出金額が15%減少したことはその現れである(橋本・長谷川・宮島・齊藤 [2011]).

このような景気の落ち込みに対し,日銀は1986年3月から87年2月までのおよそ1年間で公定歩合を四度引き下げた.この結果,公定歩合は4.5%から2.5%にまで下落し,終戦直後を除く戦後最低水準となった.また,日本政府も87年5月に緊急経済対策をまとめた.財政再建路線の堅持を求め

る大蔵省を押し切り，この緊急経済対策は，公共工事の拡充や減税など，内需拡大を狙った6兆円規模のものとなったが，その背景には国内の要請のほか，内需拡大による輸入の拡大を求めるアメリカ政府の意向も働いていた（石井晋［2011］）．

　円高不況で落ち込んだ日本経済は1987年から回復に転じた．その要因として，政府による景気対策に加え，円高による輸入価格の低下があげられる．円高の結果，85年から87年にかけて輸入品価格は4割以上低下した（中村隆英［1993］）．さらに，OPECがシェアの回復を狙って生産制限の緩和と価格低下を容認する戦略へと転換したことで原油価格も85年から86年にかけて45％低下していた（橋本・長谷川・宮島・齊藤［2011］）．ここに円高が影響し，日本の燃料価格は大幅に低下した．この結果，まず卸売物価の低下が生じ，これが最終消費財の価格低下につながった．価格の低下は民間消費の増加をもたらすとともに，内需向け産業や流通業の業績を改善させた．

　さらに，原油などの原料輸入価格の低下は製造業の原料費を引き下げる働きをした．例えば，1985年から88年までの原料費の下落率は食品工業で8.6％，繊維工業で7.8％，パルプ・紙工業で10.5％，石油化学工業で24.1％，石油製品で65％，鉄鋼業で14.7％にのぼった（中村隆英［1995a］）．このうち，繊維工業は円高による海外製品価格が低下したこともあり輸入量が輸出量を上回る輸入超過に陥ったが，金属，化学，紙パルプなどは収益が改善した．

　また，当初円高による打撃を受けた輸出型加工産業も，下請けも含めたコスト削減努力，下請け会社の海外生産増加とそこからの部品輸入，国内志向への転換，ストック調整の終了などを要因として業績を回復させた．

　このように日本経済は民間最終消費支出の増加によって回復に向かった．1980年代後半を通して民間最終消費が景気を牽引したことは前掲表4-1からもうかがうことができる．

　ただし，民間最終消費は1980年代を通して総じて景気を牽引し，あるいは底支えする役割を果たしていた．80年代後半において特に特徴的なのは

民間設備投資が拡大し，これが消費を牽引したことである（前掲表4-1）．

　民間設備投資は半導体関連，自動車関連，オフィスビル及びリゾート施設建設，建設用及び自動車用素材を提供する鉄鋼などで目立った．例えば，この時期の企業はコンピューターの設置やそれを結ぶオンラインネットワークの構築を図った．また，製造業の現場でも工場部門での産業用ロボット投資，設計部門でのCAD（コンピューター支援設計）技術導入など，情報関連投資とその基盤となる投資が活発化した．自動車やカラーテレビなどの製造業でも国内向け製品の高付加価値化（高価格化）にかかわる投資，情報化投資，建物投資が活発化した．一方，非製造業による投資も堅調に推移し，リース，情報通信，金融・保険，流通，鉄道などを中心に，業績拡大への対応や情報化を目的とした投資が行われた．新規事業分野の開拓，新製品開発への投資も行われ，新素材，バイオテクノロジー，情報通信，医療・シルバー向け，住宅，レジャー，都市開発などの投資が行われた．

　このように①情報関連技術を中心とした技術革新による新しい投資機会の開拓と既存の設備の陳腐化，②円高による競争条件の変化に対応した高付加価値化，多角化の必要性，③民営化や規制緩和による新分野への進出の促進，④企業収益の改善と金融緩和，⑤高稼働率による設備不足感の広がり，⑥人手不足に対応するための自動化，省力化の必要性などを理由に，この時期は設備投資が積極的に行われ，経済を牽引した（経済企画庁編［1990］）．

　また，住宅投資も，若年層・単身者向け貸家建設，住宅ローン金利の引き下げによる持ち家建設の増加などを理由に1986年度から上昇した．88年以降は都心部の土地不足やそれに伴う地価高騰などを背景にその伸びは鈍化したが，レジャー需要の増加期待に対応する形でリゾートマンションの建設は好調に推移した．

　このように，1980年代後半は国内需要が日本経済を牽引する役割を果たした．一方，70年代後半から80年代前半にかけて日本経済を牽引した輸出はその役割を低下させた（前掲表4-1）．日本経済はプラザ合意を契機にその成長構造を大きく転換させたのである．

(9) バブルの発生と崩壊

平成景気は「バブル」を伴うものであった．バブルとは株式や土地が本来持っている価値（ファンダメンタルズ）を上回って価格が上昇する状態を指す（柳川 [2015]）．1980 年代後半の物価，地価，株価の推移を見ると，卸売価格，小売価格が安定的に推移しているのに対し，地価や株価が急激に上昇していることがわかる（図 4-4）．ただし，上昇幅が大きい＝バブルというわけではない．資産が本来持っている価値には将来の上昇期待値も込められており，その期待値の適正さを客観的に判定するのは難しい．実際，この当時の地価・株価上昇がバブルであるかどうかは専門家の間でも意見がわかれていた．

先述のように，円高不況への対策として公定歩合が（当時としては）歴史的な低水準となり金利は低下していた．また，企業収益も平成景気が進展する中で大幅に増加していた．そのような状況下で企業は事業の拡張や東京への集中を進めた．企業が東京に本社や事業所を設置した理由として，東京に同業者，金融，顧客，国際情報など様々な情報が集まること，情報サービス

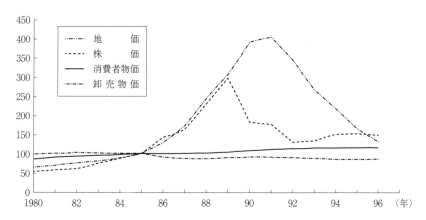

出典：橋本・長谷川・宮島・齊藤 [2011] 220 頁（原資料は日本銀行『経済統計年報』）．
注：1985 年を 100 とする．

図 4-4　地価・株価・物価の推移

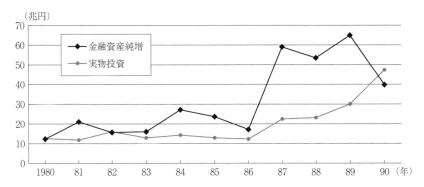

出典:橋本・長谷川・宮島『現代日本経済』1998年,有斐閣,248頁より作成(原資料は野口悠紀雄『バブルの経済学』日本経済新聞社,1972年).

図 4-5　法人企業の資金運用

産業など新しい都市型産業が成長していること,外資系企業の事業所が増加していることなどが指摘されている.また,東京圏だけでなく,大阪圏,名古屋圏でも需要の増加に伴い地価が上昇した.

　地価の上昇は企業の資産価値を高め,その結果企業価値(株価)は上昇する.このため,この時期の地価や株価の上昇はある程度当時の実体経済の動向で説明可能であった.とはいえ,1990年代の地価と株価の下落を見れば,通常の経済活動で説明できる水準を超えて地価や株価が上昇した.すなわちバブルの状態であったことは明らかである.なぜ,そのようなことが起きたのであろうか.

　その要因の1つが企業による「財テク」であった.資産市場における各主体(法人企業,金融機関,家計)の構成比の変化を見ると,土地資産,株式ともに家計の比率が低下し,法人企業のそれが上昇している.

　この時期の企業は実物投資を上回る規模で資金を金融投資に振り向けた.図 4-5 より特に 1980 年代後半に金融投資が実物投資を大きく上回っていることが確認できよう.

　企業が金融投資を増加させた背景には金融の自由化がある.1970年代から進展した金融の自由化により,譲渡性預金(CD)の導入,預金金利の自

由化，市場金利連動型預金（MMC），1,000万円以上大口定期預金金利の自由化などが実現し，金融投資の収益性が高まった．さらに，1986年頃からは特定金銭信託やファンドトラストで資金を運用し，本業の穴埋めを行う企業が増加した．87年中頃からは株価上昇の限界が予想され，コール市場や大口定期預金に資金が流れた．

また，金融自由化によって調達コストが上昇した金融機関は収益性の高い有価証券へ運用先をシフトさせた．

企業による「財テク」を可能にしたのが株主資本の増加をもたらす資金調達，いわゆるエクイティ・ファイナンスの拡大であった．1970年代までの日本の社債発行市場では，純資産や利益率など財務指標による厳格な基準（適債基準）など厳しい規制が課せられていた．このため，79年の時点で無担保転換社債を発行できるのは松下とトヨタの2社に限られていた．そこで，企業は規制が緩やかな海外での事業債や転換社債の発行を試みていた．これを受け，金融の空洞化を懸念して日本でも規制が緩和されていった．

1981年にはワラント債発行，86年には外貨建てワラント債募集の認可が進められた．また，適債基準も段階的に緩和され，89年には財務指標による基準が廃止された．これにより，無担保社債の発行が可能な企業は500社まで増加した（橋本・長谷川・宮島・齊藤［2011］）．この結果，株価の上昇と相まって企業の外部資金調達は巨額なものになった．これにより調達コストが下落したと判断した企業はその資金を実物投資や財テク投資に振りわけたのである．

一方，このような調達手段の自由化は大企業の銀行離れを加速させた．社債等で資金を調達できるブランド力を持った企業にとって，銀行の貸し付けに頼るインセンティブが薄れていったのである．

このことは金融機関に深刻な問題をもたらした．金融の自由化によって調達コストが上昇していた金融機関は新しい貸出先をさがす必要が生じた．そこで金融機関が目をつけたのが，中小企業，特に不動産業であった．この結果，発行基準を満たさない企業も相対的に巨額の資金調達が可能になり，こ

のような企業が過剰かつ収益性の低い投資を行った．特に大型リゾート開発の資金は土地担保金融による銀行借入がその資金源となっており，地価上昇の一要因となった．

このように1970年代から生じた金融の自由化がバブル発生に与えた影響が大きかったのは事実である．とはいえ，問題の本質は金融の自由化そのものではなく，そのやりかたにあった．すなわち，市場の失敗を回避するための大蔵省による事前規制を撤廃した代わりに，新たに事後の監視を厳格化する仕組みを作らなかったことがこのような問題を引き起こしたのである（中林［2008］）．

以上のようにして膨らんだバブルは1989年から行われた金融政策の転換を契機にはじけることとなる．89年5月の3.25％への引き上げを皮切りに段階的に引き上げられた公定歩合は90年8月には6.0％に達した（橋本・長谷川・宮島・齊藤［2011］，石井進［2011］）．さらに，90年4月から91年12月まで土地取引に対する総量規制が実施された．これは，不動産価格の高騰を抑制するため，不動産向け融資の伸び率を総貸出の伸び率以下にすること，不動産，建設，ノンバンクへの融資状況を報告することなどを内容とするものであった．

これらの引き締め及び規制の結果，1991年から景気後退が始まるとともに，株価，地価が大幅に下落した．以後日本は「失われた10年」ともよばれる低成長の時代へと入っていくのである．

3. 1980年代の産業

(1) 産業構造の変化

1980年代における産業構造の変化を付加価値構成比の変化という観点から見てみよう（表4-4）．まず，目につくのが第一次産業の一貫した低下であろう．既に見たように，第一次産業は戦後を通してその構成比を大幅に低下させてきた．80年代においてもその傾向は変わらず，構成比は2.4％にま

で低下した．一方，構成比を高めたのは第三次産業である．85～90年の間は伸び悩むもののその比率は高い水準を維持し続けた．その中で特に金融・保険業と不動産業が構成比を伸ばしたところに先述したバブル経済の影響を見て取れる．

このように第一次産業が衰退し，第三次産業が伸張するという現象は日本に限らず先進各国で見られるものである．これに加えて名目値で見た第二次産業の構成比について見ると，1985年から90年の間で若干の回復が見られるものの，80年から90年の10年の間にその構成比が減少したことがわかる．その限りにおいては，戦後の傾向として，第一次産業，第二次産業から第三次産業へと産業の中心がシフトしていったということができる．

しかし，実質値で見た場合，前章の1970年代と同様に，少々違った様相が見えてくる．すなわち，表4-4からわかる通り，80年と85年，90年を比較すると実質値で見た製造業指数の伸びは第三次産業のそれを上回っているのである．

また，製造業内の変化を見ると素材型，労働集約型が製造業全体の伸びを下回ったのに対し，加工型が全体の伸びを大きく上回ったことがわかる．この1980年代前半の加工型の伸びは輸出に牽引されたものであった．前節で述べたように，日本の機械輸出は，マクロ的要因（①為替レート，②成長率格差，③輸出入の所得弾力性格差）とミクロ的要因（①価格競争力の差，②アメリカ産業の生産能力）により，80年代前半，対アメリカ向けに急増した．これがこの時期の製造業指数の伸びとなって現れている．

一方，これも前節で述べたように1985年のプラザ合意を境に日本経済の成長要因は輸出から内需へと変化した．平成景気によって拡大した需要を基に，輸出比率が比較的高かった自動車や電気機械が国内向けにシフトして供給を増やすとともに，それに伴って行われた設備投資が機械設備の導入などを通じて加工型の伸びを支えた．

以上のように，1980年代に入っても依然として加工型は伸び続け，特に一般機械，電気機械，輸送機械の3業種は日本経済を牽引するリーディング

表 4-4 付加価値構成比（名目値）

（単位：％）

年	1980	1985	1990
第一次産業	3.5	3.0	2.4
第二次産業	36.2	34.9	35.4
内製造業	26.9	27.2	25.7
素材型	9.8	8.7	8.3
加工型	8.7	10.2	10.1
労働集約型	8.4	8.2	7.3
第三次産業	60.3	62.0	62.2
卸売小売業	14.5	12.7	12.8
金融・保険業	5.1	5.2	6.7
不動産業	8.6	9.1	9.4
運輸・通信業	6.1	6.4	6.4
サービス業	13.7	16.0	15.5
政府サービス	8.3	8.0	7.5
その他	4.0	4.6	3.9
合計	100.0	100.0	100.0
製造業指数（実質値）	100.0	124.1	154.5
素材型	100.0	122.3	144.8
加工型	100.0	143.8	224.1
労働集約型	100.0	115.3	126.2
第三次産業指数（実質値）	100.0	119.1	147.9

出典：橋本・長谷川・宮島・齊藤 [2011] 247 頁（原資料は内閣府経済社会総合研究所『国民経済計算年報』平成 22 年版）．
注：合計が 100 にならない年がある．

インダストリーの役割を果たした．そのうち，輸送機械を代表する乗用車産業は戦前・終戦直後の時期には欧米自動車先進国との技術的格差が大きく，輸出どころか国内でも不要論がとなえられるほどであった．しかし，70 年代以降輸出を急速に伸ばし，80 年代に入り，生産台数世界第 1 位へと上りつめるのである．それでは，どのような経緯で自動車産業が成長していったのか，以下で簡単に触れてみよう．

(2) 戦前から高度成長期初期の自動車産業

日本で自動車が登場したのは 1900 年前後といわれる．しかし，欧米と比較しその後の普及は遅れた．その後，10 年代から 20 年代にかけて少しずつ

国内の自動車保有台数は増加していくが，一般家計の所得と価格との差が大きかったこともあり，増加分の多くは営業用車であった．

一方，自動車生産も1900年代から開始され，発明家型企業や関連工業からの参入が見られた．しかし，市場規模の小ささや自動車生産を支える基盤工業・技術蓄積の不足からその発展にはおのずと限界があった．

1920年代に入るとフォードやゼネラルモーターズ（GM）が日本での組立を開始したこともあり，市場規模の拡大や修理用部品を中心とした技術の向上が見られたが，国内完成車メーカーは価格競争力を弱めたこともあり停滞を余儀なくされた．

1930年代に入ると外国製大衆車との差別化に成功した小型三輪車・小型四輪車部門の成長が見られた．しかし，統制経済の下では，原材料の配給が制限されたことで，日産，トヨタ，東京自動車工業（現いすゞ自動車）の3社が日本の自動車生産を担うことになった．また，小型車，大衆乗用車は市場から姿を消し，集中的な資材供給を受けたトラックが成長を遂げていった．

戦争終結後，輸送難が深刻だったこともあり，GHQは民需への転換を条件に各工場ごとにトラックに限り生産の許可を出した．しかし，戦後の資材難が深刻化していたこともあり，生産は停滞した．

生産がようやく軌道に乗り始めたのは1948年頃からであった．自動車メーカーは復金の融資を利用しながら設備の補修・新設，合理化を進めていった．また，この頃には資材不足の問題も改善の方向に向かっていた．

しかし，ドッジ不況により，自動車メーカーは販売不振，代金回収難に直面し，運転資金や購入材料・部品の支払いだけでなく，従業員の給与支払いにも影響が生じた．トヨタは当初従業員の解雇に消極的であったが，銀行融資の条件として人員整理を受け入れ，1950年4月に1,600人の人員削減を発表した（トヨタ自動車株式会社編 [1987a]）．同様に日産も49年10月に在籍総数の20%を超える約2,000人の従業員削減を発表した（日産自動車株式会社調査部編 [1983]）．

従業員の大量解雇は激しい争議を引き起こしたが，結局，1949年6月か

ら50年6月までの間に自動車メーカーの従業員は23.7％も減少した（日本自動車工業会編［1988］）．

しかし，結果的にこの大量解雇と労働組合の敗北は日本の自動車メーカーにプラスに作用した．戦後の自動車産業は過剰人員を抱え，高い人件費率とそれによる低利益に悩んでいたためである．例えば，トヨタは大量の解雇に伴う争議による一時的な生産減，退職金の支払いなどの負担を負ったものの，人件費率の減少や1人当たりの生産台数の増加などを実現した．また，組合の影響力の低下は組合が反対する製造工程の合理化を可能にした．ドッジ・ラインによる苦境とそれによる人員整理・組合との闘争は，一時的な経営悪化を起こすと同時に解雇のコストの大きさを経営者側に認識させることとなった．その一方で，過剰人員の整理の実現と組合の敗北は中長期的に見て経営側に大きなメリットを与えたのである．

1950年6月に勃発した朝鮮戦争は日本の自動車メーカーが息を吹き返すきっかけとなった．特需向け及び警察予備隊に向けて納入された自動車の台数は，トヨタ，日産，いすゞの3社で合計1万1,940台にのぼった（日本自動車工業会編［1988］）．50年の自動車の生産台数がおよそ3万2,000台であることを考えれば，その大きさがうかがえよう（伊丹［1988］）．この結果，メーカーの業績が改善するとともに，特需によって間接的・直接的に得られた資金が合理化投資に向けられていった．

一方，自動車産業はまだまだ解決すべき課題を抱えていた．その1つが外国自動車を要望するユーザーの声であった．戦後になり，外国車が流入したことで，様々な人が外国車と国産車の性能格差を実感することとなったのである．

自動車利用者がそのような意識を持っている以上，それを乗客とするタクシー・ハイヤー業者が外国車の輸入増加を望むのはある意味当然のことであった．そのため，タクシー・ハイヤーなどの運輸業者を管轄する運輸省は外国車の輸入を求めた．加えて，当時運輸省が円滑な交通輸送を実現するために必要と試算した自動車の台数と国産車生産台数に大きく差があったことも

同省が外国車輸入を望む大きな理由となった．

また，日銀でも比較優位の観点から自動車産業の発展に疑問を持つ意見があった．有名な一萬田尚登日銀総裁の「自動車工業不要論」はその代表であろう．

一方で，自動車生産を管轄する通産省は自動車産業の発展を積極的に推進する立場であり，できるだけ外国車の輸入を抑制する見解をとっていた．

結局この対立は，1953〜54年頃，外貨不足を理由に政府が国産車保護の方針を決めたことで決着した．以後，通産省及び日本政府は外貨割当制度の利用や関税・物品税によって外国車の流入を制限した．一方で，将来的な自由化が避けられないことは通産省も国産メーカーも十分に認識していた．このため，保護政策と同時に通産省は自動車産業の育成政策を実施していった．

通産省が企図したのは国産メーカーと外国メーカーとの技術提携による国産車のレベルアップであった．通産省のバックアップもあり，乗用車に関しては，1952年12月から53年9月の間に，日産（対オースチン・モーター〈英〉），日野（対ルノー〈仏〉），いすゞ（対ルーツ・モーター〈英〉）の3社が技術提携契約を締結した．これらの技術提携は，外国乗用車の組立・部品国産化を通じて，部品メーカーを含む自動車メーカーの技術を高め，国産車の性能・品質を向上させた．技術提携は，それまで日本のメーカーがおくれをとっていた，部品の設計，材料加工，塗装，検査，機械のレイアウト，コスト切り下げのノウハウなど，ハード・ソフト両面での技術の習得を可能にした．

一方，自動車生産にとって生命線となる部品工業の成長も重要であった．自動車部品もこの時期は低品質・高価格の状態であったためである．組立メーカーは技術・資本援助を介した系列化を進める過程で自動車部品メーカーの合理化を図った．そして，自動車生産が増加するにつれ，部品メーカーの技術向上と量産体制の強化を通じた労働生産性の上昇が見られるようになっていた．加えて，1956年6月の「機械工業振興臨時措置法」（機振法）や開銀融資に代表される，政府による部品メーカーへの支援もあり，一部で限界

を見せつつも部品工業の品質向上と生産費の低下が実現した．

部品メーカーの成長は①その供給が増加し規模の経済性が発揮され，それを使用する自動車メーカーの費用も低下した点，②部品メーカーの成長による部品供給の裾野の広がりにより産業レベルでの規模の経済性が実現し，後発自動車メーカーの参入障壁を下げ，産業全体の競争を促進させた点で自動車メーカーの発展に大きく寄与した．

(3) 高度成長期の自動車産業

高度成長期，特に1960年代は日本の自動車産業の躍進期であった．図4-6から明らかなように，自動車の生産台数は60年代に入り急増した．また，日本の自動車生産のうち，乗用車の占める比率が50％を超えたのも60年代になってからであった．逆に言えば，この時代まで日本の自動車生産の中心はトラック・バスだったのであり，60年代に入り，ようやく自動車メーカーの悲願である乗用車中心の生産が実現したのである．

このような乗用車生産の飛躍を可能にしたのは乗用車需要の増大であった．

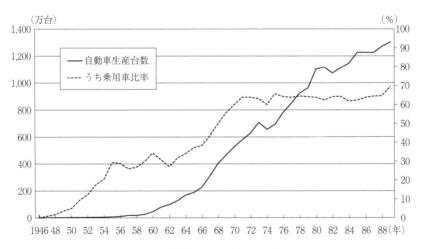

出典：日本自動車会議所・日刊自動車新聞社編『自動車年鑑』平成2年版，1990年，163頁．

図4-6 四輪車生産と乗用車比率の推移

この需要増大の背景に乗用車需要の構造変化があった．1950年代における乗用車購入者の中心はタクシー・ハイヤーなどの旅客運送業者であった．しかし，60年代に個人の割合が急激に上昇していき，わずか10年後の70年には5割を超えるのである（韓［2011］）．市場の拡大には，総数に限りのあるタクシーなどの業務用の需要だけでなく，個人需要の拡大が必要であることは自明であろう．日本の自動車産業は，60年代に至りようやく需要拡大の条件を手に入れたのである．

　その個人需要拡大には個人所得の増大に加え乗用車価格の低下が大きく影響した．乗用車の価格は1955年から70年にかけて低下傾向にあり，それが国民所得の増加と相まって需要の増加を生み出した．その背景にあったのが，生産性の向上による原価の低下であり，原価低下に寄与したのが原材料費の節約であった．

　そのような原材料費の節約，生産性の向上を可能にした1つの要素がトヨタ生産システムである．トヨタ生産システムについては優れた分析が多数あるため詳細はそちらに譲り，ここではその概要について簡単に触れておこう．

　トヨタ生産システムは，当時の国内市場の狭さから少品種大量生産によるコストダウンが見込めない中で，多品種少量生産を行いながらコストの削減を追求するシステムといえる．

　変動する市場の需要動向に合わせ必要な分だけを生産することで，過剰生産による原材料費の増大をなくすとともに在庫費用の削減も可能となる．トヨタ生産システムはそのような考え方が根底にあり，それを実現するため，必要なものを必要なだけ必要な時間に生産する「ジャスト・イン・タイム（JIT）」，異常が発生した場合にただちに機械が停止して不良品を作らない「自働化」の二本柱と，「かんばん方式」，「生産の平準化」，「多工程持ち」，「アンドン」などそれを支えるシステムによって体系的に構成されている．トヨタ生産システムの構想自体は戦前から存在したといわれるが，トヨタは戦後長い期間をかけてこのシステムを構築していった．

　加えて，不良品をなくすため，1961年から始まったTQCの全社的導入な

どに象徴される品質管理体制が整えられていった．

また，事務部門や経理部門の機械化が 53 年頃から進められた．60 年代に入るとコンピューターが導入され情報処理システムも整備されていった．これらの取り組みが全社的な規定の整備につながり，TQC の導入と相まって全社的な経営管理体制整備の基盤となった．

また，トヨタはコストダウンを図るため，1961 年より全社的な原価管理体制を整えていった．

このようにトヨタはトヨタ生産システムを体系化することで多品種少量生産による原価低減を可能にしていった．しかし，自動車産業の発達は当然トヨタ 1 社のみによって実現したわけではない．各社による激しい競争とそれによる積極的な設備投資が大きく寄与したのである．

図 4-7 は 1955 年から 69 年までの乗用車登録台数で見た各社の乗用車シェアの割合の変化をグラフにしたものである．ここから，①トヨタと日産が激しいシェア争いをしていたこと，②輸入車のシェアが非常に小さいこと，③新規参入も見られ比較的多くの会社による競争が展開されていたことを見て取ることができる．

①について，トヨタと日産はこの時期激しいシェア争いを展開していた．大衆乗用車市場の拡大を見越していたトヨタは，当初から買い換え需要も自社の上級車で取り込むことを想定し幅広い価格帯の製品の供給を目指した．一方，大衆車への対応に遅れた日産は比較的狭い価格帯での提供を余儀なくされたが，大衆向け小型車から高級車まで幅広いフルライン生産を展開するトヨタに追随し，競争を展開した．日産とトヨタは 1,000cc 以下の小型車市場でブルーバード（日産）とコロナ（トヨタ）による激しいシェア争いを展開した（ブルーバード・コロナ戦争）．このブルーバード・コロナ戦争は自動車購買層が拡大するにつれ大衆車種であるサニー（日産）とカローラ（トヨタ）の争いへと移っていった．

次に②について．既に述べたように，復興期において日本車と外国車の間には技術・生産力において大きな格差があった．それゆえ，通産省は外国車

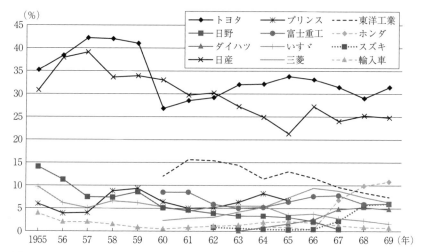

出典：四宮正親『日本の自動車産業——企業者活動と競争力 1918～70』日本経済評論社，1998年，169頁より作成（原資料はトヨタ自動車販売株式会社社史編纂委員会編『世界への歩み・トヨタ自販30年史資料』トヨタ自動車販売株式会社，1980年）．
注1：1960年以降は軽自動車を含む．
　2：プリンスの1954～60年は富士精密．
　3：日産，プリンスの1966年は合併前についても日産に含む．
　4：三菱は1963年まで新三菱重工業，1964～69年は三菱重工業．

図4-7　メーカー別乗用車登録シェアの推移

の流入を防ぎ，その間に国産車の育成を図る方針をとった．自動車産業への保護政策は，「多くの手段を併用したもので，しかも大変手厚いものであった」（伊藤元重［1988］）．その結果，日本の乗用車産業は外国車との競争を一定期間避けることができた．その一方で，将来の自由化が不可避である事実をメーカーは早くから認識していた．保護政策の時限性を認識していたがゆえに，各メーカーは，将来の外国メーカーとの競争に備え，国内での価格競争をなるべく回避し，そこから生じる利益を積極的に投資へと回す戦略がとられた．

最後に③について，トヨタ，日産といった戦前からのメーカーだけでなく，戦後，そして1960年代に入ってからも新規参入が生じ，激しいシェア争いが展開された．その結果，トヨタ，日産は圧倒的なシェアを維持しつつも

60 年代を通して相対的にそのシェアを低下させた．

マツダ，ホンダ，ダイハツ，スズキ，富士重工などの後発各社はトヨタ，日産といった先発有力メーカーとの差別化戦略を採用する形でまず軽乗用車市場で一定の地位を築いた．しかし，重要なのは，彼らがその後 1960 年代後半に一段上のクラスの小型車市場に参入し，そこでトヨタや日産と競争を展開した点である．すなわち，後発メーカーは当初差別化戦略を採用して乗用車市場に参入した後に小型市場で先発メーカーと同質的な競争を展開したのである．

後発メーカーの新規参入を可能にしたのは，先述した通り部品工業の質の向上であった．日本の自動車産業では規模の経済性が部品メーカーの側にあり，それゆえ効率的な部品メーカーから部品を購入することで大規模な設備や資金を持たずともそれほど不利な立場に置かれなかったのである．

このように各企業の競争が激化する中で 1960 年代の自動車産業では価格競争ではなく投資競争が生じた．積極的な投資を行うことでシェアの獲得を目指す，第 2 章第 2 節第 10 項で述べたような「先手必勝のサイクル」が自動車メーカーでも生じたのである．市場が成長を遂げている中では，短期的な利潤の追求はそれほど意味を持たず，メーカーはむしろ将来の安定期な利潤を得るため長期的なシェアの確保を目指す．その際，障害になるのは国内のライバルメーカーだけでなく外国メーカーも同様であった．外国車との競争がいずれ生じることを各メーカーは認識しており，いずれ訪れる外国車との競争に勝つため，保護されている期間にその差をできるだけ縮めるという意図もあって積極的な投資行動がとられたのである．

なお，メーカー間の競争が破滅的な価格競争ではなく，投資競争であったことは，後発メーカーの参入障壁を相対的に低くする結果につながった．そのことが激しい競争を生み，さらなる積極的な投資へとつながっていったのである．

以上のような各メーカーによる積極的な投資は，生産性の向上をもたらし，それが自動車メーカーの品質向上と価格の低下を実現する 1 つの大きな要因

となったのである．

(4) 1970年代の自動車産業

以上のように1960年代に成長を遂げた日本の自動車産業は60年代後半から70年代にかけて1つの転機を迎える．それが環境・安全問題と石油危機である．

自動車の排気ガスによる健康への懸念は1950年代から一部で話題になっていた．66年には日本初の排気ガス数値規制が実施され，排気ガス規制政策が本格的にスタートした．

しかし，大気汚染の数値は良化せず，また健康被害の訴えも続いた．さらに，1970年にアメリカで「マスキー法」が成立すると日本の排ガス規制は大きな転換を余儀なくされた．「マスキー法」は当時の自動車メーカーの技術水準からすれば相当厳しい基準であったが，これを受けて日本の政界，世論から日本の規制の緩さを指摘する声が高まった．そのため，日本でも75,76年と二段階で規制を強化し，76年の規制で最終的に「マスキー法」と同程度の規制を実施することが決定した．

結局，1976年時点で当初の基準による規制は技術的に困難と判断され，75年の規制を若干強化した暫定規制が実施されるとともに当初の基準による規制は78年へと繰り延べられた．その後，78年に予定通り規制は実施され，日本の自動車は世界で最も厳しい規制基準が適用されることになった．この排ガス規制への対応は日本の自動車メーカーにとって非常に困難であったが，一方で自動車メーカーの技術向上と転換をもたらした．すなわち，環境対応技術はもちろんのこと，それまでの機械系統中心の技術から冶金，素材，化学，電子など根源的な技術を総合的に向上させるきっかけとなり，その後のハイテク技術開発への対応を可能にしたのである．このことは部品メーカーも同様であった．

また，マツダやホンダなど後発メーカーにとっては，ロータリーエンジンやCVCCエンジンの開発によりトヨタや日産などの先発メーカーより早く

規制基準をクリアすることで，その企業評価を高めるきっかけとなった．

一方，自動車の安全性についてもこの時期規制が強化されるとともに，自動車会社もその対策を強化していった．また，1960年代末には運輸省がリコール制度を法的に確立させる一方，自動車メーカー側も消費者へ不具合を通知する仕組みを整備した．

このように国内で新たな問題に直面しそれに対応していった日本の自動車産業はこの時期，海外でも大きな変化を経験することとなる．

1947年にわずか2台で再開された戦後の日本の自動車輸出は53年には年間1,000台に到達した（日本自動車工業会編［1988］）．しかし，その中心はトラックとバスであり，乗用車の輸出はほとんどなかった．その後，輸出台数は増加したものの高度成長期前半になっても乗用車輸出はわずかであった．60年代後半になると輸出は増加し始めたが，輸出先として最も多い地域はアジアであった．自動車市場の中心である北米（アメリカ・カナダ）向けの輸出は拡大しつつあったとはいえアジアに次ぐ2番目の市場に過ぎなかった．

それが変化したのが1970年代である．図4-8から明らかなように，自動車の輸出は70年代に急伸した．また，図4-8からはその輸出が主として乗用車輸出の拡大によって担われたものであることがわかる．そして，この輸出拡大は主として北米向けの輸出によって実現したものであった．それでは，なぜ日本車はこの時期に北米向け輸出の拡大を実現することができたのであろうか．以下で確認してみよう．

日本の自動車輸出は1960年代後半頃から徐々に北米への輸出を増やしていった．この要因はセカンドカーとして日本車の需要が増えたことによる．しかし，ニクソン・ショックによる円の切上げにより，一時的に輸出は停滞を余儀なくされた．

その流れが変わり，さらに日本車が北米市場で躍進するきっかけとなったのが石油危機であった．石油危機による日本への影響については既に前章で述べたが，世界的な出来事である石油危機は当然アメリカの経済，需要にも影響を与えた．アメリカでも省エネルギー製品の需要が高まる一方，アメリ

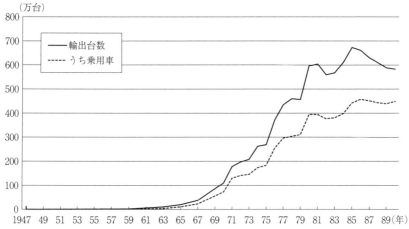

出典：日本自動車会議所・日刊自動車新聞社編『自動車年鑑』昭和42年版，昭和53年版，平成3年版，1967，1978，1991年より作成．

図 4-8　自動車及び乗用車輸出の推移

カ政府によって燃費規制が実施された．

　需要の変化及び政府の規制は，従来から小型かつ低燃費志向の強い日本の乗用車の追い風となった．アメリカの自動車メーカーは従来より普通車・大型車の生産が中心であった．石油危機後に求められた低燃費な小型車市場は日本のメーカーが北米に進出する際に開拓していった市場であり，それゆえ日本の自動車メーカーの独壇場ともいえるカテゴリーであった．唯一ライバルといえる欧州車，例えばフォルクスワーゲンは，旧来のスタイリングや機能のモデルに固執し，かつマルク高に合わせて価格を引き上げたため，次第にそのシェアを失っていった．

　これに対し，アメリカメーカーも小型車市場への進出を図った．しかし，元々大型車中心の生産を行っていたアメリカメーカーはこの分野で苦戦を強いられた．

　もちろん日本の自動車メーカーが北米市場でシェアを伸ばした理由を需要構造の変化だけで説明することは適当でない．先述のように日本の自動車メ

ーカーは高度成長期を通じて生産性を向上させていたが，1970年代に入ってもその勢いは衰えなかった．特に物的生産性については70年の段階でドイツを，70年代後半になってアメリカを上回るほどに上昇していたのである．

さらに，1960年代までの先行投資が70年代の躍進の下地になっていたことも見逃せない．60年代より北米での販売体制を強化していったトヨタや日産は71年に基本的な販売網を整備しており，これがのちの拡大を支えていった．

また，日本の自動車メーカーが時間差で次々と北米市場に参入していったことも重要である．先発のトヨタ，日産に続き，それらの経験から学習した，後発のホンダ，マツダ，三菱，最後発の富士重工，スズキが時間差で参入を果たした．その結果，日本メーカーのシェアが拡大しただけでなく，小型車市場に多彩な商品が供給され，他国の参入余地を狭める働きをしたのである．

以上のように自動車輸出は1970年代に急伸した．80年の輸出額は約261億ドルとなり，日本の総輸出額の20.1％を占めるまでになった．これは同時期の日本の石油輸入額の半分にあたるほどの大きさであった（通商産業省・通商産業政策史編纂委員会編［1993］）．

(5) 1980年代の自動車産業

1970年代に北米市場でのシェアを急激に伸ばした日本の自動車産業は，それゆえ貿易摩擦という問題に直面することとなった．

日本車のアメリカでのシェアは1970年代を通して上昇し，80年には21.3％を占めるに至った．一方，業績を悪化させたアメリカの自動車メーカーは工場の一時または完全閉鎖を余儀なくされた．また，それに伴い自動車産業の失業者は増加し，その数はピーク時の80年には自動車産業の全労働者の40％弱に及んだ（通商産業省・通商産業政策史編纂委員会編［1993］）．

そのため，アメリカ国内で日本車あるいは日本メーカーに対する批判が高まった．アメリカの自動車産業組合であるUAW（United Auto Workers）

とフォードは数量規制の実施などの保護措置を求めてアメリカ国際貿易委員会（ITC）への提訴を行った．これに対し日本政府は輸出自主規制等の措置はとらないものの，自動車メーカーに対し輸出に抑制的対応をとるように要求し，自動車メーカー側も各社の判断で輸出の自粛を行う旨申し合わせを行った．一方，ITCの公聴会で，日本の自動車メーカーはアメリカの自動車業界の不振の理由は輸入の増加ではなく，景気後退と石油危機による需要の変化によるものであると主張した．そして，ITCではこの意見が通り，UAW及びフォードの主張は却下された．

しかし，ITCの審査結果に反発した自動車業界及びアメリカ議会では日本車に対する反発が激しくなっていった．また，レーガン政権内でも日本車に何らかの規制をかけるべきという論調が生じた．最終的にレーガン大統領は自由貿易の原則を維持することを表明したが，その一方でそれを維持するために日本側が何らかの対応をとるよう示唆する発言を行った．これらの動きを受け，日本政府も自主規制やむなしと判断し，国内及びアメリカとの協議の末，1981年5月に自主規制案を発表した．その内容は，①1年目の輸出上限を168万台とする，②2年目は168万台に市場の拡大量の16.5%を追加した量を上限枠として設定する，③3年目は米国市場の動向を勘案し数量規制の継続可否を決定する，④これらの規制はいかなる場合も84年3月をもって終了する，などであった．さらに，日本政府は国内での輸出配分枠を決定し，168万台の99%は79，80年の実績を元に各社に配分する，残りの1%は特殊事情を抱えるメーカーへの微調整分とする方針を表明した．

以上の自主規制の下，メーカーがとった戦略が現地生産の拡大と高級化路線への変更であった．

日本メーカーの北米現地乗用車生産については，ホンダがその先鞭をつけた．既に1975年に北米現地生産の検討グループを設置していたホンダは，77年にオハイオ州で二輪車生産工場の建設を発表した際，将来的に四輪車工場を隣接させることを表明した．80年にはその四輪車工場の建設と現地生産の計画を発表するとともに建設工事を開始した．そして，82年11月に

アコードの第 1 号がラインオフした．

　一方，1974 年から北米での現地生産を模索していた日産は 80 年にテネシー州に小型トラック工場を建設することを決定，83 年から生産を開始した．さらに，日産は 85 年から同工場での乗用車生産を開始した．また，日産はスペイン，イタリア，イギリス，オーストラリアなど世界各国での現地生産を展開した点にも特徴があった．

　一方，トヨタは当初単独進出には慎重な姿勢をとり，アメリカメーカーとの合弁生産を進めた．最初に交渉したフォードとは生産車種や生産モデルで折り合いがつかず交渉を断念したが，その後 GM カナダとの交渉が進展し，1984 年に合弁会社ヌーミ（NUMMI）が発足した．そして，同年にシボレー・ノバがラインオフした．さらに，85 年より単独進出の検討が開始され，88 年 5 月にアメリカのケンタッキー州の工場でカムリがラインオフし，続く 11 月にはカナダのオンタリオ州の工場でカローラがラインオフした．

　これら先発組に加え，後発メーカーも現地生産を進めていった．マツダが 1987 年からミシガン州で乗用車の生産を開始したほか，88 年に三菱が米クライスラーとの合弁によりイリノイ州で，89 年にスズキが GM カナダとの合弁によりカナダ・オンタリオ州で，同じく 89 年に富士重工といすゞが合弁によりインディアナ州でそれぞれ乗用車生産を開始した．

　このように，日本メーカーの多くが 1980 年代末までに北米での現地生産を開始した．ただし，先発のホンダ，日産，トヨタと後発の各社とはその戦略に違いがあった．すなわち，先発の 3 社がアメリカメーカーに対抗しシェアを確保するための進出だったのに対し，後発メーカーの多くが自社ブランドでの市場供給だけでなく，アメリカビッグ 3 への供給も目的としていたのである．

　ところで，トヨタは，NUMMI の建設・運営にあたり，工場については基本的に旧工場を利用し，現地での部品の発注先などは GM の協力を得ながら選定を進めた．一方，設備については高岡工場と同じ設備の導入，入社間もないグループリーダーやチームリーダーの高岡工場への派遣を通じた生

産，経営方針，歴史などの基礎教育と実習の実施，工場での一般作業者へのラインストップ権限の付与，工場内でのジャスト・イン・タイム方式の採用など，トヨタ流の経営管理方式を導入していった．この結果，旧工場と比較し，NUMMI は生産性が向上し，機械1台当たりの不良品発生数も減少した．

これに代表されるように，現地生産にあたり，自動車メーカーでは，一部現地の生産方式や慣行を採用しつつも，日本式の生産方式を適用する度合いが他の産業より高かった．これは，国際競争力が日本式の工場運営に依拠している度合いが大きいこと，現地生産の重要性が高いこと，現地生産車の評判がそのまま日本車の評判に直結することなどの理由によるものであった．

輸出自主規制への対応の2番目が高級化である．自動車メーカーは輸出数量が制限される中で利益を高めるため，輸出車の高価格帯へのシフト，同価格帯での高付加価値化を進めることで1台当たりの付加価値を大きくする戦略をとった．

特に高級化へのシフトを進めたのはトヨタ，日産，ホンダの先発3社であった．輸出自主規制において，輸出量の業界内の配分は過去の実績を基に行われた．このことは視点を変えれば，実績を持つ先発3社のシェアを保護する役割を果たすことを意味する．日本車の輸出総量が規制される一方，アメリカでの日本車の需要は依然として高かったため，日本車の価格は上昇傾向にあった．トヨタ，日産，ホンダの3社はその恩恵を受け利益を増大させ，その利益で上級車へのシフトを果たしたのである．

もちろん，この時期に日本車だけが価格を上昇させていたならば，日本車の業績が伸び悩んだ可能性もある．しかし，日本車の価格上昇に対し，アメリカメーカーは自身も値上げを行うという戦略をとった．これが一種の価格カルテル的な効果をもたらしたのである．

この結果，輸出自主規制にもかかわらず，1980年代の四輪車輸出額は伸び続けた．

一方，輸出台数も1983年から回復に向かった．その理由として，第1に輸出自主規制枠が拡大したためである．アメリカビッグ3は自身の小型車供

給能力の不足を補うため，いすゞ，スズキ，マツダ，三菱といった輸出後発社から自動車の供給を受け，自社のブランドで販売を行っていた．このため，アメリカビッグ3はそれら後発社の輸出枠拡大を要望し，それが実現したのである．

また，第2に輸出自主規制の対象外であるピックアップトラックなどの商用車輸出が増加したことも，この時期の輸出台数増加の大きな要因であった．

しかし，1985年のプラザ合意をきっかけに日本の自動車メーカーは再び戦略の転換を迫られた．日本メーカーは円ベースの利益をあきらめ，輸出車のドル価格の維持を図ることで輸出台数の確保を図ったが，現地生産が増加したこともあり北米向け輸出は減少した．

このような状況で日本メーカーがとった戦略の第1が北米以外への輸出の増加であった．ヨーロッパや東南アジアへの輸出を増やした結果，全世界での輸出台数は微減にとどまり，ドルベースでみた輸出額はむしろ上昇した．

自動車メーカーのとった第2の戦略であり，より重要なのは国内回帰であった．折しも円高不況を脱した日本経済は平成景気－バブル景気の最中にあり，国内への供給増加を受け止める余地が十分にあった．

その際，自動車メーカーが採用したのが高価格化戦略であった．この時期の国内平均価格の上昇は著しく，1970年代後半から上位にあった輸出平均価格を大幅に上回った．この価格の上昇は単純な価格のつり上げではなく，頻繁なモデルチェンジやバリエーションの増加，下級車への高級車設備の搭載，製品ごとに異なる部品の新規設計，ハイテク装備品の増加などを伴った．これは成熟した市場での需要の掘り起こしとバブル経済における消費者の購買意欲の喚起を目的としたものであった．

以上の結果，日本の自動車生産台数は1980年代後半より増加していった．しかし，バブル崩壊とそれによる需要の喪失は日本の自動車メーカーを苦境に陥れた．

しかも1980年代後半の高価格化戦略は，消費者の要求を大きく超える製品の仕様や製品開発によるコストの上昇，それに伴う損益分岐点の上昇をも

たらしていた．この問題が需要が低下する中で表面化したのである．製品の多様化は規模の経済性を失わせ物的生産性の伸び悩みや部品メーカーも含む過剰な設備投資の要因の1つとなった．

　1990年代に入り，日本の自動車産業の業績は悪化し，91年から93年にかけて新車登録台数は減少を続け，93年度の乗用車メーカー9社の経常利益の合計は89年度の20%にとどまった．特に日産，マツダ，富士重工の3社は営業利益で赤字を記録した（日本自動車会議所・日刊自動車新聞社［1992, 1995］）．

　これに対し，日本の自動車メーカーは設計の簡素化を進めて対応を図った．その対象は，設計・開発におけるほとんど全ての分野に及び，部品共通化，特にプラットフォームの統合や過剰設計の修正などが行われた．また，モデルチェンジサイクルも延長された．この結果，日本の自動車メーカー全体の業績は上昇に転じ，2000年代以降の復活へとつながっていくのである．

4. 1980年代の消費と産業

(1) 1980年代の消費

　この時期の消費はどのように変化したのであろうか．図4-9は1980〜90年の最終消費支出の変化を見たものである．80, 81年の伸び率はその後の伸び率と比べて低い水準となっている．これは経済全体が伸び悩む中で雇用情勢が改善せず所得が伸び悩んだことが影響している．それでも消費は前年比プラスを維持しており，内需が全体的に伸び悩む中で輸出とともに景気を下支えする役割を果たした（前掲表4-1）．82年には最終消費は所得の上昇もあって大きく回復した．その後83年には伸び率が低下するものの80, 81年に比べれば高い水準を維持しており，80年代半ばまでは安定的に推移していることがうかがえる．

　それが大きく変化したのが1980年代後半である．87年から90年にかけて消費は高い伸び率を示し，設備投資とともに景気を牽引する役割を果たし

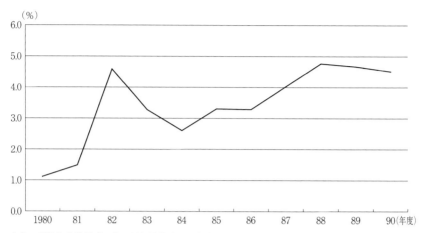

出典:総務省統計局「日本の長期統計系列　家計の目的別最終消費支出の構成」(http//www.stat.go.jp./data/chouki/03.htm).
注:1990年基準.

図4-9　実質民間最終消費支出伸び率の推移

た．80年代後半に消費が拡大した要因の1つとして，円高による価格の低下がある．また，円高によって海外から様々な製品が輸入されたことや，海外旅行の費用が低下したことなどから消費者の選択幅が広がったことも消費の増加につながった．さらに，自動車メーカーのように国内回帰戦略を企業がとったことや次項で見るようなテレビゲーム機，VTRといった国内向けの魅力的な商品が供給されたことも大きい．加えて株価・地価の上昇によって生じた資産効果も消費の拡大につながった．

　人々の心理状態の変化も大きかった．「将来に備えるか，現在を充実させるか」について，時系列でその回答を見ると，1980年代後半から「毎日の生活を充実させる」という回答が「貯蓄・投資など将来に備える」という回答を上回るようになった（経済企画庁編 [1988]）．また，物質的な豊かさより心の豊かさを求める人々の割合が伸びる中で，所得と比較して耐久消費財物価が安定していたことや，消費経験の積み重ね，資産効果などが影響して高級品を買うことへの抵抗が弱まったことなどが消費の高級化につながり，

表 4-5　家計消費支出の内訳

(単位：%)

年	1980	1985	1990
飲食費	26.1	23.8	20.1
被服履物	8.7	7.9	7.7
住居・電気・ガス・水道	24.8	26.2	26.0
娯楽・レジャー・文化	14.5	15.4	18.0
その他	25.8	26.7	28.3

出典：三和・原編［2010］10 頁．

消費支出の拡大要因となったのである．

　それでは，拡大した消費の内訳はどのようになっていたのだろうか．表4-5 は 1980 年から 90 年にかけての家計消費支出の内訳を表したものである．それを比較すると飲食費，被服履物の割合が低下していることがわかる．一方，増加で目立つのは娯楽・レジャー・文化への消費であった．『現代日本経済』第 3 版(橋本・長谷川・宮島・齊藤［2011］)では，家計消費支出の内訳に関するより詳細なデータから飲食費の中でも調理食品や外食への支出，授業料，補習教育，旅行など，教育や娯楽費が増加している点が指摘されている．また，同書では耐久消費財を含む家具家事用品の構成比が低下している点が指摘されているが，一方で家計消費の平均成長率に関するデータから，この時期の家計消費の伸びに対する耐久消費財の貢献の高さを指摘する研究も存在する（祝迫・岡田［2009］）．これは，冷蔵庫，洗濯機，掃除機，炊飯器など生活必需品的意味合いの強い耐久消費財の普及が一段落し，この時期の耐久消費財の中心が，高級化した自動車，ステレオや BS チューナーなどを内蔵した大型テレビ，VTR など，趣味・娯楽的要素の強い耐久消費財へとシフトしたことを表していると考えられる．人々が豊かになるにつれ，生きるために必要な消費の割合が減り，生活を豊かにする消費が増加した．そういった傾向は 70 年代から現れていたが，80 年代により顕著になったのである．

(2) テレビゲーム機の興隆

以下では，家庭用ゲーム機産業と家庭用VTR産業の成長過程について，主として1980年代までを対象として概観する．

通産省の産業分類では，前者は娯楽製造業，後者は電気機械器具産業とされており，異なるカテゴリーに属している．しかし，ともに1980年代に急速に普及したという点，それまでの主要な耐久消費財と異なり余暇時間に利用する娯楽製品である点（この点についてテレビもそのような利用をされる側面を持っている．ただし，テレビはニュース，天気予報などの情報を得るなど単なる娯楽的側面ではなく，日々の生活に密着したいわば生活必需品的側面を持っている．インターネットが普及していない時代は特にその側面が強く，その点でゲームやVTRとは異なるものといえよう），それ単独ではなくソフトというコンテンツが発展や競争力に影響する点，80年代に成熟産業となっていたテレビ製造業のさらなる発展に関連していた点など共通項を持つ．特に，技術の向上もさることながら，余暇のための消費の増加という時代背景があってこその発展という点でこの節で取り上げるにふさわしい産業と思われる．

まずは1980年代の家庭用ゲーム機産業の発展について概観してみよう．

家庭用ゲーム機産業が発展する契機となったのがファミリーコンピュータ，いわゆるファミコンである．そのファミコンが任天堂から発売されたのは1983年7月であった．ファミコンが発売されて以降，家庭用ゲーム機市場は急速に拡大していった（図4-10）．

任天堂は山内房治郎が花札の製造・販売を開始したのをはじまりとする．戦後になると株式会社丸福が設立され，それがのちの任天堂となった．1959年にディズニーのキャラクターを使用したトランプを発売するとこれがヒットし，大阪，京都の証券取引所での上場を果たした．

任天堂がゲーム機産業に参入するきっかけとなったのが電卓開発である．1970年代の任天堂は決まった開発方針がなく，個人のアイディアが会社の方針に合えば商品化するという状況であった．そのため，この時期には乳母

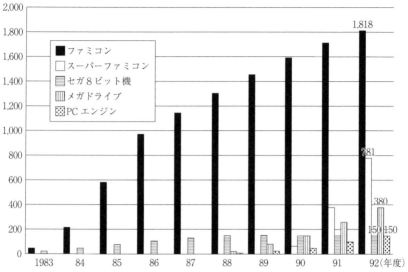

出典：浅羽茂『競争と協力の戦略——業界標準をめぐる企業行動』有斐閣，1995年，77頁（原資料は市場調査第6本部編，矢野経済研究所『日本マーケットシェア事典'93』1993年）．
注：1983年度からの国内出荷台数の累積．

図4-10　家庭用ゲーム機出荷台数の推移

車，サインペンなど玩具以外の商品が開発・発売されたが，電卓もその一環で開発が進められたのである．

　最終的に競合企業の多さなどから任天堂は電卓の製品化を断念するが，そこで結成された電卓開発チームが家庭用テレビゲーム機に着目する．玩具とエレクトロニクスとの融合という観点を任天堂は既に有しており，1964年に理工系出身の大卒採用を開始したのち，電子工学系出身者の大量採用を進めるとともに，三菱やシャープと共同でハード，ソフトウェア，ICの共同開発を進めていた．また同じ頃，三菱からLSIを搭載したテレビゲーム機の製品化について打診があり，テレビゲーム機に興味を抱いていた任天堂はこれを機に「カラーテレビゲーム6」及び「カラーテレビゲーム15」を1977年に発売した．続けて，78年に「レーシング112」を，79年に「ブロ

ック崩し」をそれぞれ発売した任天堂は，開発者の横井軍平が電卓から着想を得て，80年にゲーム＆ウオッチ「ボール」を発売した．任天堂のゲーム＆ウオッチの価格は5,800円程度と当時の玩具としては高額であったが，様々な種類のゲームが発売され，国内で1,287万個，海外で3,053万個を売るヒット作となった（任天堂［2010a］）．

とはいえ，任天堂のエレクトロニクス玩具事業が必ずしも順調に発展したわけではない．例えば業務用ゲーム「レーダースコープ」は当時としては飛び抜けた性能を持っていたが，技術を追求しすぎたことで価格が上がり，多くの在庫を抱えることとなった．しかし，「レーダースコープ」の基盤を改造して新しいゲームを作るため社内公募が行われ，のちに「スーパーマリオ」を生み出す宮本茂が業務用テレビゲーム「ドンキーコング」で応募し採用されたことで流れが変化する．「ドンキーコング」はヒットし，ゲーム＆ウオッチにも採用された．さらに，ゲーム＆ウオッチへの移植にあたり，ファミコンの代名詞の1つとなる「十字キー」が採用された．

その頃，任天堂社長山内溥は社内で家庭用ゲーム機の開発を打診した．そこで目指されたのは「ドンキーコング」を家庭で遊べるようにすることであった．1982年には開発プロジェクトが創設され，10月には仕様の検討が開始された．

そのような経緯を経て市場に投入されたファミコンだったが，ライバル機も少なくなかった．発売された段階で既にエポック社，バンダイ，トミーなどの玩具メーカーやコモドール，アタリなどの外国企業が家庭用ゲーム機を発売しており，任天堂はむしろ後発メーカーだった．しかし，ファミコンは人気を博し，1年間で300万台以上を売り切る大ヒット製品となった（高野［2008］）．

それではなぜ並み居るライバルがいる中でファミコンだけがヒット商品となったのであろうか．その理由の第1が価格である．例えば同時期に発売されたコモドール・ジャパンのマックスマシーンは3万4,800円，アタリ・インターナショナル・ニッポン・インクのアタリ2800は2万4,800円，トミ

ーのぴゅう太は5万9,800円であり（武宗［2012］，アルカディア，スーパーカセットビジョンの価格についても同じ），それと比較してファミコンの1万4,800円は破格の安さであった．とはいえ，同じくライバル機であるバンダイのアルカディア（1万9,800円），エポック社のスーパーカセットビジョン（1万5,000円）と比較すると決定的な差ではない．

すなわち，第2の理由であるゲームソフトのラインナップが大きく影響している．コンピューターゲーム機の特徴の1つとしてソフトの評価がハード（ゲーム機）の評価，ひいては売上につながる点がある．もちろん，ハードの機能もソフトの性能を規定するという点で重要な要素ではある．また，現在のように複数のハードから同一のソフトが発売されるケースと比べ，ハードとソフトが一対一の関係であることが多かった当時，有力ソフトメーカーに選んでもらうハードを作ることも重要であった．しかし，どんなに優れた機能を有するハードでも，魅力のあるソフトが存在しない場合，売上にはつながらない．

任天堂は，ファミコン発売初年の1983年から「ドンキーコング」，「ドンキーコングJR.」，「マリオブラザーズ」といった人気ソフトを発売し，消費者を取り込んだ．この初期の成功により，84年にナムコ（現バンダイナムコエンターテインメント），ハドソン（2012年，コナミデジタルエンタテインメントに吸収），85年にコナミ（現コナミデジタルエンタテインメント），カプコン，エニックス（現スクウェア・エニックス），スクウェア（同）など，のちにヒット作品を次々に送り出す任天堂以外の会社（サードパーティ）がファミコンへのソフトの供給をはじめる．さらに，任天堂自身も85年に国内累計681万本，海外累計4,024万本を記録する「スーパーマリオブラザーズ」を発売し，ファミコンの人気を不動のものとした（朝日新聞社［2015］）．

しかし，ファミコン人気が高まり，様々なサードパーティが参加することで新たな問題が生じた．先に述べたようにソフトの質がハードの人気を左右する．その場合，ソフトの質が良ければハードの人気を高めることになるが，

逆にソフトの質が粗悪であればハードの人気をおとしめる可能性がある．実際に，アメリカのアタリ社による家庭用テレビゲーム機 VCS は 1982 年に 1,000 万台以上の売上を記録したものの，粗悪ソフトが多数出回ったことが要因の 1 つとなり人気が急落した（「アタリ・ショック」）．

　そして，任天堂にも同様の状況が生じた．当初，ファミコンのソフトはソフトメーカーが独自に製造しており，任天堂はそれに商標権だけで対応するしか方法がなかった．その中で，あるメーカーから不良品のソフトが発売されたことで任天堂にクレームが殺到したのである．そこで，任天堂は，みずからがソフトを製造して品質を保証するライセンシー制度を 1986 年に確立した．以下，その概要を見てみよう．

　ソフト供給をオープン化した当初の契約は，①ファミコンが任天堂の創作物であると認める，②ソフトの発売にあたり任天堂の許諾を必要とする，③「商標」，「ノウハウ」の許諾料を任天堂に支払う，④年間に発売するソフトに上限を設ける，というものであった．

　しかし，先述のような問題が発生したことにより，任天堂はみずからがソフトを生産する委託生産を義務づけた．委託生産では，ソフトメーカーが開発したソフトのマスター版と発注本数を任天堂に提示し媒体への書き込みを依頼→任天堂は ROM カセットの組み立て，媒体へのマスターデータの転写，マニュアルの印刷，パッケージングなどを行い製品化→ソフトメーカーは委託生産量を支払って引き取り，ソフトメーカーブランドの商品として発売，という形式がとられた．

　任天堂は以上の契約を義務づけることで発売されるソフトやソフトメーカーを厳しく選別した．先述した年間の発売タイトル制限はソフトの乱造を防ぐとともにソフトメーカーに発売ソフトの厳選を必要とさせた．また，委託生産料の支払いは発注時に全体の 50％，残りを製品引き取り時に支払うというものであり，ソフトの発売前にソフトメーカーに全額資金負担を強いるものであった．これにより，ソフトメーカーにとってはソフトが売れ残った場合のリスクが高くなるため，やはり発売するソフトを厳選することにつな

がった．さらに，発売前のソフトに対し，暴力，喫煙，宗教などの倫理基準を設けチェックするとともに，「マリオクラブ」という評価機関によるソフトそのものの評価も行われた．

　これらの仕組みはソフトの質を維持するだけでなく，任天堂に安定的な収入をもたらした．先述した商標に関するロイヤリティや生産委託料は製品単位（ソフト1本）ごとに支払われたため，ソフトを製造するごとに一定の収入を確保することができたのである．

　このほか，流通に関して「初心会」という特約問屋を通すことや，販売時期について任天堂に決定権があるなど，任天堂は当初徹底したソフトメーカー管理を行った．

　しかし，「スーパーマリオブラザーズ」，「ドラゴンクエスト」，「ファイナルファンタジー」など，任天堂あるいはサードパーティのソフトの中にヒット作が生まれると，任天堂のソフト管理も少しずつ変化していった．大ヒット商品と全く売れない商品との差が激しくなるとともに，ソフトやソフトメーカーに関する情報が充実する中でソフトメーカーの認知度も上がり，必ずしもソフトの評判＝ハード機の評判という図式が成り立たなくなったのである．さらに，流通段階において，返品を認めなかったこともあり，小売・卸売業者はヒットが予想される商品を優先して取り扱うようになった．すなわち，任天堂が事前審査を行わずとも，市場が粗悪なソフトを排除する仕組みへと変化したのである．そのため，任天堂も最低出荷数や年間開発本数などの制限を緩和していった．

　以上のように任天堂とファミコンの存在は家庭用ゲーム機産業を重要産業に押し上げていった．

　続くスーパーファミコンでも大成功を収めた任天堂であったが，ソニーのプレイステーション®の登場によりその地位から転落することとなる．1994年に発売されたプレイステーション®において，ソニーは任天堂とは異なる戦略を採用した．まず，任天堂が違法コピーを警戒して採用を見送ったCD-ROMを媒体として採用した．CD-ROMはROMカートリッジに比べ製造

期間及び製造コストを縮減することが可能である．その結果，あらかじめ厳密な需要予測をしなくとも，ヒットしてから短期間で商品を準備することが可能となり，機会損失や在庫リスクが減少した．また，CD-ROM はデータ容量が相対的に大きいというメリットを持っており，それが当時日本で流行していた CG（コンピュータグラフィック）を使ったリアルな映像表現と音楽を利用したロールプレイングゲーム（RPG）というジャンルに適合的であった．また，RPG は場面ごとの転換にも違和感なく遊べるため，CD-ROM の持つ，読み込み時間が長いという欠点もそれほどデメリットとならなかった．

　また，任天堂と異なり，ソニーは委託生産料を月末締め翌月払いとしていた．任天堂の方式は製造期間がかかる ROM カートリッジの場合，メーカーの資金的負担が大きかったのに対し，ソニーの支払い方式は相対的に資金負担が小さかった．

　また，ソフト及びソフト会社の選別についても任天堂が最初の段階で選別を行ったのに対し，ソニーは選別を市場に委ねる方針をとり，新規参入や中小メーカーも含め，制限条項を設けず，技術支援なども積極的に行った．また，事前審査も製品不具合のチェックが中心であり，倫理基準は設けているものの，任天堂に比べると緩やかであった．

　この結果，ソフトを厳選した任天堂の NINTENDO64 とプレイステーション®でソフトの充実度に違いが生じ，ハードの売上に影響を及ぼした．その中で，「ファイナルファンタジー」と「ドラゴンクエスト」の新作がプレイステーション®で発売されることが発表された．当時の中心的なソフトメーカーの鞍替えは人々に衝撃を与えるとともにゲーム機の世代交代を象徴する出来事となった．

　その後，任天堂は，最高の技術を使用せずに，アイディアで勝負する戦略によりハードの開発・製造コスト抑制に成功する．さらに，Wii やニンテンドー DS でそれまでゲームに興味のなかった新規ユーザーを取り込むことで復権を果たすのである．

ゲーム業界はその後スマートフォンを媒体としたソーシャルゲームの台頭により，かつての主要ソフト会社の統合，事業縮小，撤退などが相次いでいる．今後の展開が興味深い．

(3) 家庭用 VTR の登場と競争

ゲームと並んでソフトの種類と質に影響されるのが家庭用 VTR である．以下では，その普及過程について概観しよう．

VTR 開発はまずアメリカの企業によって先鞭がつけられた．1950 年には早くも RCA によって放送用白黒 VTR が試作され，56 年にはアンペックスが開発した VTR が放送局用に使用された．しかし，両社は家庭用 VTR についてはついに成功することなく市場から撤退した．

一方，日本では 1950 年代に放送局用の VTR の国産化を求める声が高まったこともあり，その開発が開始された．その時に VTR 開発を進めた企業のうち，ソニーは当初から家庭用市場への供給とその開拓を意識していた．ソニーは技術開発を進め，価格が 2,500 万円，容積がタンス 2 棹分あったアンペックス製 VTR と比べ，価格，容積をともに 100 分の 1 にした製品の開発に成功し，65 年に初めて「家庭用」の名称をつけて発売した（林 [2000]）．ソニーの成功を受け，松下，日本ビクターなどが模倣・改善行動をとりながら家庭用 VTR 市場への参入を果たした．

ところで発売当初の VTR はオープン・リール式が一般的であった．しかし，家庭用の普及のためにはより操作が簡単なテープ・パッケージ化が必須であった．その際，ソニーは自身の開発した規格である「U 規格」をオープン化し，それを業界標準化すべく働きかけた．規格をオープン化することで当時立ち上がってきていたビデオソフト業界を発展させ，ビデオソフトとともに家庭用 VTR の普及を図る戦略を描いたのである．

しかし，ビデオソフトビジネスは不調に終わった．その理由は，第 1 に VTR の規格がまだ確定していなかったことである．松下や東芝はソニーの U 規格による製品を開発しつつ，オープン・リール方式と技術的連続性の

ある独自の規格による開発も進めていた．既にオープン・リール方式の製品が導入されていた教育用市場でのシェア獲得を狙ったためである．このため，ソフト会社はどの企画を採用するか決めかね，本格的な投資に二の足を踏んだ．第2にビデオソフトが高価格であったことも問題となった．ビデオソフトの価格は1巻当たり3万円とレコードやテープの10倍以上の価格であった（林 [2000]）．しかも，前述の通り，規格が統一されていない中での大量生産にはリスクが伴うため，ソフトメーカーはそのような戦略をとらず，結果的に規模の経済性を活かした価格の低下を図ることもできなかった．

これを受け，日本ビクターと松下は，テレビ番組の録画機能の方がより消費者のニーズに応えることができると判断し，録画機能のついたU規格VTRを開発，発売した．

しかし，結局U規格のVTRは浸透せずに終わった．重量と価格がネックになったためである．とはいえ，規格のオープン化による統一の試みは，その検討段階で各社の技術交流が実現したこと，特許のクロスライセンス契約によりソニーの技術が松下や日本ビクターへ波及したことなどの点で意義を有した．

一方，松下が独自規格によるVTRを1973年に発売したが，これも失敗に終わった．石油危機によって消費者の購買意欲が低かったことや，録画時間が短かったことがその原因であった．この経験を基に松下は長時間録画を追求していった．

U企画に失敗したソニーはより低価格で小型化を実現した「ベータマックス」を1975年に発売した．一方，日本ビクターはソニーのベータ方式への参加の働きかけを断り独自の開発を進めた．それによって生まれたのが，VHS方式のVTRである．日本ビクターはこれを76年に発売した．これにより，両者は業界全体そして世界を巻き込んだ規格争いを展開した．当初ベータ陣営にはソニー，東芝，三洋，新日本電気，ゼネラル，パイオニア，アイワが，VHS陣営には日本ビクター，松下，日立，三菱，シャープ，赤井がついた．

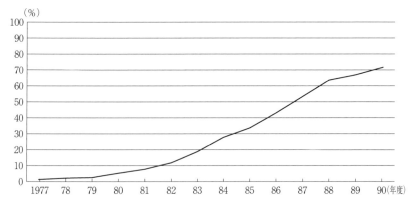

出典：内閣府「消費動向調査（主要耐久消費財等の普及率〈平成16年（2004年）3月で調査終了した品目〉）」(www.esri.cao.go.jp/jp/stat/shouhi/shouhi.html) より作成．

図 4-11　VTR の普及率の推移

　最終的にこの勝負は VHS 陣営の勝利に終わる．ベータは 1970～80 年代を通じて徐々にシェアを落としていった．VHS が優位に立った理由として，販売力で他社に勝る松下が参加したこと，レンタルビデオの解禁に際して VHS が多く扱われたこと，OEM 供給を積極的に行い海外のメーカーを同陣営に引き入れたこと，録画時間の長さの面で VHS がベータを上回っていたことなどがあげられる．ベータのシェア低下を見て，83 年に東芝，三洋が，87 年にはソニーの子会社であるアイワが VHS に転換した．そして，ついに 88 年にソニーが VHS を発売し，規格をめぐる争いに決着がついたのである．

　以上のような激しい規格競争が展開されてゆく過程で VTR の技術進歩がもたらされ，日本で急激に VTR が普及していったのである（図 4-11）．

終章
「失われた10年」をこえて

　前章まで戦後復興期からバブル崩壊までの日本経済を駆け足で説明してきた．本書が主な対象としている時期はそこまでであるが，より現在に近い時代を知りたいという方，あるいはバブル崩壊という形で終わることに後味の悪さを感じる方もおられよう．1990年代を対象としなかった理由については序章で述べた通りであるが，そのような読者のため，終章としてその後の日本経済の歩みについて簡単に触れてみたい．

1. 1990年代から2010年代半ばまでの日本経済

(1) 1990年代前半の停滞要因

　図終-1は1990年代から2010年代半ばにおける日本の実質GDPの推移を表したものである．ここからわかる通り，その後の日本経済は4%以上の成長をすることなく，むしろ戦後45年間で一度しかなかったマイナス成長をたびたび経験することとなった．その一方，「失われた10年（20年）」という評価を受けつつも，景気が上向いていた時期があったこともこの図からうかがうことができる．以下ではそれら景気の循環に留意しながら，まず90年代の日本経済について概観してみよう．

　前章で述べたように，急激かつ過度ともいえる規制により景気は後退局面に入った．当初この景気後退は循環的なものであり，その深刻さはそれほど強く認識されていなかった．このため，景気後退判断が遅れた側面は否定できない．

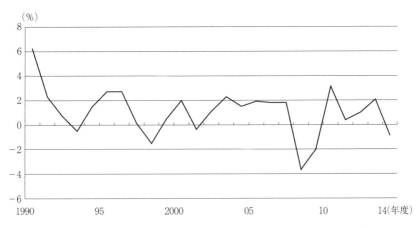

出典：内閣府『平成27年度年次経済財政報告――四半世紀ぶりの成果と再生する日本経済』2015年より作成．
注：年度計算．

図終-1　実質 GDP 成長率の推移

　さて，改めて図終-1を見ると1992, 93年の落ち込みが目立つ．その要因の第1は民間設備投資の低迷であった．実際，92～94年までの間，民間投資（民間住宅＋民間企業設備＋民間在庫）の国内総支出に対する寄与率はマイナスを記録した．民間投資が低迷した要因として，ストック調整と企業業績悪化の長期化があげられる．前者はバブル時代の投資が崩壊後過剰化し調整過程に入ったことや，政府の景気後退認定が遅れたことで企業の設備投資が景気後退期に入っても継続したことなどがその背景にあった．また，後者はバブル期の雇用拡大の結果生じた過剰雇用による労働分配率の上昇がその要因であった．さらに，株価及び地価が大幅に下落したことで企業や銀行のリスク負担能力が急激に低下したことも設備投資を抑制する働きをした．

　また，この時期は輸出も伸び悩んだ．その要因として最も大きいのが円高である．国内需要の低下に対応して各企業が輸出志向を高めたことをきっかけに円高が進行した．1993年1月に1ドル125.01円から同年8月に103.71円に上昇したのをはじめ，94年1～7月に1ドル111.51円から98.50円へ，

95 年 1〜5 月に 99.75 円から 85.10 円へそれぞれ上昇するなど短期的に円の価値が急騰する局面が見られた（小峰・岡田［2011］）．この円高は輸出企業の価格競争力を失わせただけでなく，輸入製品の価格を引き下げ，国内向け産業にも打撃を与えた．

(2) 短期の経済回復

このように，1990 年代前半に低迷していた日本経済も 93 年末頃から回復に転じた．政府の景気刺激策によって増加した公共投資や低金利と地価の下落を背景とした住宅投資が下支えをするとともに，アメリカ経済の回復によって輸出が伸びたこと，在庫調整が一段落したことなどがその背景にあった．しかし，この景気回復は公共投資の増加が民間需要につながらなかったこと，阪神淡路大震災の発生，円高の進展，物価の伸び悩みなどにより一旦停滞を余儀なくされた．

1995 年末頃になると再び景気は回復に向かった．この回復はストック調整の進展や低金利，円高修正を背景とするものであった．だが，この好景気は短期に終わる．製造業の設備投資が伸びる一方，これまで消費を下支えしていた非製造業分野の設備投資が伸び悩んだ点，その製造業の投資も情報化関連投資に限定されており他部門への波及が限定されていた点などがその理由であった．

(3) 1997 年の危機

1997 年は多くの問題が日本経済に影響を与える年となった．

まず，4 月に消費税が従来の 3% から 5% に引き上げられた．これは橋本龍太郎内閣が推進した財政構造改革の一環として実施された．ただし，法律自体は 94 年の税制改革により定められており，橋本内閣はそれを実行に移したということになる．その他，橋本内閣は 97 年度を財政構造改革元年と位置づけ，財政赤字の削減と公共投資などに関する長期計画の大幅な縮減方針を決定した．この背景には 90 年代に入って再び悪化した日本の財政状況

がある．前章で述べたように，90年前後に赤字国債の発行状況は改善し，国債依存度も大幅に低下した．しかし，90年代の不況対策の過程で拡張的な財政出動がなされる一方，企業業績の悪化や景気対策としての減税の実施により税収が不足した．このため，国債発行額が再び増加したのである．

　橋本内閣は1995, 96年の経済が好調だったこともあり，消費税の増税を含む財政構造改革の実行を決定した．97年11月には「財政構造改革法」が成立した．同法は，2005年度までに財政赤字の対GDP比を3%以下とするなどの目標を掲げ，さらに社会保障費，公共事業関係費，防衛費，科学技術振興費，地方公共団体への補助金など，幅広い分野における予算の凍結・縮減が具体的に定められた．

　しかし，結果的に見ればこの法案の出されたタイミングは，日本経済にとっても，あるいは財政構造改革の遂行にとっても適切ではなかった．

　1997年11月から大手都市銀行，大手証券会社，長期信用銀行などが相次いで破綻する銀行危機が生じた．97年11月に準大手証券会社の三洋証券が経営破綻すると，続いて同月に北海道拓殖銀行（拓銀）が1年以内の精算を発表した．拓銀の破綻は戦後初めての都市銀行の破綻であった．さらに，同月には当時4大証券会社の一角であった山一證券が自主廃業を発表した．また，翌98年には戦後日本の長期金融を担ってきた日本長期信用銀行と日本債券信用銀行も経営が悪化し，一時的に国有化の措置がとられた．

　このように大手金融機関の経営が悪化した背景には金融部門の不良債権問題があった．不良債権とは金融機関が貸し出した後，元本や利息が回収不可能になった貸出債権を指す．バブルの崩壊によって生じた株価や地価の下落は株式の売却損や含み損，土地担保価値の下落をもたらし，企業の資金繰りを悪化させた．そのため，経営不振に陥る企業が増加し，結果として金融機関の不良債権を増加させた．金融機関にとっても地価の下落は，含み損の増加のみならず，担保として入手した土地の価格下落によって融資元本及び利息額の回収が不可能になることにつながり，大きな打撃となった．上記大手金融機関の破綻はこの問題が爆発したものといえ，その後の深刻な金融シス

テム不安につながっていった．そして，この金融システム不安により不良債権問題は，金融機関だけでなく様々な形で実体経済に大きな影響を与えるようになった．

例えば，不良債権の増加は金融機関の資産と経営体力を減少させ，一定以上の自己資本比率を求める BIS 規制の存在と相まって，貸し渋り・貸しはがしを引き起こし，これが中小企業の経営破綻増加につながった（ただし，それが経済にマイナスの影響を与えたのか，淘汰されるべき企業の退出に過ぎないととらえるかは議論がある）．

また，大手金融機関の破綻は大企業ですら倒産するという危機感を人々に与え，その結果，将来への雇用・所得の不安から消費を控える動きが強まった．実際に2人以上世帯の1世帯当たりの1カ月の消費支出は1997年を境に年々低下していった．

このような銀行危機に加え，アジア通貨危機が日本経済に負の影響を与えた．

1997年7月，それまでの実質的な米ドルペッグ制を放棄して変動相場制へと移行したのを契機に，タイのバーツは急落した．さらに，この通貨不安はインドネシア，韓国，マレーシア，フィリピン，香港といった他のアジア諸国・地域にも波及した．対外資金依存の強かったタイをはじめ，これらの国々では外貨資金の急激な流出が生じ，自国通貨ベースでの対外債務，企業債務が増加するとともに，不良債権の増加や信用収縮などによって経済が大打撃を受けた．

日本でもアジア向け機械輸出の減少につながっただけでなく，融資の焦げ付きが先述の銀行危機の要因の1つとなった．

これらが重なった結果，日本経済は1998年にマイナス成長を記録した．橋本内閣は財政構造改革路線を転換し，16兆円を超える総合経済対策を実施した．続く小渕恵三内閣は「経済再生内閣」を標榜し，大規模な財政出動を表明するとともに「財政構造改革法」の凍結を発表した．政府は財政構造改革路線から積極財政路線へ再度転換したのである．

(4) IT バブルと短い景気回復

　日本経済は，1999 年春頃から回復に向かった．この要因の第 1 は外需の回復である．アメリカでの IT バブルにより IT 関連需要が増大し，IT 関連材の生産拠点であった東アジア諸国の生産が増加した．この結果，日本の半導体やその他の電子部品などのアジア向け輸出が増加したのである．また，日本国内でも IT 関連産業の発展により，半導体・通信機器，情報通信などの民間設備投資が伸び，景気の回復に貢献した．

　しかし，この景気回復も短期に終わった．成長が IT 関連産業に限定されていたこと，アメリカの IT バブル崩壊により外需が低迷したことがその理由である．

　また，消費の低迷も好景気を短期に終わらせる要因となった．先述のように銀行危機を契機に停滞した個人消費は 1999 年の景気回復局面でも低迷が続いた．その背景には先に述べた大手金融機関の破綻による心理的な影響のほか，名目所得の低下を伴うデフレの進行が住宅ローン負担を抱える世帯に負の影響を与えたことや失業率の増加などがあった．特に失業率については，98 年の景気後退期から上昇が見られたが，景気が回復した 99 年にも下がることはなくむしろ上昇を続けた．

(5) 小泉政権の誕生と景気回復

　日本の景気は 2000 年末頃より後退した．01 年頃にはデフレも深刻化し，デフレスパイラルの懸念も強くなった．さらに，景気後退により不良債権処理の遅れと貸倒引当金不足が深刻化し，不良債権が増加した．デフレと不良債権は，デフレが新たな不良債権を生み，その処理のために行う資産売却がデフレを深刻化させるという悪循環を伴っていた．

　そのような中，2001 年 4 月に誕生したのが小泉純一郎政権である．小泉内閣は不良債権処理とデフレの悪循環を断ち切ることを目的に「緊急経済対策」を発表した．これにより小泉内閣は，不良債権処理の推進を強く主張するとともに，財政規律の復活を規定することで，それまでの拡張的な財政出

動路線から財政構造改革路線へと再度転換することを明確にした．

　日本経済は2002年1月を底に回復に向かった．その要因として第1に輸出の拡大があげられる．為替が相対的に安定する中，市場が拡大した中国向け輸出が増加した．輸出は01年から06年にかけておよそ1.5倍に増加したが，その間中国向け輸出は3倍以上増加した（浅井・井手［2011］）．

　輸出増加の理由として日本企業がいくつかの分野で競争力を回復させたことも重要である．ハイブリッド車の開発や薄型テレビ，DVDプレイヤー，デジタルカメラなどのデジタル家電の開発で日本企業は先行した．その背景には日本企業の積極的な研究開発投資があった．「失われた10年」といわれた1990年代においても日本企業の研究開発意欲は失われておらず，90年代の研究開発支出の対GDP比は80年代のそれを上回っていた．

　さらに，世界経済全体が好調に推移したことも重要である．2003〜07年の世界全体の実質GDP成長率は3.6〜5.2％で推移した．それは途上国だけでなく先進国も同様であり，この間，1.9〜3.2％の安定的な成長を維持した（橋本・長谷川・宮島・齊藤［2011］）．

　景気回復の第2の要因として，企業が抱えていた3つの過剰（債務，設備，雇用）がこの時期までに改善され，企業収益が増加したことで設備投資が改善されたことも重要である．

　このうち，債務については不良債権処理の進展ともかかわる問題である．不良債権について，小泉内閣は2002年10月に「金融再生プログラム」を策定し，その処理を進めていった．結果として，不良債権は減少し，03年には不良債権問題が峠を越すこととなった．不良債権の減少については金融再生プログラムの効果を重視する見解と景気の回復によるものとする見解にわかれているが，ともかく，不良債権問題の解決は金融不安を払拭する効果を持った．

　一方，雇用については企業による雇用の削減が進み，労働分配率が大幅に改善した．これにより企業は売上が伸び悩む中で利益を確保する体質を作り上げていった．雇用はその後好景気が持続する中で改善に向かうが，一方で

その上昇は非正規雇用の増加による部分も大きく，景気後退期の失業や正規社員との所得格差，さらには将来不安による消費の低迷などの問題を引き起こす要因ともなっている．

　収益が改善した企業は，1990年代の投資控えによって設備の老朽化が進んでいたこともあり，設備投資を増加させていった．この結果，設備投資は2003～06年にかけて4年連続で増加した．

　この好景気の期間は69カ月を記録し，バブル景気の51カ月はおろか，いざなぎ景気の57カ月を上回り戦後最長となった．しかし，そのような長期の景気回復にもかかわらず，国民の間では好景気の実感に乏しく，「実感なき景気回復」ともいわれた．その背景には，賃金も物価もほとんど上がらず，人々が景気回復の恩恵を感じられなかったことが大きい．そのことは，この時期，生活意識調査において生活が「苦しくなってきた」という回答が，一貫して40～50％で推移したことからもうかがえる．この感覚は消費行動にも影響を及ぼし，この時期の消費の伸びはGDP成長率を下回った（浅井・井手［2011］）．

(6) 世界同時不況と景気の低迷

　以上の戦後最長の好景気は，アメリカのサブプライムローンの破綻とそれに伴うアメリカの名門投資銀行リーマン・ブラザーズの破綻の影響を受け終わりを告げた．サブプライムローンは，証券化されることでアメリカの金融機関だけでなくヨーロッパの金融機関にも行き渡っていたため，この問題は世界的な金融危機へとつながった．さらに，サブプライムローン投資の多い国だけでなく，アメリカの資産価格の急落や消費の収縮，それに伴う輸入の低迷を通じて，ドイツやロシアなど各国に波及した．

　日本もこの影響を受け景気が低迷した．しかも各国が通貨供給量の拡大を通じた金融緩和や積極的な財政拡張によって底を脱したのに対し，日本はより大きな打撃を受けた．日本の打撃が大きかったのは第1に直前の好景気を通じて輸出依存度が上昇していたためである．また，輸出先の内需減少率が

大きかったこと，日本の輸出品が高付加価値品中心であり弾力性が高かったことなどもダメージの大きさにつながった．

さらに，円高の進展も日本経済にマイナスの影響を与えた．先進各国が通貨供給量を拡大させる中，世界的な資金過剰が発生し，その投資先として比較的信頼度の高い円が消去法的に選択されたのである．この円高は輸出企業の採算を悪化させるとともに，輸入品価格の低下を通じて国内のデフレ圧力を強めた．物価の低下は実質金利の上昇と実質債務の増加をもたらし，企業の投資マインドを悪化させ，投資を減少させた．さらに，企業収益の悪化は非正規労働者の解雇や新規雇用の抑制など，雇用の悪化や賃金の低下による所得の低下をもたらした．

さらに，2008年頃からの世界的な原油高は，コストの増加を通じて企業収益や家計の消費にマイナスの影響を与えた．

(7) アベノミクス

その後，日本経済は2009年から回復に向かった．その背景には，中国経済の回復に牽引されたアジア向けの輸出増加やエコカー減税などの政策による耐久消費財需要の増加があった．

しかし，設備投資の回復の遅れや耐久消費財を除く個人消費や住宅投資の低迷により，その回復幅はリーマン・ショックによる落ち込み幅と比べ微量にとどまった．

その後の日本経済は一進一退を繰り返した．2011年3月には東日本大震災の影響による供給制約，自粛ムード，電力不安などにより景気は低迷した．その後，サプライチェーンの回復や復興需要などを要因として景気は回復に向かったが，世界経済の低迷などによりなかなか波に乗れず，リーマン・ショック前の水準に回復できずにいた．

その状況が変わったのが2013年の第二次安倍晋三内閣による財政出動，大胆な金融緩和，成長戦略という「三本の矢」を掲げたいわゆる「アベノミクス」の発表である．特に日銀と一体化して進められた2%の物価上昇を目

標とした金融の量的緩和は市場に好感をもって迎えられ，安倍が首相に就任する前の衆議院議員選挙の段階で自民党の優位が伝えられたことにより，株価は回復に向かった．さらに，量的緩和は円安をもたらし，円高に苦しんでいた輸出企業の業績を改善させた．また，消費マインドにも影響を与え，2014年4月の消費税増税前の駆け込み需要と相まって消費は回復した．

消費税増税以降，一時的に経済は停滞したが，2014年第三四半期には回復に向かった．その後も，2019年の消費税増税，2020年の新型コロナウイルス禍の発生まで，日本経済は緩やかに成長を続けた．

日本経済及び社会は，新型コロナウイルス禍による影響から徐々に立ち直りつつある．しかし，それらが抱える問題——財政，社会保障，エネルギー，人口減少，地方と都市部の格差，非正規雇用など——をどのように解決していくかを，今後も我々は背負っていかなくてはならない．それは日本経済・社会のありかた——人口が減少する中，成長を重視するのか，分配を重視するのか，負担と社会保障のバランスをどうとるか，誰がその担い手になるのか，など——を含め一人一人が考えていく問題であろう．

引用・参考文献

・ほぼ全章を通じて参考にした文献
土志田征一［2001］『経済白書で読む戦後日本経済の歩み』有斐閣.
中村隆英［1993］『昭和史Ⅱ　1945-1989』東洋経済新報社.
橋本寿朗・長谷川信・宮島英昭［1998］『現代日本経済』有斐閣.
橋本寿朗・長谷川信・宮島英昭［2006］『現代日本経済』新版, 有斐閣.
橋本寿朗・長谷川信・宮島英昭・齊藤直［2011］『現代日本経済』第3版, 有斐閣.
三和良一［1993］『概説　日本経済史　近現代』東京大学出版会.
山崎志郎［2003］『新訂日本経済史』放送大学教育振興会.

・各章で参考にした文献
浅井良夫［1994］「占領政策の転換と『逆コース』」中村政則編『近代日本の軌跡6　占領と戦後改革』吉川弘文館.
浅井良夫［2001］『戦後改革と民主主義――経済復興から高度成長へ』吉川弘文館.
浅井良夫・井手英策［2011］「デフレ下の長期景気回復（2002～2006年を中心に）」内閣府経済社会総合研究所企画・監修, 小峰隆夫編集『バブル／デフレ期の日本経済と経済政策（歴史編）2　日本経済の記録――金融危機, デフレと回復過程（1997年～2006年）』佐伯印刷株式会社.
浅羽茂［1995］『競争と協力の戦略――業界標準をめぐる企業行動』有斐閣.
朝日新聞社［2015］「スーパーマリオ30周年　累計3億本, 世界を変えた巨人」『朝日新聞』2015年9月12日.
安達巖［2004］『新装　日本型食生活の歴史』新泉社.
五百旗頭真［1995］「福田赳夫」渡邉昭夫編『戦後日本の宰相たち』中央公論社.
五百旗頭真［2001］『日本の近代6　戦争・占領・講和　1941～1955』中央公論新社.
五百旗頭真［2010］『戦後日本外交史』第3版, 有斐閣.
石井寛治［2003］『日本流通史』有斐閣.
石井晋［2011］「プラザ合意・内需拡大政策とバブル（1985～89年を中心に）」内閣府経済社会総合研究所企画・監修, 小峰隆夫編集『バブル／デフレ期の日本経済と経済政策（歴史編）1　日本経済の記録――第2次石油危機への対応からバブル崩壊まで（1970年代～1996年）』佐伯印刷株式会社.
石井進・五味文彦・笹山晴生・高埜利彦他［2013］『詳説日本史』改訂版, 山川出版社.
石川健次郎［2014］「新たな食文化の形成――藤田田（日本マクドナルド）と安藤百

福（日清食品）」生島淳・宇田川勝編『企業家活動でたどる日本の食品産業史——わが国食品産業の改革者に学ぶ』文眞堂.
石橋湛山記念財団「石橋湛山略歴」石橋湛山記念財団HP　http://www.ishibashi-mf.org/profile/index.html
石原武政・矢作敏行編［2004］『日本の流通100年』有斐閣.
板垣暁［2014］「食品」橘川武郎・平野創・板垣暁編『日本の産業と企業——発展のダイナミズムをとらえる』有斐閣.
板垣博［1995］「日本型生産システムの国際移転」橋本寿朗編『20世紀資本主義Ⅰ　技術革新と生産システム』東京大学出版会.
板垣博［2003］「トヨタ自動車　生産システムの対米移転」吉原英樹・板垣博・諸上茂登編『ケースブック国際経営』有斐閣.
板垣博［2004］「経済摩擦と対外直接投資」経営史学会編『日本経営史の基礎知識』有斐閣.
伊丹敬之［1988］「産業成長の軌跡」伊丹敬之・加護野忠男・小林孝雄・榊原清則・伊藤元重『競争と革新——自動車産業の企業成長』東洋経済新報社.
伊丹敬之［1998］『日本産業三つの波』NTT出版.
伊丹敬之・伊丹研究室［1994］『日本の自動車産業——なぜ急ブレーキがかかったのか』NTT出版.
伊藤正直［2009］『戦後日本の対外金融』名古屋大学出版会.
伊藤正直［2010］「通貨危機と石油危機」石井寛治・原朗・武田晴人編『日本経済史5　高度成長期』東京大学出版会.
伊藤元重［1988］「温室の中での成長競争——産業政策のもたらしたもの」伊丹敬之・加護野忠男・小林孝雄・榊原清則・伊藤元重『競争と革新——自動車産業の企業成長』東洋経済新報社.
井上寿一［2003a］「吉田茂」御厨貴編『歴代首相物語』新書館.
井上寿一［2003b］「岸信介」御厨貴編『歴代首相物語』新書館.
猪木武徳［1995］「石橋湛山　透徹した自由主義思想家」渡邉昭夫編『戦後日本の宰相たち』中央公論社.
猪木武徳［2000］『日本の近代7　経済成長の果実　1955〜1972』中央公論新社.
祝迫得夫・岡田恵子［2009］「日本経済における消費と貯蓄——1980年代以降の概観」深尾京司編『バブル／デフレ期の日本経済と経済政策1　マクロ経済と産業構造』慶應義塾大学出版会.
岩間陽子［2003］「宮澤喜一」御厨貴編『歴代首相物語』新書館.
植草益［1984］「石油危機以降」小宮隆太郎・奥野正寛・鈴村興太郎編『日本の産業政策』東京大学出版会.
上野裕也・武藤博道［1973］「自動車」熊谷尚夫編『日本の産業組織Ⅰ』中央公論新社.
宇田川勝・上原征彦監修［2011］『日本水産百年史』日本水産株式会社.
宇田川勝・安部悦生［1995］「企業と政府——ザ・サード・ハンド」森川英正・米倉

誠一郎編『日本経営史 5　高度成長を超えて』岩波書店．
大石嘉一郎 [1975]「農地改革の歴史的意義」東京大学社会科学研究所戦後改革研究会編『戦後改革 6　農地改革』東京大学出版会．
内野達郎 [1976]「インフレと食糧危機――タケノコ生活の庶民」有沢広巳監修『昭和経済史』日本経済新聞社．
大石直樹 [2013]「任天堂　新しい遊びの創造」加藤健太・大石直樹『ケースに学ぶ日本の企業――ビジネス・ヒストリーへの招待』有斐閣．
大島栄子・大東英祐 [2004]「繊維産業の成長と衰退」経営史学会編『日本経営史の基礎知識』有斐閣．
大島隆雄 [1994a]「繊維　"不死鳥"よみがえる」有沢広巳監修『日本産業史 2』日本経済新聞社．
大島隆雄 [1994b]「繊維　新しい歴史の幕開け」有沢広巳監修『日本産業史 2』日本経済新聞社．
太田原準 [2010]「戦後自動車産業における組織能力の形成――製品開発組織を中心に」下谷政弘・鈴木恒夫編著『講座・日本経営史 5　「経済大国」への軌跡　1955～1985』ミネルヴァ書房．
岡崎哲二 [1997]『20 世紀の日本 5　工業化の軌跡――経済大国前史』読売新聞社．
岡崎哲二 [2002]「『傾斜生産』と日本経済の復興」原朗編『復興期の日本経済』東京大学出版会．
岡部桂史 [2014]「日本的生産システムの形成」宮本又郎・岡部桂史・平野恭平編著『1 からの経営史』碩学社発行，中央経済社発売．
岡本信男 [1984]『日本漁業通史』水産社．
粕谷誠 [2012]『ものづくり日本経営史――江戸時代から現代まで』名古屋大学出版会．
加瀬和俊 [1997]『集団就職の時代――高度成長のにない手たち』青木書店．
加瀬和俊 [2002]「戦後主食統制とその制約事情――事前割当制の採用・変質を中心に」原朗編『復興期の日本経済』東京大学出版会．
金子文夫 [2002]「対アジア関係――東アジア貿易の展開を中心に」原朗編『復興期の日本経済』東京大学出版会．
株式会社サークル K サンクス HP　http://www.circleksunkus.jp
株式会社セブン＆アイ HLDGS. [2015]「株式会社セブン＆アイ HLDGS. 事業概要 2014」　https://www.andi.com/dbps_data/_template_/_user_/_SITE_/localhost/_res/ir/library/co/pdf/2015_all.pdf
株式会社セブン-イレブン・ジャパン HP　http://www.sej.co.jp/company/enkaku.html
株式会社ファミリーマート HP　http://www.family.co.jp/
株式会社ローソン HP　http://www.lawson.co.jp/index.html
株式会社ローソン [2016]「株式会社ローソン 2016 年 2 月期第 3 四半期決算補足資料」

上岡一史［2005］『戦後日本鉄鋼業発展のダイナミズム』日本経済評論社.
上岡一史［2011］「流通革命の進展――中内功《ダイエー》」宇田川勝・生島淳編『企業家に学ぶ日本経営史――テーマとケースでとらえよう』有斐閣.
苅部直［2003a］「田中角栄」御厨貴編『歴代首相物語』新書館.
苅部直［2003b］「三木武夫」御厨貴編『歴代首相物語』新書館.
川原晃［1995］『競争力の本質――日米自動車産業の50年』ダイヤモンド社.
川辺信雄［1994］『セブン-イレブンの経営史――日米企業・経営力の逆転』有斐閣.
北岡伸一［1995a］『20世紀の日本1 自民党――政権党の38年』読売新聞社.
北岡伸一［1995b］「岸信介 野心と挫折」渡邉昭夫編『戦後日本の宰相たち』中央公論社.
北岡伸一［2000］「賠償問題の政治力学（一九四五-五九年）」北岡伸一・御厨貴編『戦争・復興・発展――昭和政治史における権力と構想』東京大学出版会.
北岡伸一［2011］『日本政治史――外交と権力』有斐閣.
橘川武郎［1995］「中間組織の変容と競争的寡占構造の形成」山崎広明・橘川武郎編『日本経営史4 「日本的」経営の連続と断絶』岩波書店.
橘川武郎［1996］『日本の企業集団 財閥との連続と断絶』有斐閣.
橘川武郎［1998］「『消費革命』と『流通革命』――消費と流通のアメリカナイゼーションと日本的変容」東京大学社会科学研究所編『20世紀システム3 経済成長II 受容と対抗』東京大学出版会.
橘川武郎［2004a］「経済成長のエンジンとしての設備投資競争――高度成長期の日本企業」『社会科学研究』第55巻第2号, 東京大学社会科学研究所.
橘川武郎［2004b］『日本電力業発展のダイナミズム』名古屋大学出版会.
橘川武郎［2012］『歴史学者 経営の難問を解く――原子力・電力改革から地球温暖化対策まで』日本経済新聞出版社.
金容度［2011］「鉄鋼業 設備投資と企業間取引」武田晴人編『高度成長期の日本経済――高成長実現の条件は何か』有斐閣.
倉澤資成［1991］「流通の『多段階性』と『返品制』――繊維・アパレル産業」三輪芳朗・西村清彦編『日本の流通』東京大学出版会.
経済安定本部編［1949］『ありのままの日本経済――1949年の経済白書』北条書店.
経済企画庁編［1956, 1988, 1990, 1998］『経済白書』昭和31, 63, 平成2, 10年度版, 大蔵省印刷局.
経済企画庁編［1959, 1963, 1974, 1975, 1980, 1982, 1983, 1988］『国民生活白書』昭和34, 38, 49, 50, 55, 57, 58, 63年版, 大蔵省印刷局.
経済企画庁編［1997］『戦後日本経済の軌跡――経済企画庁50年史』大蔵省印刷局.
経済団体連合会［1948］「制限会社令の廃止に関する意見」経団連HP「経団連意見書アーカイブス」 http://www.keidanren.or.jp/japanese/policy/1948/014.html
高坂正堯［1995］「佐藤栄作」渡邉昭夫編『戦後日本の宰相たち』中央公論社.
厚生労働省［2010］「日本人の食事摂取基準」2010年版 http://www.mhlw.go.jp/

bunya/kenkou/sessyu-kijun.html
河野康子［2003］「佐藤栄作」御厨貴編『歴代首相物語』新書館.
後藤宏光［2014］「トップの戦略　セイコーマート社長丸谷智保さん――直営化こそ成長の道，店内調理，全店に導入へ」『日経 MJ（流通新聞）』2014 年 2 月 24 日.
J.B.コーヘン［1950, 1951］『戦時戦後の日本経済』上下巻，岩波書店.
「昭和廿年十月十一日幣原首相ニ對シ表明セル「マクアーサー」意見」国立国会図書館所蔵史料.
小峰隆夫・岡田恵子［2011］「バブル崩壊と不良債権対策（1990～96 年を中心に）」内閣府経済社会総合研究所企画・監修，小峰隆夫編集『バブル／デフレ期の日本経済と経済政策（歴史編）1　日本経済の記録――第 2 次石油危機への対応からバブル崩壊まで（1970 年代～1996 年）』佐伯印刷株式会社.
近藤誠［2011］「石油危機後の経済構造調整とグローバリゼーションへの対応（1970 年代～84 年を中心に）」内閣府経済社会総合研究所企画・監修，小峰隆夫編集『バブル／デフレ期の日本経済と経済政策（歴史編）1　日本経済の記録――第 2 次石油危機への対応からバブル崩壊まで（1970 年代～1996 年）』佐伯印刷株式会社.
佐々木毅・鶴見俊輔・富永健一・中村政則・正村公宏・村上陽一郎編［2005］『戦後史大事典』増補新版，三省堂.
佐武弘章［1998］『トヨタ生産方式の生成・発展・変容』東洋経済新報社.
佐道昭広［2003a］「福田赳夫」御厨貴編『歴代首相物語』新書館.
佐道昭広［2003b］「大平正芳」御厨貴編『歴代首相物語』新書館.
四宮正親［1998］『日本の自動車産業――企業者活動と競争力：1918～70』日本経済評論社.
四宮正親［2000］「自動車：1960 年代における競争パターン」宇田川勝・橘川武郎・新宅純二郎編『日本の企業間競争』有斐閣.
柴垣和夫［1974］「財閥解体と集中排除」東京大学社会科学研究所戦後改革研究会編『戦後改革 7　経済改革』東京大学出版会.
芝崎希美夫［1990］「食の消費形態と食の安全」日本食糧新聞社編『昭和の食糧産業史』日本食糧新聞社.
清水洋二［1994］「食糧生産と農地改革」大石嘉一郎編『日本帝国主義史 3　第二次大戦期』東京大学出版会.
清水洋二［2007］「戦後危機と経済復興①　食糧危機と農業復興」石井寛治・原朗・武田晴人編『日本経済史 4　戦時・戦後期』東京大学出版会.
下川浩一［1990］「自動車」米川伸一・下川浩一・山崎広明編『日本経営史』第 II 巻東洋経済新報社.
下川浩一［2004］『グローバル自動車産業経営史』有斐閣.
下川浩一・藤本隆宏編著［2001］『トヨタシステムの原点――キーパーソンが語る起源と進化』文眞堂.

新川敏光［1995］「三木武夫」渡邉昭夫編『戦後日本の宰相たち』中央公論社．
新宅純二郎・田中辰雄・柳川範之編［2003］『ゲーム産業の経済分析――コンテンツ産業発展の構造と戦略』東洋経済新報社．
菅井益郎［2010］「公害史」石井寛治・原朗・武田晴人編『日本経済史5　高度成長期』東京大学出版会．
菅山真次［1995］「日本的雇用関係の形成――就業規則・賃金・〈従業員〉」山崎広明・橘川武郎編『日本経営史4　「日本的」経営の連続と断絶』岩波書店．
杉山伸也［2012］『日本経済史　近世―現代』岩波書店．
鈴木邦夫［1994］「初期占領改革」中村政則編『近代日本の軌跡6　占領と戦後改革』吉川弘文館．
鈴木宏尚［2013］『池田政権と高度成長期の日本外交』慶應義塾大学出版会．
須永徳武［2005］「高度大衆消費社会の到来〈1973-1990〉」石井寛治編『近代日本流通史』東京堂出版．
世界ラーメン協会［2015］「即席麺の世界総需要」世界ラーメン協会HP　http://instantnoodles.org/jp/noodles/expanding-market.html
関口末夫・堀内俊洋［1984］「貿易と調整援助」小宮隆太郎・奥野正寛・鈴村興太郎編『日本の産業政策』東京大学出版会．
総理府編［1969］『公害白書』昭和44年版，大蔵省印刷局．
ダイヤモンド社編［1971］『産業フロンティア物語――〈水産〉日本水産』ダイヤモンド社．
高岡美佳［2010］「小売業態の転換と流通システム」下谷政弘・鈴木恒夫編著『講座・日本経営史5　「経済大国」への軌跡　1955～1985』ミネルヴァ書房．
高野雅晴［2008］「特集：『TGS2008スペシャル』　任天堂「ファミコン」はこうして生まれた　第1回～第10回」『日経トレンディネット』2008年9月29日　http://trendy.nikkeibp.co.jp/article/special/20080922/1018969/?rt＝nocnt
高村直助［1994］「民需産業」大石嘉一郎編『日本帝国主義史3　第二次大戦期』東京大学出版会．
武田知己［2003a］「鳩山一郎」御厨貴編『歴代首相物語』新書館．
武田知己［2003b］「石橋湛山」御厨貴編『歴代首相物語』新書館．
武田晴人［1995a］『日本経済の事件簿　開国から石油危機まで』新曜社．
武田晴人［1995b］『財閥の時代――日本型企業の源流をさぐる』新曜社．
武田晴人［1995c］「自動車産業」武田晴人編『日本産業発展のダイナミズム』東京大学出版会．
武田晴人［2007］「需要構造――産業・企業の発展とその制約条件」武田晴人編『日本経済の戦後復興――未完の構造転換』有斐閣．
武田晴人［2008］『シリーズ日本近現代史8　高度成長』岩波書店．
竹中治堅［2003a］「中曽根康弘」御厨貴編『歴代首相物語』新書館．
竹中治堅［2003b］「竹下登」御厨貴編『歴代首相物語』新書館．

竹中治堅［2003c］「宇野宗佑」御厨貴編『歴代首相物語』新書館．
田中宏［1959］『新編日本主要産業大系　水産篇　大洋漁業』展望社．
通商産業省編［1971］『通商白書』昭和46年版，通商産業調査会．
通商産業省編［1982，1987，1990，1992］『通商白書』昭和57，62，平成2，4年版，大蔵省印刷局．
通商産業省編［1985］『商工政策史　第19巻　機械工業（下）』商工政策史刊行会．
通商産業省大臣官房調査課編［1954］『戦後経済十年史』商工会館出版部．
通商産業省通商機械局［1952］『国産乗用自動車理解のために』．
通商産業省・通商産業政策史編纂委員会編［1991］『通商産業政策史　第13巻　第Ⅳ期　多様化時代（2）』通商産業調査会．
通商産業省・通商産業政策史編纂委員会編［1992］『通商産業政策史　第3巻　第Ⅰ期　戦後復興期（2）』通商産業調査会．
通商産業省・通商産業政策史編纂委員会編［1993］『通商産業政策史　第12巻　第Ⅳ期　多様化時代（1）』通商産業調査会．
通商産業省・通商産業政策史編纂委員会編［1994］『通商産業政策史　第1巻　総論』通商産業調査会．
通商産業省立地公害局監修［1986］『産業と公害』通産資料調査会．
I．M．デスラー・佐藤英夫編［1982］『日米経済紛争の解明』日本経済新聞社．
東洋工業株式会社社史編纂委員会編［1972］『東洋工業五十年史──沿革編1920-1970』東洋工業株式会社．
トヨタグループ史編纂委員会編［2005a］『絆　豊田業団からトヨタグループへ』．
トヨタグループ史編纂委員会編［2005b］『絆　目で見るトヨタグループ史』．
トヨタ自動車「トヨタ生産方式」トヨタ自動車HP　http://www.toyota.co.jp/jpn/company/vision/production_system/
トヨタ自動車株式会社編［1987a］『創造限りなく　トヨタ自動車50年史』．
トヨタ自動車株式会社編［1987b］『創造限りなく　トヨタ自動車50年史・資料集』．
内閣府［2015］『平成27年度年次経済財政報告──四半世紀ぶりの成果と再生する日本経済』
中川敬一郎［1992］『戦後日本海運造船経営史③　戦後日本の海運と造船　一九五〇年代の苦闘』日本経済評論社．
中林真幸［2008］「バブルから構造改革へ」宮本又郎編『日本経済史』放送大学教育振興会．
中村隆英［1989］「概説　一九三七-五四年」中村隆英編『日本経済史7　「計画化」と「民主化」』岩波書店．
中村隆英［1995a］『現代経済史』岩波セミナーブックス53，岩波書店．
中村隆英［1995b］「池田勇人」渡邉昭夫編『戦後日本の宰相たち』中央公論社．
中村隆英・宮崎正康編［1995］『史料・太平洋戦争被害調査報告』東京大学出版会．
中村宗悦・永江雅和・鈴木久美［2011］「金融危機とデフレーション（1997～2001年

を中心に)」内閣府経済社会総合研究所企画・監修，小峰隆夫編集『バブル／デフレ期の日本経済と経済政策（歴史編）2　日本経済の記録――金融危機，デフレと回復過程（1997～2006年）』佐伯印刷株式会社．

奈倉文二［2010］「鉄鋼寡占資本間競争とその変容」下谷政弘・鈴木恒夫編著『講座・日本経営史 5　「経済大国」への軌跡　1955～1985』ミネルヴァ書房．

新飯田宏・三島万里［1991］「流通系列化の展開――家庭電器」三輪芳朗・西村清彦編『日本の流通』東京大学出版会．

西成田豊［1994］「労働力動員と労働改革」大石嘉一郎編『日本帝国主義史 3　第二次大戦期』東京大学出版会．

日産自動車株式会社調査部編［1983］『21世紀への道　日産自動車50年史』日産自動車株式会社．

日清食品グループ「安藤百福クロニクル」日清食品グループHP　https://www.nissin.com/jp/about/style/chronicle/

日本水産株式会社［1981］『日本水産の70年』日本水産株式会社．

日本エネルギー経済研究所編［1986］『戦後エネルギー産業史』東洋経済新報社．

日本オリンピック委員会［a］「大会別日本代表選手入賞者一覧」日本オリンピック委員会HP　http://www.joc.or.jp/games/olympic/winnerslist/summer/018.html

日本オリンピック委員会［b］「オリンピックの歴史」日本オリンピック委員会HP　http://www.joc.or.jp/column/olympic/history/

日本自動車会議所・日刊自動車新聞社編［1987, 1989, 1990, 1992, 1995］『自動車年鑑』昭和62，平成元，2，4，7年版，日刊自動車新聞社．

日本自動車工業会編［1988］『日本自動車産業史』日本自動車工業会．

日本即席食品工業協会「即席めんの生産数量とJAS格付数量の推移」日本即席食品工業協会HP　http://www.instantramen.or.jp/data/d_02.html

日本冷蔵株式会社編［1973］『日本冷蔵株式会社二十五年の歩み』日本冷蔵株式会社．

任天堂「会社の沿革」任天堂HP　https://www.nintendo.co.jp/corporate/history/

任天堂［1999］「Nintendo Online Magazine」1999年8月号，任天堂HP　https://www.nintendo.co.jp/nom/9908/syutuen/index.html

任天堂［2010a］「社長が訊く『ゲーム＆ウオッチ』」任天堂HP　https://www.nintendo.co.jp/n10/interview/game_and_watch/vol1/index.html

任天堂［2010b］「社長が訊く『スーパーマリオ25周年』」任天堂HP　https://www.nintendo.co.jp/n10/interview/mario25th/vol2/index3.html

橋本寿朗［1989］「一九五五年」安場保吉・猪木武徳編『日本経済史 8　高度成長』岩波書店．

橋本寿朗［1991］『日本経済論――二十世紀システムと日本経済』ミネルヴァ書房．

橋本寿朗［1995］『戦後の日本経済』岩波書店．

橋本寿朗［2000］『現代日本経済史』岩波書店．

橋本寿朗［2001］『戦後日本経済の成長構造――企業システムと産業政策の分析』有

斐閣.
長谷川信［1995］「家電産業」武田晴人編『日本産業発展のダイナミズム』東京大学出版会.
濱田信夫［2011］「戦後の大型設備投資行動──西山弥太郎《川崎製鉄》」宇田川勝・生島淳編『企業家に学ぶ日本経営史──テーマとケースでとらえよう』有斐閣.
林拓也［2000］「家庭用VTR──テープ・パッケージ化をめぐる競争フェーズの推移」宇田川勝・橘川武郎・新宅純二郎編『日本の企業間競争』有斐閣.
早野透［2012］『田中角栄──戦後日本の悲しき自画像』中央公論新社.
原彬久［2014］『岸信介証言録』中央公論新社.
原朗［1984］「賠償・終戦処理」大蔵省財政史室編『昭和財政史──終戦から講和まで 第1巻 総説 賠償・終戦処理』東洋経済新報社.
原朗［2002］「戦後復興期の日本経済」原朗編『復興期の日本経済』東京大学出版会.
原朗［2010a］「はしがき」石井寛治・原朗・武田晴人編『日本経済史5 高度成長期』東京大学出版会.
原朗［2010b］「高度成長期の産業構造──1960-65-70接続産業連関表を中心に」原朗編著『高度成長始動期の日本経済』日本経済評論社.
原田英生・向山雅夫・渡辺達朗［2002］『ベーシック 流通と商業──現実から学ぶ理論と仕組み』有斐閣.
韓載香［2011］「自動車工業 生産性と蓄積基盤」武田晴人編『高度成長期の日本経済──高成長実現の条件は何か』有斐閣.
平野創［2014］「鉄鋼」橘川武郎・平野創・板垣暁編『日本の産業と企業──発展のダイナミズムをとらえる』有斐閣.
平本厚［1994］『日本のテレビ産業』ミネルヴァ書房.
平山勉［2011］「需要構造と産業構造」武田晴人編『高度成長期の日本経済──高成長実現の条件は何か』有斐閣.
廣田誠［2013］『日本の流通・サービス産業──歴史と現状』大阪大学出版会.
福田赳夫［1995］『回顧九十年』岩波書店.
福永文夫［2008］『大平正芳──「戦後保守」とは何か』中央公論新社.
藤井春雄［2015］「ジャスト・イン・タイムの実現 リードタイム短縮」『工場管理』vol.61, No.2, 日刊工業新聞社.
藤本隆宏［1995］「日韓自動車産業の形成と産業育成政策」(3・完) 東京大学経済学会『経済学論集』第60巻第4号.
藤本隆宏［2003］『能力構築競争──日本の自動車産業はなぜ強いのか』中央公論新社.
逸見啓・大西勝明［1997］『日本のビッグ・ビジネス21 任天堂・セガ──エンターテインメント産業の躍進と大競争』大月書店.
本田技研工業株式会社広報部・社内広報ブロック［1999］『『語り継ぎたいこと』チャレンジの50年 総集編『大いなる夢の実現』』本田技研工業株式会社.

前間孝則［1996］『マン・マシンの昭和伝説——航空機から自動車へ』上下，講談社．
牧原出［2003］「池田勇人」御厨貴編『歴代首相物語』新書館．
政野淳子［2013］『四大公害病』中央公論新社．
増田弘．［1995］「芦田均」渡邉昭夫編『戦後日本の宰相たち』中央公論社．
松島茂・中村尚史［2011］「経営者のオーラル・ヒストリーからの教訓　鈴木敏文」内閣府経済社会総合研究所企画・監修, 松島滋・竹中治堅編集『バブル／デフレ期の日本経済と経済政策（歴史編）3　日本経済の記録——時代証言集（オーラル・ヒストリー）』佐伯印刷株式会社．
三浦利昭［1990］「水産缶詰」日本食糧新聞社編『昭和の食品産業史——日本食糧新聞7000号記念』日本食糧新聞社．
御厨貴［1995］「田中角栄」渡邉昭夫編『戦後日本の宰相たち』中央公論社．
南亮進［1970］『日本経済の転換点』創文社．
ミニストップ株式会社HP　http://www.ministop.co.jp
峰尾美也子［2008］「大規模小売店舗に関する出店規制の変遷と評価」東洋大学経営学部『経営論集』第71号．
宮崎正康・伊藤修［1989］「戦時・戦後の産業と企業」中村隆英編『日本経済史7「計画化」と「民主化」』岩波書店．
宮島英昭［2004］『産業政策と企業統治の経済史——日本経済発展のミクロ分析』有斐閣．
三和良一［1989］「戦後民主化と経済再建」中村隆英編『日本経済史7「計画化」と「民主化」』岩波書店．
三和良一［2002］『日本占領の経済政策史的研究』日本経済評論社．
三和良一［2012］『経済政策史の方法——緊縮財政の系譜』東京大学出版会．
三和良一・原朗編［2010］『近現代日本経済史要覧』補訂版，東京大学出版会．
武宗しんきろう［2012］「テレビゲームファーストジェネレーション」ファミ通ドットコム　http://www.famitsu.com/guc/blog/tvgame/date/2012-12/
村上泰亮［1992］『反古典の政治経済学　下——二十一世紀への序説』中央公論新社．
村上浩昭［2003a］「東久邇宮稔彦」御厨貴編『歴代首相物語』新書館．
村上浩昭［2003b］「幣原喜重郎」御厨貴編『歴代首相物語』新書館．
村上浩昭［2003c］「片山哲」御厨貴編『歴代首相物語』新書館．
村上浩昭［2003d］「芦田均」御厨貴編『歴代首相物語』新書館．
村松岐夫［1995］「大平正芳」渡邉昭夫編『戦後日本の宰相たち』中央公論新社．
百瀬孝［1995］『事典　昭和戦後期の日本　占領と改革』吉川弘文館．
森川英正［1995］「概説　一九五五-九〇年代」森川英正・米倉誠一郎編『日本経営史5　高度成長を超えて』岩波書店．
安場保吉［1980］『経済学全集12　経済成長論』第二版，筑摩書房．
安場保吉・猪木武徳［1989］「概説　一九五五-八〇年」安場保吉・猪木武徳編『日本経済史8　高度成長』岩波書店．

柳川範之［2015］「『バブルか否か』議論に混乱」『日本経済新聞』2015 年 7 月 17 日．
山内雄気［2014］「流通のイノベーション」宮本又郎・岡部桂史・平野恭平編『1 からの経営史』碩学社発行，中央経済社発売．
山口由等［2005］「高度経済成長下の大衆消費社会〈1955-1973〉」石井寛治編『近代日本流通史』東京堂出版．
山崎修嗣［2003］『戦後日本の自動車産業政策』法律文化社．
山崎志郎［2003］『新訂日本経済史』放送大学教育振興会．
山崎広明［1995］「概説　一九三七-五五年」山崎広明・橘川武郎編『日本経営史 4「日本的」経営の連続と断絶』岩波書店．
山田英夫［1998］「業界標準と企画戦略 〈ソニーと日本ビクターの VTR 開発競争〉」伊丹敬之・加護野忠男・宮本又郎・米倉誠一郎編『ケースブック日本企業の経営行動 2　起業家精神と戦略』有斐閣．
呂寅満［2011］『日本自動車工業史——小型車と大衆車による二つの道程』東京大学出版会．
吉川洋［1992］『日本経済とマクロ経済学』東洋経済新報社．
吉川洋［1999］『シリーズ現代の経済　転換期の日本経済』岩波書店．
米川伸一［1991］「綿紡績」米川伸一・下川浩一・山崎広明編『戦後日本経営史』第Ⅰ巻，東洋経済新報社．
米倉誠一郎［1991］「鉄鋼——その連続性と非連続性」米川伸一・下川浩一・山崎広明編『戦後日本経営史』第Ⅰ巻，東洋経済新報社．
米倉誠一郎［1995］「共通幻想としての日本型システムの出現と終焉」森川英正・米倉誠一郎編『日本経営史 5　高度成長を超えて』岩波書店．
流通科学大学編［2006］『中内㓛回想録』流通科学大学．
和田一夫［2009］『ものづくりの寓話——フォードからトヨタへ』名古屋大学出版会．
和田一夫［2013］『ものづくりを超えて——模倣からトヨタの独自性構築へ』名古屋大学出版会．
渡邉昭夫［1995］「吉田茂」渡邉昭夫編『戦後日本の宰相たち』中央公論社．
渡邉昭夫［2000］『日本の近代 8　大国日本の揺らぎ 1972〜』中央公論新社．
渡辺純子［2004］「綿紡績業の復活と再成長」経営史学会編『日本経営史の基礎知識』有斐閣．
渡辺純子［2010］『産業発展・衰退の経済史　「10 大紡」の形成と産業調整』有斐閣．

あとがき

　本書は，筆者の勤務校である北海学園大学経済学部のプロジェクト「シリーズ社会・経済を学ぶ」のうちの一冊として刊行していただいたものである．
　当初，このお話をいただいたときは軽く考え二つ返事で引き受けることとなった．教科書を執筆することにより，日本経済史及び日本経営史の基礎文献や様々な関連文献に改めて触れることで自身にとっても勉強になると考えたし，勤務校である程度の年数授業を重ね，基本的な事柄であればそれなりに執筆可能ではないかと考えたためである．
　その思惑は半分当たり，半分外れることとなった．まず，前者については思惑通りとなった．大学に勤務するとなかなか学生時代のように教科書や専門書に触れる機会がとれなくなる．今回教科書の執筆にあたり，（半ば強制的に？）改めてそれらを読み，勉強する機会を得て，知識や理解が不足していたことを痛感し，学ぶことができたことは筆者にとって大きな財産となった．
　しかし，それだからこそ執筆には想像以上の苦労が伴った．授業では基本的に，橋本寿朗・長谷川信・宮島英昭・齊藤直『現代日本経済』第3版（有斐閣，2011年）を教科書として使用しており，どうしても同書の構成，世界観の影響を強く受けてしまう．また，自身があまり十分に理解していなかった分野については同書も含めた参考文献に文章表現も含め強く影響された（またそれが多い）．その点も含め，教科書としての独自性・新規性を出すのに非常に苦労した．
　また，「教科書」という特性上，できるだけ一般的な解釈・理解を提示することが望ましいわけだが，はたして自身の理解がそれに沿っているのか甚だ心許なく，執筆しては様々な先人の顔が浮かび立ち止まって振り返るとい

うことを繰り返した．

　そのため，執筆に多大な時間がかかり，出版元である日本経済評論社，特に担当である同社の清達二氏，新井由紀子氏，吉田桃子氏をはじめ，関係各所に多大なるご迷惑をおかけした．心からお詫び申し上げたい．

　一方で，何とか書き上げることができたのは，上記にもかかわらず辛抱強く待っていただいた清氏をはじめとする日本経済評論社の各氏，執筆の遅れを責めずにむしろ激励してくださった本シリーズの企画責任者である本学小田清先生，自身の著書もない状態での教科書執筆に対して肯定的に激励してくださった我が師橘川武郎先生，中村尚史先生，完成を楽しみにしているとコメントしてくれた新旧ゼミ生，様々な意見と励ましをくれた研究者仲間，いろいろな形で刺激を与えてくれた北海学園大学の同僚や学生，そして様々な不満を飲み込み激励してくれた家族のおかげである．心から感謝を申し上げたい．

　それにもかかわらず，本書ではとても上記の問題を解決できたとは言いがたい．この解決は今後の研究者人生の宿題としたい．

2016 年 3 月

板垣　暁

索引

[あ行]

IMF（国際通貨基金）　57, 73, 110
IC 化　134, 142
IT バブル　216
相手先ブランド製品製造販売→OEM
赤字国債　69, 168-9, 214
アジア通貨危機　160, 215
アタリ・ショック　205
安倍晋三　219
アベノミクス　219
安定株主　57
安定成長　108, 124
安藤百福　91
池田勇人　12, 56, 58-9, 66
いざなぎ景気　69-71, 106, 155, 218
いすゞ自動車（いすゞ）　182-4, 195, 197
以西漁業　45-6
一般消費税　107, 158, 169
イトーヨーカ堂　146, 149-50
岩戸景気　66-70
インスタントラーメン→即席ラーメン
インフレーション（インフレ）
　──（復興期）　10-1, 18-20, 22-3, 25-9, 38-9, 77, 81
　──（1970年代）　104, 106, 110, 113-4, 116-8, 141, 144, 163, 172
失われた10年　179, 211, 217
運輸省　183, 191
NTT→日本電信電話株式会社
エネルギー多消費型産業　122, 124, 126-7
円切上げ　110-3, 191
エンゲル係数　38, 40
円高　27, 110, 112-3, 141, 163, 167, 172-5, 199, 212-3, 219-20
円高不況　173-4, 176, 197

オイルショック→石油危機
OEM（相手先ブランド製品製造販売）　140, 210
OECD（経済協力開発機構）　56, 114
大蔵省　7, 41, 174, 179
大平正芳　107, 156, 158, 169
オールトランジスタ化　134, 141
オリンピック景気　68
卸売物価　19, 39, 70, 114, 116, 118, 121, 174

[か行]

海運事業　48
開銀→日本開発銀行
価格競争力　140-1, 164-5, 181-2, 213
核家族化　78, 129
加工（組立）型産業（製造業）　122, 126-7, 174, 180
貸し渋り・貸しはがし　215
GATT（関税及び貿易に関する一般協定）　57, 143, 158
家庭用VTR　201, 208-10
過度経済力集中排除法（集排法）　7, 14-5, 44, 84
カラーテレビ　70, 132-5, 139, 141-3, 166, 175
ガリオア資金　28, 42
川崎製鉄　84-7
関税及び貿易に関する一般協定→GATT
機械工業振興臨時措置法　184
企業再建整備　21, 35, 84
企業集団　57, 75-6
規制緩和　156, 175
協調的な労使関係　74, 122
狂乱物価　106, 117
緊急経済対策　173, 216
銀行危機（金融危機）　160, 214-6
金融

――緩和 30, 68, 71, 113, 175, 218-9
――危機→銀行危機
――緊急措置令 20
――再生プログラム 217
――の自由化 177-9
――引き締め 30, 63, 65, 67-71, 114, 117, 164, 172, 179
経済安定9原則 28
経済安定本部 11-2, 21, 26-7, 41, 66
経済協力開発機構→OECD
経済のサービス化 126
傾斜生産方式 25-6, 81-2
ゲーム&ウオッチ 203
研究開発投資 132, 165, 171, 217
現地生産 143, 194-7
憲法改正 5, 10
減量経営 120-1, 123
小泉純一郎 158, 216-7
公害 60-1, 101, 103, 112
公共事業 29, 112, 117, 119, 214
公職追放 7, 9, 44, 52, 84
構造不況業種 37, 128
公定価格 21, 26, 36, 38, 41
公定歩合 71, 112, 114, 117, 119, 162, 173, 176, 179
高度成長（期） 2, 51-2, 57, 60-3, 68, 70-3, 76-9, 88-90, 92, 94, 96-8, 101, 103, 108, 110, 113-4, 118-9, 123-4, 126, 128-9, 131-2, 139, 144-6, 155, 160, 169, 171, 185, 191, 193
高付加価値化（高価格化） 175, 196-7
小売 92, 94-8, 133, 136-9, 141, 146-51, 206
合理化 29, 82-4, 87, 122, 127, 142, 154, 171, 182-4
合理的チェーン化 95
国際競争力 32, 57, 63, 70-1, 75, 83-4, 110, 112, 136, 140, 142, 155, 164, 196
国際収支の天井 63, 71
国際通貨基金→IMF
国民所得倍増計画（所得倍増計画） 56, 66-7
個人消費支出 18, 39, 63, 72, 76
五大改革 5

雇用調整 118, 121-2
コンビニエンスストア（コンビニ） 98, 145, 148-52, 154

[さ行]

最終消費支出 144, 174, 198
財政赤字 156, 164, 168, 173, 213-4
財政構造改革 213-4, 217
財テク 177-8
財閥解体 6-7, 44, 77
佐藤栄作 52, 59-60, 101-3, 106, 158, 166
3C 70, 77, 145
三種の神器 67, 77, 131, 145
サンフランシスコ講和条約 16-8, 45-6, 52, 55
GHQ（連合国軍最高司令官総司令部） 1, 2, 4-6, 8-9, 11-4, 20-1, 25, 27-8, 30, 34-6, 40-6, 74, 128, 182
G7 173
G5 172-3
シーリング 157, 163, 169
JR 157
JT→日本たばこ産業株式会社
自主規制 59, 143, 166-7, 194, 196-7
実感なき景気回復（好景気） 155, 218
実質賃金 39, 77, 116, 130, 144
幣原喜重郎 4-5, 9-10
自動車 23, 60, 63, 89, 97, 127, 157, 166, 175, 181-5, 187, 190-3, 196-7, 200
――産業（工業） 73, 88, 181, 183-91, 193, 198
――メーカー 181-98
資本の自由化 57-8, 70, 75
シャープ 128-9, 131, 143, 202, 209
集排法→過度経済力集中排除法
春闘 74, 116, 118-9
省エネ 122, 127, 191
消費・嗜好の個性化・多様化 145-6, 151, 153
消費革命 89
消費者物価 39, 67, 77, 114, 116, 118, 122
消費税 158-9
――増税 161, 213-4, 220
情報通信 157, 175, 216

索引　　237

乗用車　70, 182, 184-9, 191-2, 194-5
食生活の洋風化　90, 92, 97
所得倍増計画→国民所得倍増計画
白黒テレビ　67, 131-3, 140, 142
新経済政策　109-10
新三種の神器→3C
神武景気　51, 64-6
水産業　42-3, 46, 48, 50
スーパーマーケット（スーパー）　92-9, 139, 146-9, 151, 154
数量景気　63-4
スミソニアン体制　111
制限会社令　44
製造業　31-2, 34, 79, 124, 126, 165, 168, 171, 173-5, 180, 213
石油危機
　──（第一次）　37, 51, 101, 104, 106, 114-5, 117, 119-24, 126-8, 141, 144, 146, 155, 162, 190-2, 194, 209
　──（第二次）　101, 107, 119-23, 144, 162-3, 172, 190-1, 194
設備投資（民間設備投資）　18, 24, 36, 63-70, 72-6, 84-5, 88, 113, 118, 124, 126, 157, 164, 166, 168, 171, 175, 180, 187, 198, 212-3, 216-9
節約志向　118, 144-6
セブン-イレブン　148-54
セルフサービス　92, 94-5, 97
1965年不況　68-9, 106, 169
銑鋼一貫　82, 84-7
戦時補償　20-1
戦争被害　22, 43, 50
選択的な消費　144-5
先手必勝のサイクル　76, 189
全要素生産性　165
総需要抑制政策　117-8, 144, 171
増税なき財政再建　157, 163, 168-9
即席ラーメン（インスタントラーメン）　91
素材型産業（製造業）　123-4, 126, 180
ソニー　134, 140, 143, 206-10

[た 行]

第一次産業　79, 126, 179-80

第二次産業　79, 126, 180
第二次臨時行政調査会（第二臨調）　156-7
第三次産業　70, 79, 126, 180
ダイエー　93-5, 146, 149
大企業の解体　7, 21, 23
大規模小売店舗法（大店法）　147
耐久消費財　70, 77-8, 89, 108, 129-30, 144, 199-201, 219
大衆消費社会　67, 76
タケノコ生活　38
田中角栄　102-5, 112-3, 116-7, 144
単一為替レート　27-9, 36
ダンピング　143, 167
チェーン化　93, 95
地価　113, 175-7, 179, 199, 212-4
長期雇用　122
朝鮮戦争　15-7, 30, 36-7, 39, 47, 62, 82, 183
朝鮮特需→特需
直接投資　104, 168
通商産業省（通産省）　37, 75, 83-4, 86-7, 116, 129, 132, 166, 184, 187, 201
TQC　122, 186-7
鉄鋼（業）　3, 25-6, 62, 64, 71, 73, 79, 81-9, 122, 124, 127, 166, 174
デフレスパイラル　216
テレビゲーム機（家庭用ゲーム機）　199, 201-7
テレビ製造業　128, 201
投資が投資を呼ぶ　66, 171
同質的な競争　134-5, 138, 144, 189
東芝　128-9, 131, 133, 136, 140-1, 143, 208-10
東洋紡績　36
特需（朝鮮特需）　30, 62-3, 183
独占禁止法（独禁法）　7, 105, 139, 146
特例国債→赤字国債
ドッジ・ライン　27-30, 36, 39, 63, 69, 74, 83, 183
ドッジ不況　30, 39, 46, 62, 182
トヨタ自動車（トヨタ）　178, 182-3, 187-90, 193, 195-6
トヨタ生産システム　186-7
問屋（卸売）　91, 95-9, 136-9, 141, 148-9, 154, 206

[な行]

中内功　93
中曽根康弘　156-9, 168-9
なべ底不況　65-6, 68
南氷洋捕鯨　45-6
ニクソン・ショック　100-1, 109, 141, 144, 191
西山弥太郎　84-6
二重価格問題　139
日米構造協議　159, 167
日産自動車（日産）　182-4, 187-90, 193, 195-6, 198
日清食品　91
日本水産（ニッスイ）　43-50, 92
日本開発銀行（開銀）　87, 184
日本銀行（日銀）　26, 30, 63, 71, 86-7, 114, 117, 123, 173, 184, 219
日本たばこ産業株式会社（JT）　157
日本電信電話株式会社（NTT）　157
日本ビクター　128-9, 208-9
日本列島改造論（列島改造論）　103-4, 106, 112-3, 117
任天堂　201-7
NUMMI　195-6
燃費規制　192
農業　8, 31, 42, 67
農地改革　6, 8, 62, 77

[は行]

排気ガス　60, 190
賠償（問題）　2-3, 13-4, 16-7, 21, 23, 27-8, 35, 44, 54, 104
橋本龍太郎　213-5
バブル　176-7, 179
　　──景気　155, 197, 218
　　──経済　180, 197
　　──崩壊　37, 159, 197, 211, 214
非関税障壁　110, 159, 167
非軍事化　2, 6, 43-4
非製造業　70, 124, 175, 213
日立製作所（日立）　129, 134, 136, 140, 143, 209
ビデオソフト　208-9
百貨店　93-4, 139, 146-7

ファストフード　152-3
ファミリーコンピューター（ファミコン）　201, 203-6
VHS　209-10
福田赳夫　12, 69, 102, 106-7, 117, 169
物価統制令　21
復興金融金庫（復金）　26, 28-9, 83
物品税　130, 184
部品共通化　198
プラザ合意　37, 171-3, 175, 180, 197
フランチャイズ　148, 150-1
不良債権（問題）　214-7
プレイステーション®　206-7
ブレトン・ウッズ体制　110-1
平成景気　155, 176, 180, 197
ベータマックス（ベータ）　209-10
変動相場制　110-1, 215
貿易の自由化　57, 70, 75
貿易摩擦　59, 143, 166-7, 193
紡績業　32-7
ホームメイドインフレ　116, 119, 121, 162
北洋漁業　45-7, 49, 53-4
POSシステム　152, 154
北海道拓殖銀行（拓銀）　214
本田技研工業（ホンダ）　189-90, 193-6

[ま行]

マイナス成長　101, 108, 118, 124, 161, 211, 215
マッカーサー，ダグラス　1, 3-5, 10-2, 14-6, 27
マッカーサー・ライン　45-7
松下電器産業（松下）　128-9, 131, 136, 140, 142-3, 178, 208-10
マツダ　189-90, 193, 195, 197-8
民営化　157, 175
民間設備投資→設備投資
民主化　2, 4-6, 41, 43
民需転換　23, 30-2
メインバンク　87, 118, 123
持株会社整理委員会　7
もの不足騒ぎ　115

［や行］

山一證券　69, 214
闇市（闇市場）　31, 38, 41, 91, 93
U規格　208-9
輸出自主規制　59, 167, 194, 196-7
吉田茂　9-12, 15, 28, 52-4

［ら行］

リーマン・ショック　161, 219
リストラ　118
流通（小売・卸売）の系列化　136-9
流通革命　95-6
流通の多段階性　96, 98
量販店　139, 166
レーガノミクス　164, 166
列島改造論→日本列島改造論
連合国軍最高司令官総司令部→GHQ
労働
　——改革　4-5, 74
　——組合　6, 10, 26, 57, 74-6, 143, 183
　——集約（型）産業（製造業）　123, 126-7, 142, 166, 180
　——生産性　95, 109, 184

著者紹介

板垣　暁（いたがき　あきら）

北海学園大学経済学部教授．1976 年神奈川県横浜市生まれ．東京都立大学経済学部卒業，東京大学大学院経済学研究科修士課程修了，同大学大学院経済学研究科博士課程修了，博士（経済学）（東京大学）．北海学園大学経済学部准教授を経て現職．

主著：

「食品」「自動車」橘川武郎・平野創・板垣暁編著『日本の産業と企業』（分担執筆）有斐閣，2014 年

Takeo Kikkawa, So Hirano, Akira Itagaki and Izumi Okubo (2014) "Voluntary or Regulatory? Comparative Business Activities to Mitigate Climate Change," *Hitotsubashi Journal of Commerce and Management*, 48 (1), pp. 55-80.

「自動車産業における『69 年保安基準』の成立とその意味」北海学園大学経済学部『経済論集』第 59 巻第 4 号，2012 年

「『通商白書』でみる通産省の通商政策史思想の変遷」北海学園大学経済学部『経済論集』第 59 巻第 1 号，2011 年

「道路運送車両法の成立過程と日本の規制政策への影響」北海学園大学経済学部『経済論集』第 58 巻第 2 号，2010 年

日本経済はどのように歩んできたか

現代日本経済史入門　　　　シリーズ　社会・経済を学ぶ

2016 年 4 月 15 日　第 1 刷発行
2023 年 3 月 15 日　第 2 刷発行

著　者　板　垣　　　暁
発行者　柿　﨑　　　均
発行所　株式会社　日本経済評論社

〒101-0062　東京都千代田区神田駿河台 1-7-7
電話 03-5577-7286／FAX 03-5577-2803
E-mail: info8188@nikkeihyo.co.jp
http://www.nikkeihyo.co.jp

装幀・渡辺美知子　　　　　　　太平印刷社・誠製本

落丁本・乱丁本はお取替いたします．　Printed in Japan
定価はカバーに表示してあります．

Ⓒ ITAGAKI Akira 2016
ISBN978-4-8188-2338-9

・本書の複製権・翻訳権・上映権・譲渡権・公衆送信権（送信可能化権を含む）は，㈳日本経済評論社が著作権者からの委託を受け管理しています．

JCOPY 〈（一社）出版者著作権管理機構　委託出版物〉
本書の無断複製は著作権法上での例外を除き禁じられています．複製される場合は，そのつど事前に，（一社）出版者著作権管理機構（電話 03-5244-5088, FAX 03-5244-5089, e-mail: info@jcopy.or.jp）の許諾を得てください．

シリーズ 社会・経済を学ぶ

木村和範 格差は「見かけ上」か　所得分布の統計解析
所得格差の拡大は「見かけ上」か．本書では，全国消費実態調査結果（ミクロデータ）を利用して，所得格差の統計的計測にかんする方法論の具体化を試みる．　**本体3000円**

古林英一 増訂版 現代社会は持続可能か　基本からの環境経済学
環境問題の解決なくして人類の将来はない．環境問題の歴史と環境経済学の理論を概説し，実施されている政策と現状を環境問題の諸領域別に幅広く解説する．　**本体3000円**

小坂直人 経済学にとって公共性とはなにか　公益事業とインフラの経済学
インフラの本質は公共性にある．公益事業と公共性の接点を探りつつ，福島原発事故をきっかけに浮上する電力システムにおける公共空間の解明を通じて，公共性を考える．　**本体3000円**

小田 清 地域問題をどう解決するのか　地域開発政策概論
地域の均衡ある発展を目標に策定された国土総合開発計画．だが現実は地域間格差は拡大の一方である．格差は不可避か．地域問題の本質と是正のあり方を明らかにする．　**本体3000円**

佐藤 信 明日の協同を担うのは誰か　非営利・協同組織と地域経済
多様に存在する非営利・協同組織の担い手に焦点をあて，資本制経済の発展と地域経済の変貌に伴う「協同の担い手」の性格変化を明らかにし，展望を示す．　**本体3000円**

野崎久和 通貨・貿易の問題を考える　現代国際経済体制入門
ユーロ危機，リーマン・ショック，TPP，WTOドーハラウンド等々，現代の通貨・貿易に関する諸問題を，国際通貨貿易体制の変遷を踏まえながら考える．　**本体3000円**

越後 修 企業はなぜ海外へ出てゆくのか　多国籍企業論への階梯
多国籍企業論を本格的に学ぶ際に，求められる知識とはどのようなものか．それらを既に習得していることを前提としている多くの類書を補完するのが，本書の役割である．　**本体3400円**

板垣 暁 日本経済はどのように歩んできたのか　現代日本経済史入門
戦後の日本経済はどのように変化し，それにより日本社会はどう変化したのか．その成長要因・衰退要因に着目しながら振り返る．　**本体3000円**

笠嶋修次 貿易自由化の効果を考える　国際貿易論入門
貿易と投資の自由化は勝者と敗者を生み出す．最新の理論を含む貿易と直接投資の基礎理論により，自由化の産業部門・企業間および生産要素間での異なる経済効果を解説する．　**本体3000円**

市川大祐 歴史はくり返すか　近代日本経済史入門
欧米技術の導入・消化とともに，国際競争やデフレなど様々な困難に直面しつつ成長をとげた幕末以降から戦前期までの日本の歴史について，光と陰の両面から考える．　**本体3000円**

水野邦彦 韓国の社会はいかに形成されたか　韓国社会経済論断章
数十年にわたる国家主義統合と経済成長，その陰での民族抑圧構造，覆い隠されてきた「過去事」とその清算運動，米国・日本の関与とグローバル化の中で，韓国社会を把握．　**本体3000円**

内田和浩 参加による自治と創造　新・地域社会論
いま，共同体として見直しが進む「地域社会」とは何か．これまでの地域社会の歴史と構造を学び，高齢者，エスニック，女性，ボランティア等々，多様な住民の地域への参加を考える．　**本体2800円**

内田和浩 自治と教育の地域づくり　新・地域社会論II
地域住民の主体形成のための重要な「地域づくり教育」とは何か．北海道内の先進自治体の事例と住民リーダーの役割を紹介・分析する．新しい地域社会論のテキスト．　**本体3000円**

*

髙原一隆 改訂版 地域構造の多様性と内発的発展　北海道の地域経済
主要産業や多様な地域を概観しながら，北海道経済の発展には供給サイドと道内外の諸力との連携による新しいタイプの内発的発展が求められていることを提起する．　**本体3000円**